U0141265

日常犯罪與清代社會
十九世紀中國竊盜案件的多元分析

巫仁恕、吳景傑 著

自　序

　　偷竊，是古老而日常的犯罪行為，其實在歷史長河中，小偷的真實面目一直都是模糊不清的。我們對於歷史上的竊賊印象，往往來自於通俗文化中塑造的「義賊」形象，例如在台灣有著名的廖添丁，在明代則有俠盜一枝梅。明末文人凌濛初在他的作品《二刻拍案驚奇》中，對一枝梅的行為進行了細緻入微的描述。然而，從這些描述中，我們可以看出這其實是一個拼湊出來的故事。根據我的考證，「一枝梅」在明代的歷史中確實存在，並非虛構的小說人物。然而，真實的一枝梅其實是活躍在明代中葉湖南永州府一帶的江湖大盜，當時的地方官員花了大量的精力才將他捉拿到手。儘管明清以來，許多筆記小說都曾提及小偷，但所描述的多是像一枝梅這樣的特殊案例。之所以過去的歷史學家對小偷的形象和犯罪的討論不多，關鍵的原因就在於史料的缺乏。近年來隨著史料的開發，清代許多州縣的地方檔案逐漸被史學界所知曉和應用，《巴縣檔案》就是其中最重要的一部分。

　　不過筆者開始接觸《巴縣檔案》，並利用之作為分析的歷史材料，原來的主要目的並非是研究竊盜犯罪的歷史，而是想要探析清代的物質消費文化。這樣的研究取徑來自於一次非常有趣的對談。還記得多年前剛開始從事物質與消費文化研究

的時候，曾嘗試在國立暨南國際大學歷史所開設一門相關的課程。當時修課的學生中有一位博士生吳奇浩，他上課時非常認真，尤其是課表中所列的外文二手文獻，他都非常認真的閱讀完。之後他也決定以台灣史上的物質消費作為他博士論文的主要領域，並且以臺灣的服飾歷史作為博士論文主題。在一次討論過程中，我們思考如何利用新的歷史材料來分析物質消費，我舉出了西方學者常利用遺產清冊上的記錄來分析物質消費，而我認為透過清代的抄家檔案與徽州的分家文書這類文獻，也可以探討社會上層與商人階層的物質消費。吳奇浩則別出心裁，他覺得清代臺灣的《淡新檔案》中有竊盜與贓物的清單，應該也可以作為分析的史料。我非常贊同，但是我問他數量多寡，他則不敢肯定。

　　日後吳奇浩完成了博士論文《洋風、和風、臺灣風：多元雜揉的臺灣漢人服裝文化（1624-1945）》，我也是他口考的委員，這本論文相當優異，有部分已經發表在《新史學》與《台灣史研究》等重要期刊。只可惜他英年早逝，作為老師的我也是萬分的感慨與遺憾。即使如此，奇浩已留下非常重要的學術遺產。除了他的博士論文與著作之外，他是想到利用竊盜案件中失物與贓物清單的第一人。而《巴縣檔案》是我較熟悉的州縣檔案史料，我很肯定的是這樣的分析方式絕對可以應用在《巴縣檔案》。而研究的成果也發表在本書的第七章，該章中分析從乾隆到同治時期地方上物質消費的變化趨勢，這就是我最初的研究動機。

　　在我靈光一閃，想到利用《巴縣檔案》中的失物與贓物清單來研究物質文化的同時，剛好在暨南大學有一位碩士生王大

綱在尋找研究題目。他在修習我的課程後，希望能得到我對他碩士論文的指導。於是，我與他達成了一個協議，我為他指定了研究題目，希望他能利用乾隆朝的《巴縣檔案》來深入探討竊盜問題，並且每完成一章就將其交給我審閱。他花了將近兩年的時間才將論文完成，每一章我都仔細審閱並修改了至少兩次。最終，他完成的碩士論文的水準超乎我們的期待，這大概是我在指導學生過程中最奇妙的經歷。因為我自己從碩士班到博士班都是在台灣大學就學，接觸的學生也都是台灣大學的學生。許多老師都有同樣的經驗，指導台灣大學的學生可說是事半功倍，因為他們的學術基礎和學術資質都非常出色，所以指導老師所需要花的力氣相對較少。然而，對於次一級學校的碩士生來說，如果想要達到高水準的論文，指導老師則需要花費更多的精力和時間。王大綱的論文雖然是我花最多力氣指導的成果，但至今仍然是我指導過的學生中最讓我滿意的碩士論文之一，這本論文為我帶來了深深的成就感，我對他的努力和成果感到非常驕傲。

關於《巴縣檔案》的收藏，中央研究院近代史研究所的檔案館擁有乾隆、嘉慶兩朝的珍貴微卷。這些寶貴的資料，都是本所的賴惠敏教授多年來不懈的努力成果，她曾經申請國科會計畫，並用經費購入這兩套微卷，為後人留下了無價的學術遺產。我原本計畫探討乾隆、嘉慶兩朝的物質收藏與消費的變化，但卻發現本所的嘉慶朝《巴縣檔案》竟然缺少了盜竊類的案卷，讓我不得不改弦易轍，變更我的研究方向。就在這時，我得知京都大學的夫馬進教授利用日本的學術經費，購得了同治朝的《巴縣檔案》，並積極推動相關的研究。於是我透過日

本的友人，與他取得聯繫，希望能夠前往京都大學，借閱同治朝《巴縣檔案》盜竊類的微卷。

我準備好後，就去京都拜訪夫馬進教授。他是日本中國史學界享譽國際的知名學者，與他討論中國史，無論在書房或料亭，都是一場知識盛宴。夫馬教授退休後，仍持續學術研究。每次見他，都能聽到他最新發現的史料和關注的問題。他的研究成果總有令人驚豔的新見解和新觀點，讓我敬佩不已。例如他在沒有全文資料庫和檢索工具的情況下，從數千件《巴縣檔案》中找出訟師何輝山的線索。更感人的是他慷慨地借我《巴縣檔案》竊盜類的微卷。這些微卷是他退休前用研究經費購買的，因版權問題，京都大學圖書館無法收藏。夫馬教授為了促進研究，對前來借閱的國內外學者都十分大方，這種精神令人敬佩。這本書能完成，多虧了夫馬進教授。沒有他，這本書是無法面世的。

我與日本京都大學的關係，實在是一段充滿奇遇與緣分的故事。我首次踏足的日本學術機構，就是京都大學的人文科學研究所。當時我還是初至近史所的助研究員，感謝陳慈玉老師的熱心介紹，讓我有機會認識了京大人文科學研究所的村上衛教授。此外臺灣大學歷史所的學弟廖述英與嚴雅美夫婦當時也在京都大學留學，他們提供給我許多寶貴的資訊。因此，我也有幸認識了夫馬進老師的得意門生山崎岳教授，他也曾在京都大學人文科學研究所擔任助手。他們都是我學術路上的良師益友，也是我一生的摯友。有他們的陪伴，讓我在學術的道路上從未感到孤單。2017年，村上衛教授邀請我到京都大學人文研訪問三個月，能夠在這所著名的學府訪學，並在我認為全世

界最美麗的城市生活，是我畢生最大的榮幸。冬季與春季在京都欣賞雪景與櫻花的美景，簡直是天上掉下來的禮物。在京大的這三個月，也是我能夠專心閱讀《巴縣檔案》的絕佳時機。同時，我也有機會參加京都大學的學術活動，與我敬佩的岩井茂樹、石川禎浩等教授討論學術，感受這個著名學府的學術氣氛。非常巧的是，原來在廣島任教的好友太田出教授也轉到京都大學任職，我正巧帶著他的大作《中国近世の罪と罰：犯罪・警察・監獄の社会史》與慶應大學山本英史老師的專書《赴任する知県：清代の地方行政官とその人間環境》，這兩本書都是我非常喜歡的，從這兩本書裡我獲益良多。

　　在這段時間裡，我全心全意地投入到《巴縣檔案》盜竊類的閱讀中，然而，讓我感到震驚的是，這短短的三個月裡，我竟然只讀完了一年的分量。這與我最初的計劃和想像有著相當大的落差，我沒有預料到同治朝的案卷竟然如此龐大，這讓我感到了一種前所未有的焦慮。儘管隨著閱讀經驗的累積，我的閱讀速度有所提升，但研究計劃的完成仍然遙遙無期。我開始逐漸轉移研究目標，但同時也因為缺乏有效的研究方法而陷入停滯。這是一段充滿挑戰和探索的旅程，每一步都充滿了未知和期待。

　　《巴縣檔案》是一本藏寶圖，每一次翻閱都能發現新的驚喜。最初，我只是想從中探索清代的物質消費文化，但隨著閱讀的深入，我對竊盜犯罪的奧秘越發著迷。我發現，這些州縣的司法案件不僅記錄了物品的流動，還揭示了犯罪行為的種種動機和影響。於是，我決定轉向犯罪歷史的研究，這也與我個人的興趣和經歷有關。首先，我是一個美劇「CSI犯罪現場」的

忠實粉絲，多年來，我跟隨著劇中的偵探們，一起解開一個又一個的謎團。當然，這並不意味著我可以直接把電視劇的情節套用到歷史研究上。我還需要學習一些犯罪學的基本知識，其中一本由湯姆・蓋許（Tom Gash）所撰的《被誤解的犯罪學》（*Criminal: The Truth about Why People Do Bad Things*）給了我很大的啟發。他揭露了許多關於犯罪動機的迷思，包括偷竊犯罪，這也讓我開始用犯罪學的視角來看待歷史上的犯罪案件。此外我還閱讀了一些犯罪學的教科書，學習了一些分析犯罪的方法。我嘗試著把犯罪學和歷史學的方法結合起來，來重構竊盜犯罪的歷史。這樣的方法讓我發現了一些令人驚訝的事實，也顛覆了我們對犯罪史的一些固有的刻板印象。

我回國後開始思考轉向探索犯罪史這個課題。我的研究助理，也就是本書的共同作者吳景傑教授，當時是台大歷史所的博士生，正為博士論文的選擇與方向而苦惱。他已決定研究法律史，但尚未確定具體的主題。我便建議他嘗試運用《巴縣檔案》來探討竊盜的法律面向，他也欣然接受了這個挑戰，並順利完成了博士論文〈法律、犯罪、社會：清代後期重慶竊盜案件的官員思考模式〉。這篇論文以法律史為主，但也融合了法律社會史的視角。他獲得博士學位後，在本所擔任博士後研究，我們也因此有機會經常交流，討論如何合作改寫論文與撰寫專書。他的博士論文是這本書的重要基石，他在這本書的貢獻與我不相上下。他的努力與成果也受到學界的肯定，在本所博士後期滿後，即受聘於淡江大學歷史系任教。

這本書之所以完成，國科會學術專書寫作計畫所提供的經費助益甚大，計畫編號109-2410-H-001-079，特別在此致上

感謝之意。我還要感謝許多曾提供本書意見的師友，除了上述提到的師友之外，還包括葉文心、王國斌、劉錚雲、伍躍、賴惠敏、邱澎生、梅爾清（Tobie Meyer-Fong）、林文凱、陸康（Luca Gabbiani）、梅凌寒（Frédéric Constant）、孫慧敏、城地孝、Kim Hanbark、謝歆哲等多位師友。最後還要感謝我的超級助理陳重方，他當時是清大歷史研究所的博士生，也是法律史學界的明日之星，已經出版幾篇重要的論文，頗受學界期待。因為有他幫忙，讓我在身兼行政職務的同時仍然遊刃有餘。

　　有次和家父談起我正在進行的研究主題，他聽了後很感興趣。他還回憶起小時候看到老家的叔叔家，家後面是養牛的牛圈，有一天夜裡牛圈的牆就被挖了一個洞，叔叔的牛就這樣被偷走了，這與本書中提到歷史上發生的案件如出一轍。最後，期待這本書出版後的小小心願，是希望在我退休之前，能夠將歷史犯罪學這一新興的研究領域逐漸推廣，讓更多年輕的歷史研究者投入相關的研究，進而豐富我們對歷史的瞭解。

巫仁恕
2024年2月於南港中研院

目 次

3　自　序

導　論
16　　　第一節　《巴縣檔案》及其研究成果
25　　　第二節　竊盜犯罪史的多元研究方法
39　　　第三節　本書各章概要

第一章　清代竊盜法律的規範與懲罰
46　　　第一節　竊盜律的基本架構
52　　　第二節　竊盜相關的律例規範
65　　　第三節　竊案的審理與判決：以官箴書為例
71　　　小結

第二章　竊案處理流程與知縣斷案的考量
74　　　第一節　從案發到報官
83　　　第二節　調查、追緝、審訊與結案
100　　　第三節　州縣官的斷案考量
111　　　小結

第三章　同治朝巴縣竊案發生的背景因素
117　　　第一節　同治元年太平軍的擾動
121　　　第二節　同治二年重慶教案

125　　　　第三節　同治三年的米價陡漲

132　　　　第四節　城市化的速度

137　　　　小結

第四章　竊嫌身分與犯罪動機的分析

141　　　　第一節　竊嫌身分的分析

161　　　　第二節　犯罪動機與行為的發生

176　　　　小結

第五章　行竊的類型與犯罪的過程

180　　　　第一節　偷竊的型態

190　　　　第二節　特殊的時節

203　　　　第三節　銷贓與接贓的管道

209　　　　第四節　窩戶：竊賊背後的黑手

215　　　　小結

第六章　被竊事主的身分與報案選擇

219　　　　第一節　被竊事主的身分統計

242　　　　第二節　被竊事主與中人之家

251　　　　第三節　被害事主的報案選擇

265　　　　小結

第七章　從贓物來看地方的物質消費

270　　　　第一節　贓物失單的真實性
274　　　　第二節　失竊物品的類別變化
280　　　　第三節　失竊主流物品的介紹
290　　　　第四節　失竊的特殊物品分析
301　　　　第五節　物品擁有與社會階層化
313　　　　小結

第八章　犯罪與城市：城市竊案的分析

319　　　　第一節　城市內竊盜案件的空間分布
329　　　　第二節　城市建築與竊盜犯罪之關聯性
337　　　　第三節　城市被竊標的物之特徵
346　　　　第四節　城廂防治竊盜犯罪的機制
361　　　　小結

365　　結　論

377　　徵引書目

403　　論文發表資訊

導　論

　　竊盜犯罪毫無疑問是人類社會中最傳統的犯罪類型，至今仍是世界各國在防制犯罪上最困擾的問題之一。竊盜犯罪不僅可能造成民眾財產上之巨額損失，在心理上也造成人民的恐懼感與生活的不安全感，嚴重的影響到社會的治安與人們的心理。竊盜犯罪案件的增多，不但成了治安的一大隱憂，加深社會的不安全感，從現代犯罪學的角度來看，竊盜犯罪還涉及微觀個人的人格心理與家庭背景，同時也反映宏觀的社會結構與制度變遷。

　　竊盜犯罪既然是最傳統的犯罪類型，過去歷史學界對這類犯罪類型的探討，就顯得不夠充分。放在十九世紀中葉的清代中晚期，因為川楚白蓮教與太平天國運動等大規模的動亂，吸引了大多數史家的目光，從而忽略了其他小型像是竊盜這類日常犯罪事件。除此之外，竊盜犯罪被史學家忽視的另一原因，史料的缺乏也是重要的因素。雖然在筆記小說中不乏偷竊的故事，但資料不夠全面，且小說家之言有誇大之嫌。再其次，在研究方法上也有所局限，導致竊盜犯罪的歷史分析不夠深入。

　　本書的撰寫得利於清代地方州縣衙門檔案的發掘，即利用四川省清代巴縣縣署檔案（以下簡稱《巴縣檔案》）以彌補史料上的缺憾。在研究方法上，本書將嘗試從法制史、法律社會

史、歷史犯罪學、物質與消費文化，以及城市史與都市社會學等多元的角度來分析竊盜犯罪的現象，同時又注意到從十八至十九世紀中葉的變化，由此呈現朝代興衰、社會變動與犯罪發生的複雜交錯。

第一節　《巴縣檔案》及其研究成果

　　這幾十年來，因為不少清代州縣地方政府的檔案被發現，開拓清代社會經濟史研究的視野，《巴縣檔案》就是一個很好的例子。[1]《巴縣檔案》自1953年被發現以來，已歷六十餘年，中外各國學者使用頻繁，實因其時代跨度長，內容豐富，相對於內閣大庫檔案更是貼近社會實態的第一手史料。早期因為史料比較難以得見，所以有許多研究是根據四川省檔案館所整理好的《巴縣檔案》史料匯編，主要是乾隆、嘉慶、道光三朝的檔案匯編，[2]近年來四川省檔案館又出版了咸豐朝的檔案選編，並陸續整理出版乾嘉道三朝的司法檔案。[3]

1　關於巴縣檔案的介紹可以參考賴惠敏，〈清代巴縣縣署檔案：乾隆朝（1736-1795）司法類〉，《近代中國史研究通訊》，第28期（1999），頁124-127。Yasuhiko Karasawa, Bradly Ward Reed, and Matthew Harvey Sommer, "Qing County Archives in Sichuan: An Update from the Field," *Late Imperial China* 26.2 (December 2005): 114-128.

2　四川大學歷史系、四川省檔案館編，《清代乾嘉道巴縣檔案選編》（成都：四川大學出版社，1989-1996）；四川省檔案館編，《清代巴縣檔案匯編‧乾隆卷》（北京：檔案出版社，1991）。

3　四川省檔案館編，《清代四川巴縣衙門咸豐朝檔案選編》（上海：上海古籍出版社，2011）；四川省檔案館編，《清代巴縣檔案整理初編‧司法卷‧乾隆朝》（成都：西南交通大學出版社，2015）；四川省檔案館編，

　　過去利用《巴縣檔案》的研究成果，有從法制史到法律社會史的趨勢。《巴縣檔案》不僅被充分利用來探討法制史的司法審判與訴訟制度，特別是到二十世紀80年代中後期以後，利用《巴縣檔案》來研究社會經濟史的相關議題的研究成果有很大程度的發展，諸如婚姻與婦女的地位、行幫與商人團體、民間糾紛的調解、工商業經營制度、基層社會組織與市場管理等議題。如此的發展一方面可以被視為是社會史的研究朝向中國古代法律議題的延伸和擴展，同時也因為受到國外知名學者的社會史研究成果所影響，例如黃宗智與夫馬進的研究。[4]

　　學者黃宗智（Philip C. C. Huang）是最早接觸《巴縣檔案》並著手研究的西方學者，在其任教UCLA時也指導出多位博士以《巴縣檔案》為研究塑材，並出版多本優秀的專著。近年來隨著檔案開放與利用的發展，不少學者開始提倡清代巴縣中晚期的歷史研究，例如日本學者夫馬進便提倡利用同治朝的《巴縣檔案》，同時帶領一批學者投入研究。

　　先就法制史的面相而言，由於史料性質偏重於法律文書，《巴縣檔案》多被用以反映州縣層級司法審判的實態，以及州縣衙門行政與基層組織的運作。例如廖斌、蔣鐵初的專書即利

《清代巴縣檔案整理初編・司法卷・嘉慶朝》（成都：西南交通大學出版社，2018）；四川省檔案館編，《清代巴縣檔案整理初編・司法卷・道光朝》（成都：西南交通大學出版社，2018）。

4　尤陳俊，〈中國法律社會史研究的「復興」及其反思——基於明清訴訟與社會研究領域的分析〉，《法制與社會發展》，2019年3期，頁190-208；張曉霞、黃存勛，〈清代巴縣檔案整理研究的回顧與思考〉，《檔案學通訊》，2013年第2期，頁93-96；趙彥昌、蘇亞雲，〈巴縣檔案整理與研究評述〉，《中國檔案研究》，2018年1期，頁97-121。

用《巴縣檔案》來觀察清代四川地區刑事司法制度，包括刑事司法主體、刑事訴訟制度（訴訟的過程、逮捕、保釋、監獄等制度）、刑事的證據制度與審判制度。[5]該書以制度為討論核心，而不涉及刑事案件本身的問題。

夫馬進的研究則指出從訴訟與審判的方式，可以看出同治時期的巴縣，與乾隆、嘉慶時期存在著非常明顯的差異。乾隆、嘉慶時期在審判中，地方官的控制十分有效，鄉約和地鄰也服從地方官的權威，協助其進行案情調查，原告也順服地方官的權威而具結。這些方面到同治時期則截然不同。同治年間地方官所下的判決中，在很多情況下很難分清原告或被告何方勝訴，即使能夠分清，在很多案件中其意義有時也令人費解。[6]

在當時無論是類似現代刑事案的「命盜重案」，或是涉及「戶婚田土」類似民事的糾紛，都得當事人告官投狀再經過訴訟的過程來解決。夫馬進統計同治十三年間，平均每年訴訟件案數為1000件到1400件左右；若以當地戶口數來推算，每40戶或60戶中就有一戶提起新的訴訟並被接受立案，由此呈現其所謂之「訴訟社會」的特徵，傳統文獻稱此現象為「健訟」。[7]吳佩林利用南部縣與巴縣等檔案探索清代縣域民事糾紛與法律秩

5　廖斌、蔣鐵初，《清代四川地區刑事司法制度研究：以巴縣司法檔案為例》（北京：中國政法大學出版社，2011）。

6　夫馬進，〈中國訴訟社會史概論〉，收入夫馬進編，《中國訴訟社會史の研究》（京都：京都大学学術出版会，2011），頁13-14；中譯本參見夫馬進編，范愉等譯，《中國訴訟社會史的研究》（杭州：浙江大學出版社，2019），頁13-14。

7　夫馬進編，《中国訴訟社会史の研究》（京都：京都大学学術出版会，2011），頁76-77。

序，發現民間到衙門訴訟必須付出多種費用，顯示訴訟的成本相當高。[8]尤陳俊在過去學者研究的基礎上，認為「訟費高昂」雖然確實反映出訴訟費用與陋規的問題，但官員一方面試圖解決，同時又與士大夫不斷地宣傳這件事情，其目的為使民眾打消進入訴訟的念頭，以減輕健訟風氣與行政壓力。[9]既然如此，人們在報官投狀時應該會多加考慮，為何還有健訟的現象呢？

在官方與傳統的士大夫的語境中，唆使人們健訟的惡源是訟師，[10]另一個則是衙門裡的書吏、差役為了藉此自肥。然而美國學者白德瑞（Bradly W. Reed）透過對十九世紀《巴縣檔案》的觀察，認為這類批評是士大夫的一種話語表述，其實衙門吏役收取訴訟規費的行為看似非法，卻有其非正式的正當性，也是補充衙門經費以適應十九世紀官府財政缺陷的一種方法。再者吏役收取規費的行為逐漸標準化，且規費額度並不高，並不會影響百姓訴訟的意願。[11]伍躍從《巴縣檔案》的案例看到官吏主動鼓勵訴訟之實例，說明地方州縣衙門的組織結構及其畸形的薪俸制度，促使吏役必須倚靠陋規收入，甚至州縣官也會暗

8　吳佩林，《清代縣域民事糾紛與法律秩序考察》（北京：中華書局，2013），頁126-148。

9　尤陳俊，《聚訟紛紜：清代的「健訟之風」話語及其表達性現實》（北京：北京大學出版社，2022），頁197。

10　夫馬進，〈明清的訟師與訴訟制度〉，收入王亞新等編，《明清時代的民事審判與民間契約》（北京：法律出版社，1998），頁390。

11　Bradly W. Reed, *Talons and Teeth: County Clerks and Runners in the Qing Dynasty* (Stanford, Calif. : Stanford University Press, 2000), pp. 249-257；中譯本參見白德瑞（Bradly W. Reed）著，尤陳俊、賴駿楠譯，《爪牙：清代縣衙的書吏與差役》（桂林：廣西師範大學出版社，2021），頁404-420。

示鼓勵投狀，這也是導致訴訟社會形成的原因之一。[12]由是，衙門裡的書吏、差役的形象與事實之間，仍有許多待討論的空間。

　　黃宗智利用《巴縣檔案》研究清代的民事訴訟案件，強調民事糾紛的解決，常是使用「民間調解」與「法庭審判」兩者互補與互動的模式同時進行的，或有稱之為「第三領域」，這些「第三領域」的角色係半官半民性質，作為官府和社會間的關鍵中介人物。[13]黃氏之說成為法律社會史的研究範式，也帶動研究民間糾紛的調解問題，且又涉及到基層社會組織負責人的性質探討。

　　《巴縣檔案》裡保存了許多基層社會組織負責人的資料，是研究基層社會的絕佳範例。梁勇的研究指出巴縣的保甲長、客長、團正等制度的形成，在早期與巴縣的移民社會密切相關，客長制度就是因此而出現，繼之被納入了保甲制度。太平天國運動之後，軍事化的團練組織漸趨重要，且到了同治年間逐漸在地化，客長制遂退出了歷史舞臺。[14]夫馬進與凌鵬的研究也都指出同治年間的團首監正的職能也擴及民間糾紛的「裁判式調解」，故《巴縣檔案》中常有「憑團理剖」一詞。[15]伍躍關

12　伍躍，〈必也使訟乎：巴縣檔案所見清末四川州縣司法環境的一個側面〉，《中國古代法律文獻研究》，第7輯（2013），頁380-410。

13　黃宗智，《民事審判與民間調解：清代的表達與實踐》（北京：中國社會科學出版社，1998），頁108-132。

14　梁勇，《移民、國家與地方權勢——以清代巴縣為例》（北京：中華書局，2014）。

15　夫馬進，〈清末巴縣の「健訟棍徒」何輝山と裁判の調解「憑團理剖」〉，《東洋史研究》，第74卷第3號（2015年12月），頁65-97；中譯文參見夫馬

於巴縣鄉約的研究，指出鄉約的職能到清代晚期，已由教化百姓轉變為催辦公務為主，成了縣衙任命的「在民之役」，並非「鄉村自治」或是「第三領域」的成員。[16]這類基層社會的調解形式不僅是民事糾紛，巴縣的竊盜案也多有竊賊被捕後經調解後結案的實例。

　　此外，巴縣因為是重慶城的所在地，重慶工商業自十八世紀中葉以後漸趨繁盛，工商業團體組織也如雨後春筍地出現。關於商人團體、交易糾紛與市場秩序等面相通常都會相互涉及，關鍵的問題在於工商業者團體的角色與作用。邱澎生以乾嘉時期重慶的船運業為例，探討行幫的幫規與官府法律之間的互動而造成制度的變遷，包括乾隆二十五年（1760）取消既有徵調船行與埠頭制度、船幫與八省會館等團體組織介入業者糾紛的調解等等。[17]付春楊也認為清代工商業糾紛裁判是循傳統公

進，〈清末巴縣「健訟棍徒」何輝山與裁判式調解「憑團理剖」〉，《中國古代法律文獻研究》（北京：社會科學文獻出版社，2016），第10輯，頁395-420。凌鵬，〈清代中後期巴縣地區「團」之社會性特徵——以《巴縣檔案》相關案件為史料〉，《求索》，2020年第6期，頁43-51。

16 伍躍，〈「在民の役」：『巴縣檔案』に見える鄉約像——前近代中國の國家による社會支配の一側面——〉，《東洋史研究》，第74卷第3號（2015年12月），頁3-35。中文版參見伍躍，〈「在民之役」：巴縣檔案中的鄉約群像——近代以前中國國家統治社會的一個場景〉，《中國古代法律文獻研究》，第10輯（2016），頁326-366。

17 邱澎生，〈國法與幫規：清代前期重慶城的船運糾紛解決機制〉，收於邱澎生，陳熙遠編，《明清法律運作中的權力與文化》（臺北：中央研究院、聯經出版公司，2009），頁275-344；後收入氏著，《當經濟遇上法律：明清中國的市場演化》（臺北：聯經出版公司，2018），頁243-315。

平的原則下，官府與工商業者互動的結果。[18]張渝則認為雖然清代有商人制定行規以維繫市場交易的秩序，但這些規範都是在國家制定的法律規範下的註釋或理解，而且商人不是最重要推動的主體，他們沒有獨立維持商業秩序的能力，而是得靠官府的支持才有權威性。[19]令人好奇的是以竊案為例，在訴訟的過程中工商業者若以行規擺脫責任，縣官是否承認其效用呢？本書將有實例可以說明。

　　學者對於晚清巴縣的商人團體的研究與評價，就與清代前中期有異。陳亞平研究咸同時期的巴縣紳商群體，指出他們以「八省紳商」為主體，以保甲團練總局為中心展開活動，控制了巴縣各類公局機構，對巴縣城市公共領域的發展具有決定性的影響。[20]不過，在工商業者發生竊案時的訴訟過程中，上述的紳商團體的角色與作用並不明顯。再就下層勞動業者而論，周琳的研究指出重慶的腳夫組織從乾隆至同治時期發生的變化，從鬆散、多頭的初步整合，到複雜化、幫派化、自主化的重組階段，再到腳夫幫派的崛起與相互對抗，而官府對腳夫群體的控制力則是逐漸衰退。[21]巴縣的竊案中常見搬運工人於途中竊取

18　付春楊，《清代工商業糾紛與裁判：以巴縣檔案為視點》（武漢：武漢大學出版社，2016）。

19　張渝，《清代中期重慶的商業規則與秩序：以巴縣檔案為中心的研究》（北京：中國政法大學出版社，2010）。

20　陳亞平，《尋求規則與秩序：18-19世紀重慶商人組織的研究》（北京：科學出版社，2014）。

21　周琳，〈鬥毆的邏輯——乾隆至同治時期重慶的腳夫組織〉，《清史研究》，2018年第3期，頁91-106；後收入氏著，《商旅安否：清代重慶的商業制度》（北京：社會科學文獻出版社，2021），頁301-329。

貨物之例，這就涉及腳夫組織的問題。

　　作為社會史的重要史料，尤其以利用《巴縣檔案》研究婚姻與婦女有關的議題，成果特別醒目。美國學者蘇成捷（Matthew Sommer）的研究成果最為突出，他專門針對清代社會底層的一妻多夫、招夫養夫與賣妻等現象做研究，他認為這些現象都是因貧窮所引發的一種生存策略（survival strategies），而看似淪為丈夫交易品的妻子仍有一定的自主權。[22]李清瑞探討乾隆年間四川拐賣婦人案件，發現四川作為一個移民地區，性別差距大，人口流動率高，造成婦女拐賣情形嚴重，漢人與少數民族人口交易情況也相當普遍。[23]利用《巴縣檔案》研究婚姻的最新研究是張曉霞，她的專著涉及婚姻檔案的文書格式、語彙、訴訟制度之外，又論及童養媳的婚姻、退婚、賣妻、孀婦再嫁，以及犯姦、賣娼等，作者指出上述的社會現象大多是經濟因素所造成的，較特別的是犯姦案因為感情因素要更為多見。[24]以上的研究成果，勾勒出一幅幅下層社會婚

22　Matthew H. Sommer, *Sex, Law, and Society in Late Imperial China* (Stanford, Calif.: Stanford University Press, 2000); Matthew H. Sommer, *Polyandry and Wife-Selling in Qing Dynasty China: Survival Strategies and Judicial Interventions* (Oakland, California: University of California Press, 2015); 蘇成捷（Matthew Sommer），〈清代縣衙的賣妻案件審判：以272件巴縣、南部與寶坻縣案子為例證〉，收於邱澎生，陳熙遠編，《明清法律運作中的權力與文化》，頁345-395。

23　李清瑞，《乾隆年間四川拐賣婦人案件的社會分析——以巴縣檔案為中心的研究》（太原：山西教育出版社，2011）。

24　張曉霞，《清代巴縣婚姻檔案研究》（北京：中華書局，2020）。同時作者也指出在檔案裡面這些婦女在訴訟過程中基本屬於缺位的狀態，檔案中很少能夠聽到她們發出的聲音，由是無法真實看到她們的想法。

姻與婦女生活的真實面相。又從巴縣的檔案看到的婦女面相可
與過去社會史的研究成果相互呼應，如被竊者中的女性多為寡
婦。

　　近年來利用《巴縣檔案》的研究成果逐漸朝更多元的面
相。如夫馬進主編之《中国訴訟社会史の研究》一書，其中利
用同治朝《巴縣檔案》的相關論文，涉及主題包括親子間的訴
訟、州縣官處理命案的實態、錢債糾紛的受理與審判等。[25]2015
年出版的《東洋史研究》有《巴縣檔案》研究的專號，所收入
的論文利用同治朝《巴縣檔案》者，除了前文已論及的鄉約制
度與團練制度之外，又涉及鄉村徵稅、租佃關係、商業秩序與
離婚訴訟等多個主題。[26]其中研究租佃關係的學者凌鵬近年出版
的專書指出，清後期巴縣租佃制度的演變，不僅僅涉及市場機
制，還含有倫理機制，且在社會機制方面（「團」的角色）亦
有重要的作用。[27]此外，Kim Hanbark博士的專書將清代的徒、
流、充軍、發遣，整合在「流放刑」這一概念下，並利用《巴
縣檔案》探討這類刑罰實際實踐的狀況，以及管理上所衍生的

---

25 水越知〈中国近世における親子間訴訟〉、寺田浩明〈自理と上申の
　　間——清代州県レベルにおける命案処理の実態〉、王志強〈清代巴県錢
　　債案件の受理と審判——近世イギリス法を背景として〉，皆收入《中国
　　訴訟社会史の研究》。

26 小野達哉〈清末巴縣鄉村部の徴税請負と訴訟の關係——特に抬墊をめぐ
　　って——〉，凌鵬〈清代巴縣農村の租佃實態——「抗租」「騙租」と
　　「主客關係」—〉，水越知〈清代後期の夫婦間訴訟と離婚——『巴縣檔
　　案（同治）』を中心に——〉等，皆收入《東洋史研究》，第74卷第3號
　　（2015年12月）。

27 凌鵬，《中國傳統租佃的情理結構：清代後期巴縣衙門檔案研究》（北
　　京：商務印書館，2022）。

諸問題。[28]

　　隨著學界對《巴縣檔案》的越加重視，利用該檔案的研究成果不但在議題上更加多元化，研究分析上也越加深入，尤其是同治朝《巴縣檔案》的開發，更可以看到十八世紀至十九世紀的差異與變化，提供本研究重要的基礎。然而，從上述的研究成果中，我們的確可以發現，大部分學者利用《巴縣檔案》所注意的研究範式，其實還是集中在討論「戶婚田土」這類近似現代所謂民事的訴訟案件。相對而言，利用大量的地方檔案探討竊盜這類似刑事案件的犯罪行為研究並不多。即使如此，過去法制史與法律社會史的研究成果，至今仍提醒研究者需要注意律例變遷的意義、審判的原則與實踐的落差、案件處理過程中民間調解的機制等等問題。

第二節　竊盜犯罪史的多元研究方法

　　如同筆者在首頁中所提到的，竊盜犯罪雖然是傳統的犯罪類型，但是過去歷史學界對這類的犯罪探討並不夠充分。有關清代竊盜犯罪的先行研究非常稀少，最具有代表性的先驅研究是安樂博（Robert J. Antony）利用宮中檔案對於清中期強盜、搶奪與偷竊的研究，這三類是傳統定義為「盜竊」的犯罪行為。[29]從十八世紀的盛清到十九世紀上半葉的清中期，是清朝由盛轉

28　Kim Hanbark，《配流刑の時代—清朝と刑罰》（京都：京都大學，2022）。

29　Robert J. Antony,"Scourges on the People: Perceptions of Robbery, Snatching, and Theft in the Mid-Qing Period,"*Late Imperial China* 16.2 (1995): 98-132.

衰的分水嶺。當時不少士大夫與知識分子發現到這段時間暴力
與盜竊犯罪的增長，而安樂博的統計也發現從1760年到1840年
之間，盜竊案件的數量持續地增長，尤其是在許多人口密集、
經濟已開發的地區，如廣東、江蘇、直隸和浙江。相應的是關
於盜竊的律例也不斷增修。雖然強盜罪判處刑罰較重，但搶奪
與竊盜罪是依贓物價值來定刑輕重。就竊盜犯罪的判刑而言，
大部分的地方官鮮有將竊犯判處死刑。就統治階級對這類盜竊
犯罪的觀念而言，在清朝前期認為這些罪犯是道德敗壞而需要
教化，但是到了十九世紀，越來越多士大夫注意到這類的犯罪
與百姓生計貧困的關聯性；他們注意到許多鄉村的農民是被脅
迫而為盜竊者，所以要官員注意區分何者為「真盜」。

　　上述的研究已指出清代進入十九世紀上半葉，在太平天國
戰爭爆發前，盜竊類的犯罪型態已呈現逐漸嚴重的趨勢，甚至
有官員擔心將會演變成大規模的動亂。然而之後竊盜犯罪的相
關研究甚少，尤其到了太平天國戰爭之後的十九世紀中葉，竊
盜犯罪的情況又是如何呢？

從地方檔案出發

　　安樂博的研究也指出，大部分的偷竊案件很少贓物超過120
兩而處以死刑，所以少有竊案需要送到中央的刑部處理，大多
是在地方州縣衙門直接判刑，這也導致清朝中央的檔案裡面偷
竊的案件數量稀少。[30]因此若要研究竊盜案件的細節，包括罪犯

30　Robert J. Antony, "Scourges on the People: Perceptions of Robbery, Snatching,

的來源、行竊的方式與時機、被害事主的身分、罪犯被逮與判刑的過程等等問題，都缺乏足夠的史料。清代現存的地方州縣衙門檔案正好可以彌補這樣的缺憾。

　　若以分類數量而言，《巴縣檔案》中司法類的檔案裡以竊盜案件數量最多。大陸學者吳佩林曾整理了《巴縣檔案》各個案件類別的起訖編號，[31]筆者再按照其起訖編號，來估算該類案件的數量列於表0-1。從表0-1列出《巴縣檔案》歷朝各類案件數量統計，顯示「盜竊」類的數量驚人，是所有類別中數量最多者。又從夫馬進統計同治朝《巴縣檔案》各年度的分類數量來看，同樣地「盜竊」也是最多者，約占總數的五分之一。[32]而在既有的檔案分類中有「盜竊」類，細看內容其實包含搶奪劫掠的盜案與偷竊的竊案，但仍以後者為多數。

表0-1：《巴縣檔案》歷朝各類案件數量統計

	乾隆	嘉慶	道光	咸豐	同治	光緒	宣統
內政	233	626	1145	1176	1280	6615	1730
司法總類	7	22	69	29	91	270	3004
命案	416	769	1101	470	736	1431	0
地權	293	859	1656	650	1226	4091	0
房屋	68	144	392	131	121	695	0
借貸	79	842	1187	580	740	4403	0
詐欺	458	695	2225	1675	2571	5190	0

---

and Theft in the Mid-Qing Period," p. 112.

31　吳佩林，《清代縣域民事糾紛與法律秩序考察》（北京：中華書局，2013），頁6。

32　夫馬進，〈中國訴訟社會史概論〉，頁77-79。

	乾隆	嘉慶	道光	咸豐	同治	光緒	宣統
家庭	74	180	514	165	313	393	0
婦女	222	463	1129	903	1361	2437	0
繼承	3	6	21	8	27	452	0
商貿	79	321	1057	400	525	1515	0
凶毆	360	694	1848	829	1350	1898	0
盜竊	624	1208	3544	1565	3292	5802	0
租佃	37	142	343	157	386	1877	0
賭博	91	110	408	137	252	325	0
煙泥	3	3	44	30	104	285	0
水運	9	34	15	30	25	134	0
工礦	0	39	212	64	57	222	0
宗教	5	8	39	8	43	229	0
契稅	8	10	64	40	198	269	0
移關	434	879	1718	493	1075	3129	0
其他	607	898	2732	1332	1191	3502	0

說明：表格修改自吳佩林，《清代縣域民事糾紛與法律秩序考察》（北京：中華書局，2013），頁6。原表格僅列出案件的起訖編號，筆者按照其起訖編號計算該類案件的數量，本表格底色為筆者所加。

　　在《巴縣檔案》中通常是使用「竊」代表偷竊，與「盜」字使用的定義顯然不同，這應該是公文書的用法；「偷」字則是常見於口供的文件中，這應該是口語的用法。[33]竊案與盜案雖

33　根據語言學者的統計，先秦時期，漢語「偷竊」主要由「竊」表達；到秦漢時期「盜」代替「竊」成為偷竊意義的代表詞。同時使用「偷」的用例也開始出現，並逐漸增多。然而「盜」同時也有「劫掠」、「侵奪」的意義，而且此意義的使用逐漸增加，導致其意指「偷竊」定義的衰落，也為語意較明晰的「偷」上升為偷竊義的代表詞創造了條件。於是從魏晉南北朝開始，在口語中「偷」已代替「盜」，成為表述偷竊的常用詞，而

然在官方的司法檔案文書的分類被歸屬在一起，但是當時人對兩類案件之差異是有清楚的認知。如同十八世紀的官箴書《辦案要略》所云：

> 律載公取、竊取皆為盜，是盜之名統強劫、偷竊等類而言也。但世俗稱謂分為強盜、竊賊，辦案亦因之，故凡遇報竊案件，文內忌用「盜」字，恐其混於強也。[34]

即當發生竊案報案時，文書裡也不用「盜」字，以免與強盜搶劫案相混淆。在《巴縣檔案》「盜竊」類中的案例，其實以竊案居大多數。就以同治元年為例，檔案數量共計212件（參見表3-2），其中確定犯人姓名的數量有101件，又其中屬於盜案僅有15件，竊案者有83件，另有三件並非竊或盜案，一起是詐欺，一起是鬥毆，一起是運貨時遇到髮賊「棄物顧命各逃」。

　　同治朝《巴縣檔案》中的竊盜類檔案內容相當豐富，從檔案的格式與內容透露出許多訊息，實為分析犯罪社會史的絕佳史料，然而過去的研究卻甚少涉及此議題。王大綱的碩士論文《從竊案來看清代四川重慶的社會變遷(1757-1795)》針對十八

「竊」和「盜」一般只保留在複音詞，或出現在書面語中。參見王毅力，〈常用詞「竊」、「盜」、「偷」的歷時演變〉，《語言科學》，卷8期6（2009），頁641-647。

34　〔清〕王又槐，《辦案要略》，收入《官箴書集成》第4冊（合肥：黃山書社據清光緒十八年浙江書局本影印，1997），不分卷，〈論強竊盜案〉，頁13a。

紀下半葉乾隆朝的竊盜案有了初步的分析。[35]筆者與王大綱又進一步利用乾隆朝的《巴縣檔案》中被竊物失單，來分析當時的物質消費。[36]本書的另一位作者吳景傑的博士論文，則是首見利用同治朝《巴縣檔案》來探討竊盜案件的學位論文。[37]近年筆者與吳景傑合作，分別撰有探討同治時期巴縣竊盜罪犯的動機與過程，以及重慶城市竊案的研究。[38]中國大陸有崔彥超的碩士論文，利用咸豐朝的《巴縣檔案》，研究竊盜案的訴訟與逮捕過程，得出差役捕賊的效率與準確性不高的結論。[39]

---

35 王大綱，〈從竊案來看清代四川重慶的社會變遷（1757-1795）〉（南投：國立暨南國際大學歷史學系碩士論文，2012）。

36 巫仁恕、王大綱，〈乾隆朝地方物品消費與收藏的初步研究：以四川省巴縣為例〉，《中央研究院近代史研究所集刊》，第89期（2015），頁1-41。英文版參Wu Jen-shu and Wang Dagang, "A Preliminary Study of Local Consumption in the Qianlong Reign (1736–1796): The Case of Ba County in Sichuan Province," in Elif Akçetin and Suraiya Faroqhi eds., *Living the Good Life: Consumption in the Qing and Ottoman Empires of the Eighteenth Century* (Leiden; Boston: Brill, 2018), pp. 187-212.

37 吳景傑，〈法律、犯罪、社會：清代後期重慶竊盜案件的官員思考模式〉（臺北：國立臺灣大學歷史學系博士論文，2019）。此後又相繼發表了相關的論文，如吳景傑，〈清代重慶城的「坊」與城市管理〉，《東吳大學歷史學報》，第42期（2022），頁103-146；〈清代中央與地方立法的協商：以「竊盜」之各省專條為例〉，《臺灣師大歷史學報》，第68期（2022），頁159-206；〈十九世紀中期重慶城的客棧竊案、客商訴訟與棧規運作〉，《法制史研究》，第39期（2022），頁149-196。

38 巫仁恕、吳景傑，〈犯罪與城市──清代同治朝重慶城市竊盜案件的分析〉，《臺大歷史學報》，第67期（2021年6月），頁7-53；巫仁恕、吳景傑，〈竊盜案的歷史犯罪學分析──以同治朝四川省巴縣為例〉，《漢學研究》，第39卷第3期（2021年9月），頁141-186。

39 崔彥超，《咸豐年間巴縣盜竊案中刑事司法運作研究》（開封：河南大學

　　在上述研究成果的基礎上，本書擬比較乾隆與同治朝兩個時代，進而得出更新的發現。尤其是從盛清時期的乾隆朝，到歷經太平天國運動之後的同治朝，竊盜犯罪所發生的變化恰恰反映了巴縣的社會結構及其所發生的變化。此乃本書的特色之一，即強調十八世紀到十九世紀的變化。

　　為突破過去對竊盜犯罪史的研究不足，除了上述的法制史與法律社會史的研究面相之外，本書在研究方法上採取更多元的分析方法，以下詳述之：

歷史犯罪學

　　過去研究犯罪歷史的學者通常重視犯罪行為背後的社會經濟變遷，而犯罪學的研究角度則注意犯罪者的動機以及防止犯罪的機制。這兩個學門在過去，似乎分道揚鑣已久。因為無論是犯罪史或者是犯罪學的研究，二者很少有共通對話的語言，而且彼此之間也甚少互動。事實上大部分的歷史學家和社會科學家，彼此之間都關注在社會的結構、社會機制與組織的運作，以及其功能的變遷等問題。例如犯罪社會學的先驅，十九世紀末期的法國社會學家涂爾幹（Émile Durkheim）所提出的理論，犯罪學者稱之為「迷亂理論」（anomie theory）。他認為犯罪發生的原因，要從社會情境來解釋。對涂爾幹來說，社會結

碩士論文，2019）。因其利用的是四川省檔案館編《清代四川巴縣衙門咸豐朝檔案選編》一書，而非原始檔案，其中選入之竊案數量不多，較易令人質疑其代表性。

構的解組會影響犯罪的發生。他所謂的迷亂指的是社會情境的迷亂，或者是一種沒有規範的狀態，沒有法律的狀態；也可以說迷亂是指社會規範的破產，或是社會的道德意識對人們的活動失去了約束力量。此後受其影響的犯罪學探討，著重在社會制度和社會結構的解釋。[40]

　　由是歷史學家和犯罪學家事實上是有共同對話的可能性，近年來結合這兩者的研究趨勢越加明顯，逐漸形成一種「歷史犯罪學」（Historical Criminology）的研究取向。歷史犯罪學所討論的問題，現階段最常見的包括了探討犯罪防治以及警察的議題、對於犯罪觀念的改變（特別是關於社會低階層易犯罪的探討），另外還有關於移民、少數族裔與犯罪的關係，以及從工作場域到街道等公共空間的監看問題，最後是涉及嚴刑峻法是否可以阻止犯罪的討論等等。[41]

　　結合犯罪學與歷史學二者的歷史犯罪學，在分析角度最有新意的，筆者認為是從犯罪心理學的角度分析犯罪動機。歷史犯罪學在方法論上有一個重要的爭論，就是個人能動性與整體結構的問題（the agency-structure problem）。歷史學家過去的研究時常會傾向認為重大歷史事件會影響到犯罪行為的發生。然而在探討犯罪行為的發生，不應該忽略人的能動性，也就是個人的犯罪動機。在這方面歐洲的歷史已經有許多研究成果，說明犯罪的活動不全然一定和重大歷史事件（如經濟蕭條的趨

40　參見侯崇文，《犯罪學：社會學探討》（臺北：三民書局，2019），頁110-119、142-165。

41　Barry S, Godfrey, Chris A Williams, and Paul Lawrence, *History & Crime* (Los Angeles, Calif.; London: SAGE, 2008).

勢）的發生相呼應。[42]

　　犯罪學研究竊盜者的犯罪動機提供了許多有用的理論。過去犯罪學者有「理性抉擇論」（rational choice theory），認為犯罪是犯罪者考量了個人的因素（包括了金錢上的需求）與情境因素後，當經過成本效益分析的結果，效益高於成本，犯罪事件就容易發生。由是犯罪事件的發生，是經由犯罪者理性的思考、選擇、決意等一系列過程的終點。[43]

　　然而，另一派犯罪學者主張的「日常活動理論」（routine activity theory）則認為，犯罪的發生必須在時空上有三項因素聚合，除了要有犯罪傾向的犯罪者（motivated offender）與足以遏止犯罪發生者不在場（absence of capable guardian）之外，合適的犯罪標的物（suitable target）出現也是很重要的因素。所謂合適的標的物，即指標的物的價值（value）、可移動性（inertia）、可見性（visibility）與可接近性（access）等特性。此三項因素聚合之後，犯罪（或被害）事件隨即發生。[44]

　　之後有將上述二理論結合而成的「情境犯罪預防」理論

42　Robert J. Sampson and John H. Laub, "A Life-Course View of the Development of Crime," *Annals of The American Academy of Political and Social Science* 602 (2005): 12-45.

43　Derek B. Cornish and Ronald V. Clarke, eds., *The Reasoning Criminal: Rational Choice Perspectives on Offending* (New York: Springer-Verlag, 1986), pp. 1-18; Derek B. Cornish and Ronald V. Clarke, "Understanding Crime Displacement: An Application of Rational Choice Theory," *Criminology* 25 (1987.11): 933-948.

44　Lawrence E. Cohen and Marcus Felson, "Social Change and Crime Rate Trends: A Routine Activity Approach," *American Sociological Review* 44.4 (1979): 588-608; Marcus Felson, *Crime and Everyday Life: Insights and Implications for Society* (Thousand Oaks: Pine Forge Press, 1994), pp. 35-36.

（situational crime prevention），特別強調犯罪之情境因素，包括犯罪之機會、時空、條件等，為犯罪發生之要件因素，因此，其認為倘能對犯罪之情境加以管理、操縱、降低犯罪之機會，即可達成預防犯罪之效果。[45]

　　歷史犯罪學啟發筆者在探討竊盜犯罪的發生時，不僅要注意歷史大事件對社會的影響，同時也要關注微觀的個人動機。

物質與消費文化

　　自從1980年代開始，英國學者探討近代早期英國的社會時，聲稱當時出現了所謂「消費社會」（consumer society）的現象，強調十八世紀英國社會在消費方面進步的一面。[46]近年來關於近代早期的消費史研究，已經開始質疑西方中心觀，指出同時期中國的消費現象可能並不亞於英國或西歐。如彭慕然（Kenneth Pomeranz）就指出就日用奢侈品或耐久消費財（durable goods）而言，十八世紀下半葉的中國人消費水平比諸同期歐洲並不遜色。[47]筆者也發現中國早在十六世紀中葉以後的

45　R.V. Clarke, "Situational Crime Prevention: Theory and Practice," *British Journal of Criminology* 20 (1980): 136-147. R. V. Clarke, *Situational Crime Prevention Successful Case Studies* (New York: Herrow and Heston, 1992).

46　Neil McKendrick, John Brewer, and J. H. Plumb, eds., *The Birth of a Consumer Society: The Commercialization of Eighteenth-Century England* (London: Europa Publications, 1982), pp. 1-2, 9-19.

47　Kenneth Pomeranz, *The Great Divergence: China, Europe, and the Making of the Modern World Economy* (Princeton: Princeton University Press, 2000), pp. 122, 127, 142.

晚明時期，從文字敘述的史料也呈現包括奢侈品普及、流行時
尚大興、社會仿傚作用、奢侈觀念變遷等等現象，類似英國學
者所謂「消費社會」的特徵。[48]

　　西方史學界過去在探討早期近代歐洲的消費研究時，經常
利用當時留下來的遺產清冊（inventory）中記載人們實際擁有物
品的史料，來重構當時消費社會的現象。最先的研究是從英國
開始，接著法國、德國與美國的研究陸續出版。英國史學者特
別關注到十八世紀中產階級（middle class）的興起，[49]研究者透
過對遺產清冊的統計分析，顯示十七世紀末到十八世紀初英國
的中產階級尤其是住在城鎮的中產階級，在物品的擁有出現突
出的增長與鉅大變化，[50]由此反映他們的消費需求與消費能力是
造就所謂「消費社會」形成的重要力量。[51]

---

48 巫仁恕，《品味奢華──晚明的消費社會與士大夫》（臺北：中央研究
院・聯經出版公司，2007），頁27-41。

49 早期學者往往以收入與職業來界定當時英國的「中產階級」，如彼得艾爾
（Peter Earle）的定義：「絕大部份是商業和工業資本家，他們的財產主要
來源於父輩的饋贈、遺產或放貸。這些資產為其奠定了經濟基礎，使其有
可能利用這些資本來謀取更多的財富」。參見Peter Earle, *The Making of the
English Middle Class: Business, Society, and Family Life in London, 1660-1730*
(Berkeley: University of California Press, 1989), p. 3. 但是瑪欣柏格（Maxine
Berg）注意到不僅是透過物質財富，而是以消費品味與優雅休閑活動作為
其身分地位的象徵，才是英國城鎮裡的商業菁英與中產階級長期的特徵。
參見Maxine Berg, *Luxury and Pleasure in Eighteenth-Century Britain* (Oxford:
Oxford University Press, 2005), p. 205; Lawrence James, *The Middle Class: A
History* (London: Abacus, 2008), pp. 3-4.

50 參見Lorna Weatherill, *Consumer Behaviour and Material Culture in Britain,
1660-1760* (London; New York: Routledge, 1988), pp. 25-29.

51 有關十八世紀英國城鎮的中產階級消費奢侈品的情況，參考以下著作：

　　遺憾的是關於當時中國人消費日用奢侈品的紀錄，幾乎都局限在社會上階層，如宮廷、高級官員與大商人等。[52]至於一般社會階層的物質消費，幾乎很難找到確切的歷史紀錄。由是，除了上層社會之外，其他的社會階層是否有能力消費日用奢侈品？這是一仍待解決的問題。《巴縣檔案》中的竊盜案內容附有被害人提供的失單，即記載被竊物品的清單，還有在竊賊被捕獲後所搜查到的贓物清單。由是從這些被竊物品的紀錄，正可以提供我們探索清代地方各種社會階層的物質消費實例。

　　近年筆者與王大綱合撰〈乾隆朝地方物品消費與收藏的初

Peter Earle, *The Making of the English Middle Class: Business, Society,* and *Family Life in London, 1660-1730*, pp. 269-301; Lorna Weatherill, *Consumer Behaviour and Material Culture in Britain, 1660-1760*, pp.166-189; Maxine Berg, *Luxury and Pleasure in Eighteenth-Century Britain*, pp. 208-221; John Beckett and Catherine Smith, "Urban Renaissance and Consumer Revolution in Nottingham, 1688-1750," *Urban History* 27.1 (2000): 31-50.

52 關於清代宮廷的物質文化，參見Evelyn S. Rawski, *The Last Emperors: A Social History of Qing Imperial Institutions* (Berkeley: University of California Press, 1998), pp. 17-55; 關於清代高級官員家裡物質蒐藏的紀錄，可以從被抄家官員的財產清單看到，參見魏美月，《清乾隆時期查抄案件研究》（臺北：文史哲出版社，1996），頁170-224。這些官紳的家產結構中實物約占總資產的五分之一，在起初家庭財富不多時，新增財產多用於購置不動產；但隨著財富積累後，理財的組合轉向金銀、古董、瓷器、寶玉等藝術品，以及金融資產。參見雲妍、陳志武、林展，《官紳的荷包：清代精英家庭資產結構研究》（北京：中信出版社，2019）。關於大商人的物質消費與蒐藏，參見Ping-ti Ho, "The Salt Merchant of Yang-chou: A Study of Commercial Capitalism in Eighteenth-Century China," *Harvard Journal of Asiatic Studies* 17.1/2 (June 1954): 130-168; Yulian Wu, *Luxurious Networks: Salt Merchants, Status, and Statecraft in Eighteenth-Century China* (Stanford, California: Stanford University Press, 2017).

步研究：以四川省巴縣為例〉一文，該文乃學界首次利用《巴
縣檔案》的竊盜案件來探析物質消費的研究。研究結果顯示，
被竊物品中有大量的服飾、錫器、銀飾品與銅器等奢侈品，可
見不僅是社會上階層，而是有更多屬於社會中間階層，亦即傳
統中國所謂的「中人之產」者或「中人之家」也有能力消費得
起奢侈品。其中，主要是聚集在城市的商人階層所占比重逐漸
增加，他們也是奢侈風氣的帶動者。再從被竊的日用奢侈品反
映地方上經過市場經濟洗禮後，造成人們在物質消費生活上的
變化。此外，從被竊物品中還可以發現江南地區的流行服飾，
甚至還有「洋貨」，此亦反映了流行時尚的影響範圍。本文雖
是微觀的例子，卻反映了十八世紀中國人的消費能力是不容小
覷的。[53]本書擬在前述成果的基礎下，進一步探討十八到十九世
紀巴縣地方物質消費的變化。

都市社會學與城市史

　　關於犯罪與城市化的關係，在當代的社會學與犯罪學界已
是耳熟能詳的議題。以研究都市社會學著名的芝加哥學派，就
鼓勵研究世界各地的城市犯罪。該學派早期重要的學者伯吉斯
（E. N. Burgess, 1886-1966）主張城市如生態學一般，可依犯罪
率來劃分不同的區域，高犯罪率的地區通常是在商業中心外圍

53　巫仁恕、王大綱，〈乾隆朝地方物品消費與收藏的初步研究：以四川省巴
　　縣為例〉，《中央研究院近代史研究所集刊》，第89期（2015），頁1-41。

的「過渡性區域」，也就是退化區域，即所謂的「貧民窟」。[54]
該學派的後繼者發現城市內少年的犯罪集中在過渡區，與該
區位的環境特性有關，居民的心理挫折與社會價值的不穩定
等，都是造成犯罪的溫床，因而提出「社會解組理論」（social
disorganization theory）。[55]但是這樣的「芝加哥經驗」，也有人
提出不同的證據。例如關於荷蘭城市的研究就顯示某些地區的
社會凝聚力較低、社會控制較少，犯罪率就高。因而大多數犯
罪傾向於聚集在城市中心，距離城市中心越遠的地方，犯罪的
發生率反而越低。[56]

　　如果從歷史學的角度來分析，犯罪與城市化的關聯性並非
是現代化之後的產物，而早在十九世紀就已經發生的現象。歐
美歷史學者對於犯罪與城市化的關係之研究，通常主張兩者呈
現正相關，認為城市的環境容易讓犯罪者鎖定目標，再加上城
市缺乏非正式的治安系統來維持社會秩序，更易引發犯罪。例
如路易絲・謝利（Louise I. Shelley）的研究證明過去歷史時期也
有嚴重的犯罪問題，而且城市化與犯罪之間的關係早在現代化
之前，就已得到公認。城市中以財產犯罪為特色，農村中則以
暴力犯罪為主體。她解釋犯罪之所以集中在城市的原因，係與

54　Robert E. Park, Ernest W. Burgess, Roderick D. McKenzie, *The City* (Chicago: University of Chicago Press, 1967)，中譯本參見：R. E. 派克，E. N. 伯吉斯，R. D. 麥肯齊著；宋俊嶺、吳建華、王登斌譯，《城市社會學：芝加哥學派城市研究文集》（北京：華夏出版社，1987），頁55、145、150。

55　Clifford R. Shaw and Henry D. McKay, *Juvenile Delinquency and Urban Areas* (Chicago: Chicago University, 1942).

56　G. J. Bruinsma, "Urbanization and Urban Crime: Dutch Geographical and Environmental Research," *Crime and Justice* 35.1 (2007): 453-502.

城市財物的相對豐富與集中、經濟誘惑力大，以及城市中的社會控制力鬆弛等因素，都有密切的關係。[57]

　　也有學者持相反的意見，認為城市化並不一定使城市成為犯罪的溫床，與犯罪率高度相關的乃是其他社會與經濟因素。例如艾瑞克・強森（Eric A. Johnson）關於十九世紀末至二十世紀初德國城市的實證研究，指出城市犯罪率沒有明顯高於農村，亦即城市化並不會造成更多的犯罪。他分析德國的城鄉差異後，他的結論是犯罪與城市人口的密度、城市人口的增長之間呈現的是低相關（甚至是負相關），而少數族裔、死亡率與貧窮比例才是與犯罪高度相關的變數。結論是犯罪與城市化的關係，不如與種族歧視和貧困的關係來得緊密。[58]

　　上述關於都市社會學與西歐城市史的研究，都說明了犯罪與城市化的關係是非常重要的議題，同時也刺激我們反思中國近代城市發展過程中的犯罪行為。

第三節　本書各章概要

　　如前所述，本書以《巴縣檔案》為史料，探討清代日常犯罪最常見的竊盜案件，透過法制史、法律社會史、歷史犯罪

57　Louise I. Shelley, *Crime and Modernization: The Impact of Industrialization and Urbanization on Crime* (Carbondale: South Illinois University Press, 1981), pp. 16-37. 中譯本參見路易絲・謝利著，何秉松譯，《犯罪與現代化：工業化與城市化對犯罪的影響》（北京：群眾出版社，1986）。

58　Eric A. Johnson, *Urbanization and Crime: Germany, 1871-1914* (New York: Cambridge University Press, 1995).

學、物質與消費文化、都市社會學與城市史等多元的分析角度，嘗試對清代的竊盜犯罪史有更深入、更全面的理解。以下略述各章的內容概要。

本書的第一章探討盜竊的相關法令及其特點，以及官箴書裡對此類案件的斷案指導原則。關於法律方面的議題，竊盜罪的法令有其特殊的規定，例如在處罰方面是根據所偷竊的物品價值來判斷刑罰的輕重，也就是「計贓論罪」的特點。再者，聚眾首從、累犯次數也都是決定刑責的標準。另外還有其他相關的律例，提供各種情況下的判決準則。然而除了法律規定之外，我們也將透過官箴書來看當時有經驗的官員，如何判決這類的犯罪行為？是否與法律規範有落差？

第二章討論竊盜案的流程，當竊案發生之後在報官前，是否有民間調解的機制？事主是如何報案，官員又如何受理？如何派遣捕役調查？捕役如何破獲竊盜嫌犯？捕獲嫌犯之後的處理過程，以及檔案裡反映出知縣斷案的考量，這都是本章要處理的內容。我們將會發現在民間調解的機制中，基層社會組織發揮了很重要的作用，然而從乾隆朝到同治朝卻發生很大的變化。在檔案中除了反映竊案處理的流程，同時也說明大多數案件是沒有下文、無法結案，而嫌犯在關押期間經常死於監獄，這些現象的原因都在此章討論。最後從檔案裡官員的批示，來看官員實際斷案時的考量，他們是否依循法律或是別有關心呢？他們的考量與官箴書的經驗知識一致嗎？

第三章中我們將從宏觀的角度來分析巴縣竊盜案發生的原因。經過統計發現同治年間竊盜案件，就年平均量是歷朝之冠，又多集中在前期。為何有此現象？在此推測至少有四個重

大歷史背景因素，影響同治朝竊盜案件的發生頻率。其一是太平天國戰爭的後遺症，尤其是在同治初年影響特別大；其次是涉及到當地的教案，也就是同治二年（1863）發生在重慶的真元堂教案騷動，這種社會矛盾事實上也激發了許多竊盜案件。第三個原因是同治三年（1864）之後四川地區的糧價高漲，助長了竊盜案件的發生。另外第四個原因則是十九世紀中葉重慶城快速的都市化，導致城市竊案數量陡增。

　　第四章是分析竊賊的身分或職業，以及犯罪的動機。過去受限於史料以至於難以分析竊賊的身分，如今透過檔案案件的統計，可以看到哪類人或職業者容易傾向偷竊。本章亦嘗試透過從歷史犯罪學的角度，來探討竊賊的犯罪動機。從當時檔案中被捕犯人的口供，可以清楚呈現出犯罪者的動機。首先，貧窮是竊盜犯最常見的說辭，看似頗符合「理性選擇」的說法。又從集體竊盜案件來看，群體性也是犯罪的動力。還有相當多的例子顯示，竊嫌並非早有預謀，而是出現機會帶來了的引誘。最後，並非竊嫌都是窮人，而是在某種情境下才行竊，同時竊盜案還反映出當時的社會關係，例如不少案例是親屬與家人偷竊，或是學徒、雇工與傭人偷竊主人的情況。

　　第五章是探討行竊的類型與過程。從檔案中的實例可以推翻過去筆記小說中描述偷竊的刻板印象，例如大多數入室行竊的方式，是破壞牆壁或門窗進入行竊，而不是「飛賊」。是否有一些特殊時節，有利竊賊混水摸魚，偷雞摸狗呢？的確，從檔案裡可以發現某些時節，如士子考期、鄉村場市趕集，與廟會節慶與婚禮時，都是竊賊特別猖獗的時機。銷贓又有哪些管道呢？檔案裡都有詳細的記載。至於文獻裡常提到的「窩

戶」、「窩家」，他們在竊案中扮演重要角色，不但是窩藏竊賊，還會幫助竊賊銷贓，甚至是竊盜集團的主謀，本章將會一一分析。

第六章則是分析被竊事主的身分與其報案的選擇。透過檔案可以看到事主的身分，本章將進一步加以分類與分析，以解釋什麼樣階層的人會成為竊盜者眼中的肥羊？再透過被竊事主的資產分析，約略可以估計其財富多寡。從檔案顯示有錢有勢的鄉紳被竊的機率並不高，大部分被竊者都屬於社會的中間階層，也就傳統所謂的「中人之家」或是「中人之產」者。此外，被竊的事主並非全都會向衙門報案，於是形成現代犯罪學所謂的「犯罪黑數」。本章末節將分析被竊事主之所以選擇不報官的原因，他們考量的因素為何？除了訴訟過程的花費之外，還涉及到當時人的生活環境。以致事主必須在報案相當不便、報官的時機不對、路途的風險又高等情況下作選擇。

第七章將從被竊事主報官時所附的失物清單，來分析當地的物質消費。首先要說明這些「失單」的格式，以及記錄的內容是否真實？其次將被竊的物品區分為幾大類，再比較十八世紀被竊物品的分類，由此來看出兩個時代被竊物品類別的變化。接著分析什麼樣的物品會成為竊賊選擇的標的物呢？哪一類物品是失物清單中最常出現、數量最多的被竊物品呢？而這些被竊的主流物品又如何反映當時社會的消費風尚？又有哪些是過去十八世紀時所少見而如今頗為普遍的被竊物品？這些物品又反映什麼特殊意義？最後將從經濟、政治與文化三個角度，來探討物質消費在社會階層分布不均的原因。

第八章討論犯罪與城市的關係。除了第三章討論都市化

與竊案數量的關係外，本章還進一步地討論重慶城市內竊盜案件發生的空間分布，也就是分析所謂的「犯罪熱點」是在城市空間的哪個部分？同時也嘗試探討竊盜案之所以會集中在某些「坊」的原因。又重慶城市竊案中失竊物品是否有其特殊性？本章從城市裡面失竊物品的清單中發現，相較於鄉村，城市裡有較高價值的物品明顯比重偏高。再者，犯罪學的研究非常重視的一個關鍵因素，就是標的物的可見性與可接近性，就此二方面而言，城市環境是否遠甚於鄉村呢？末節將討論官府在城市裡面防治竊盜犯罪的機制——柵欄與坊捕，然而這類機制是否真的能夠防止竊案的發生呢？從實際的檔案中顯示被竊的事主在抱怨竊案無法偵破的同時，往往懷疑是坊捕與犯嫌互相聯繫。事實是否如此，我們將會從實際案例去探討。

　　在結論中，筆者綜合本書的研究結果，將進一步探討幾個大問題。首先是竊盜犯罪的發生與社會結構的變遷是否相關聯？如果答案是肯定的話，從竊盜犯罪事件又反映了清中葉社會結構發生什麼樣的變化？是快速的城市化、高度的人口流動，還是商業經濟的發達帶來物質消費的改變？再者，本書嘗試結合犯罪學與歷史學的方法來分析竊盜犯罪，對犯罪的形成背景、犯罪者的動機、犯罪者與被害者的屬性，以及犯罪行為的選擇等問題，可以提供什麼樣新的刺激？第三，討論清代的法律與防治竊盜的機制是否有嚇阻犯罪的效果？在此將以犯罪學的理論來檢視清代的情況，由此進一步評價清朝地方治理的能力。

第一章

清代竊盜法律的規範與懲罰

　　竊盜既然是歷史悠久的傳統犯罪型態，相關法律規範也早已形成。到了清代涉及竊盜的相關法律規範雖然有相當部分是繼承明朝，但仍有其時代的特色。清代各種不同形式的法律規範之中，「律」與「例」有其不同的功能。律文提供規範的基本原則，且不輕易變動。條例做為附於律文之後的規範，能夠及時因應社會的變遷，以補充律文未能擴及的範圍，並且在制度的保障之下能夠定期修訂。此外，同一個犯罪行為亦無法在單一律例之中完全涵括，而是散見於其他律例之中，竊盜的相關律例規範亦是如此。過去的相關研究並不多，日本學者森田成滿從財產權的角度來分析竊盜罪的法律，是少見的研究成果。[1]本章第一、二節透過整理〈竊盜律〉、〈竊盜例〉，以及與竊盜行為相關的其他律例，以理解清代法律對於竊盜行為的整體規範。

1　森田成滿，〈清代刑法に於ける竊盜罪〉，《星藥科大學一般教育論集》，13號（1995），頁1-42。此外安樂博的研究亦有一節略論竊盜的法律，見Robert J. Antony, "Scourges on the People: Perceptions of Robbery, Snatching, and Theft in the Mid-Qing Period," pp. 110-113.

　　雖然法律規範提供了一些準則，但明清官員在面對竊盜案件時在審訊與調查時，又有什麼是法律規範所難以參酌，而是需要實際經驗來解決的問題呢？關於此問題，明清官員留下大量的官箴書，提供了審訊經驗與教導斷案的技巧。本章最後一節擬對照官箴書在實際審判時著重的問題，以說明官員處理竊案時所關心的重點與考量的原則。

第一節　竊盜律的基本架構

　　〈竊盜律〉在《大清律》之中是被編排在刑律的賊盜門，律文繼承自《大明律》，並更動三處，分別是增加律文小註、刪去「軍人為盜」、改「貫」為「兩」。[2]清朝立國之初，即沿用《大明律》，並加上小註闡明律意。[3]原本《大明律》將〈竊盜律〉分為「已行而不得財」、「已行而但得財」、「初犯、再犯、三犯」、「掏摸」、「軍人為盜」等五節，律例館於雍正三年建議「今兵丁犯竊盜，俱行刺字，『軍人為盜』一節刪」，便成為清代通行的〈竊盜律〉。[4]至於計贓論罪的條

2　明代〈竊盜律〉律文可見黃彰健，《明代律例彙編》（臺北：中央研究院歷史語言研究所，1979），卷18，頁763-764。

3　鄭秦，〈大清律例考析〉，收入楊一凡主編《中國法制史考證》（北京：中國社會科學出版社，2003），甲編冊7，頁47-48。

4　康熙時期的沈之奇在《大清律輯註》之中，認為此律可分為「已行而不得財」、「已行而但得財」、「初犯、再犯、三犯」、「掏摸」、「軍人為盜」等五節，此處討論之分類依此。〔清〕沈之奇，《大清律輯註》（北京：法律出版社，2000），卷18，頁595；〔清〕允祿等監修，《大清會典》（雍正朝），收入《近代中國史料叢刊》（臺北：文海出版社，1994-

文，明初制律時已經發行「大明寶鈔」，計贓時便以「貫」為單位。清代修律時，由於大明寶鈔停用已久，清政府便改用「兩」為單位。[5]

　　以下將分述清代〈竊盜律〉的重點與特色，並根據學者對於律文的註解說明之。

犯罪行為的定義

　　所謂「竊盜」，指的是「隱面潛形之謂『竊』，穿窬之類皆是也」[6]，或「乘人所不知而暗取之曰『竊』」[7]，即在事主不知情的情況下，拿取事主擁有的物品，就是竊盜行為。〈竊盜律〉規定「凡竊盜已行而不得財，笞五十，免刺」，即指無論得財與否都算是犯罪行為，但是得財與否在量刑上是有差別。分辨是否「得財」的標準，為事主在這個行為之中是否「失財」，也就是犯人取得事主物品即為得財，即使是「賊人棄財途中而去，被他人拾得」，也算是得財；除非是由「事主拾回」，才算是不得財，因為事主原本被竊去的「贓」已為事主持有。[8]而所謂「已行而不得財」，除了上述犯人已經得財卻又

1995），編3，輯77-79，卷172，頁11275-11276。

5　〔清〕薛允升著述，黃靜嘉編校，《讀例存疑重刊本》（臺北：成文出版社，1970），卷28，〈竊盜律〉，頁651。

6　〔明〕張楷，《律條疏議》，收入《中國律學文獻》（哈爾濱：黑龍江人民出版社據明嘉靖二十三年黃巖符驗重刊本影印，2004），輯1，冊3，卷18，頁222。

7　〔清〕沈之奇，《大清律輯註》，卷18，頁594。

8　〔清〕沈之奇，《大清律輯註》，卷18，頁595。

放棄的情況之外，也有「已至盜所，或已穿壁踰牆，為事主覺而逐，雖不得財，業已行竊矣」[9]，即犯人已經進入事主家中，尚未得財就已事發逃走，便符合法律上所稱的「已行而不得財」。

〈竊盜律〉又規定「掏摸者罪同」，說明與竊盜類似的行為還包括所謂「掏摸」，即「擇便取物曰『掏』，以手取物曰『摸』，如今白撞、剪絡之類，乘間潛取，與竊盜無異」[10]，類似今日所謂的「扒竊」。在《巴縣檔案》裡也常見有「絡竊」一詞，即屬此類行為。清律學者即云：「掏摸與竊盜併論三犯次數，以其罪相同也」，在計算累犯次數時，掏摸可以列入竊盜次數，反之亦然。[11]正因為掏摸與竊盜行為相似，故以下論竊犯刑罰時的累犯與計贓的原則，都相同運用在掏摸者。

聚眾首從之別

聚眾多人集體行竊案件，在論刑時有首從之別，〈竊盜律〉規定：

> 但得財，不論分贓、不分贓。以一主為重，併贓論罪。為從者，各指上得財、不得財言，減一等。「以一主為重」，謂如盜得二

9　〔明〕王肯堂，《律例箋釋》，日本東京大學東洋文化研究所藏明萬曆四十年序刊本，卷18，頁27b。

10　〔清〕沈之奇，《大清律輯註》，卷18，頁594。此一解釋同樣見於元人徐元瑞《吏學指南》，詞義至少自元代以來都沒有改變。

11　〔清〕沈之奇，《大清律輯註》，卷18，頁596。

家財物，從一家贓多者科罪。「併贓論」，謂如十人共盜得一家財物，計贓四十兩，雖各分得四兩，通算作一處，其十人各得四十兩之罪。造意者為首，該杖一百。餘人為從，各減一等，止杖九十之類。餘條准此。

在不得財的情況下，由於並未取得任何「贓」，因此僅處以笞刑。如果已行且得財的話，其刑責還要視犯人是否為聚眾的主謀或是從犯而定。若是聚眾行竊，主謀將依據以上的刑罰治罪，而從犯是罪減一等。減一等是多少呢？笞杖刑的級距是十下，從律文小字的舉例說明主謀若該杖一百，從犯減一等，即是杖九十。

初犯與累犯之別

除了初犯之外，累犯者的刑罰會加重。〈竊盜律〉規定「初犯，並於右小臂膊上刺『竊盜』二字。再犯，刺左小臂膊。三犯者，絞監候。以曾經刺字為坐。」[12]《大清律集解附例》概括〈竊盜律〉的律義為「於贓重、屢犯者更加嚴也」，對於累犯的刑責是隨著逮捕次數而逐漸增加。[13]分辨犯人逮捕次數的依據，即以其手臂上是否刺字為準，也就是明人王肯堂

12　〔清〕薛允升著述，黃靜嘉編校，《讀例存疑重刊本》，卷28，〈竊盜律〉頁649。

13　〔清〕朱軾、常鼐等纂修，《大清律集解附例》，收入《四庫未收書輯刊》（北京：北京出版社據清雍正三年內府刻本影印，1997），輯1，冊26，卷18，頁296。

（1549-1638）所稱「所犯次數，以兩臂曾經刺字為坐」[14]。但如果發現犯人雙臂皆已刺字，則是「怙惡不悛之亂民矣，故即坐絞」[15]，即試圖以重刑遏止累犯的產生。由是累犯的認定方式，是以竊犯被逮捕的次數而定，第一次（初犯）與第二次（再犯）被逮捕的刑責相同，只有刺字部位的差別，一旦第三次被逮捕（三犯），則是判處死刑。

計贓論刑

〈竊盜律〉的一大特色，即是量刑時依行竊贓物的價值高低而定。這項計贓定罪的標準是附在律文的最後，其規定為：

> 一兩以下，杖六十；一兩以上至一十兩，杖七十；二十兩，杖八十；三十兩，杖九十；四十兩，杖一百；五十兩，杖六十，徒一年；七十兩，杖八十，徒二年；八十兩，杖九十，徒二年半；九十兩，杖一百，徒三年；一百兩，杖一百，流二千里；一百一十兩，杖一百，流二千五百里；一百二十兩以上，絞監候。三犯，不論贓數，絞監候。

說明在初犯與再犯的情況下，自一兩以上，每增加十兩為一個等級，其刑責就從杖刑開始加等，五十兩以上處以徒刑，一百

14　〔明〕王肯堂，《律例箋釋》，卷18，葉28a。

15　〔清〕沈之奇，《大清律輯註》，卷18，頁594。

兩以上處以流刑，一直加到一百二十兩以上，則是死刑的絞監候；而三犯的情況，則是不必計算贓物價值，一律處以〈竊盜律〉的最重刑責絞監候。

明初因為通行貨幣為大明寶鈔，因此計贓定罪的規定是「一貫以下，杖六十」，後來大明寶鈔廢止，白銀取而代之成為通貨，計贓的「貫」就得換算成「兩」。根據明末佘自強的說法，當時「每鈔一貫，止值銀一分二釐五毫」，如果以〈監守自盜倉庫錢糧律〉「四十貫，斬」的規定，「四十貫止值銀五錢耳」，於法太重。[16]清代以兩計贓，反而使情罪平衡。

計贓論刑又涉及到兩種情況，一是行竊多家財物，另一是聚眾偷竊分贓，此二狀況下如何計贓論罪？在上述〈竊盜律〉小註沿用《明律》的內容，對於行竊多家財物的論刑原則係所謂「以一主為重」，即指如果是竊盜多家財物，則以贓物價值最高者來計贓論罪。因為「將各主通算全科，則失之太重」[17]，如果將犯人所竊的每家贓物合併計算的話，原本也許每家贓物甚低，分開計算都只有杖刑的輕罪，但全部加在一起可能會到流刑，甚至死刑，「恐死有餘辜，失之於重」[18]。如果因此判處死刑，雖然符合法律計贓的規定，但實際上卻是比犯人所犯的罪還要重的刑責。

至於「併贓論」的原則根據上述〈竊盜律〉的小註，係指

16　〔明〕佘自強，《治譜》，收入《官箴書集成》冊2（合肥：黃山書社據明崇禎十二年呈祥館重刊本影印，1997），卷4，〈贓數定死軍徒杖分別大畧〉，頁18a。

17　〔清〕沈之奇，《大清律輯註》，卷18，頁594。

18　〔清〕朱軾、常鼐等纂修，《大清律集解附例》，卷18，頁296。

聚眾偷竊分贓時，雖然所有人共同竊取同一家之後每個人皆分得部分贓物，但計贓的方式卻無法分開計算，而是要合併計算後按照主謀與從犯區分刑責，因為「（贓物）在彼雖分，而在失主則失去若干物」[19]，「皆此共盜之人所取，故追贓則照入己，論罪則必併贓也」[20]。從失主的角度，案中失去的贓物價值不會因為聚眾人數之多寡而增減，聚眾者無論各自參與的比例有多少，犯罪的程度都是一樣，只是主謀與從犯的差別而已，因此「贓可分而罪不可分」。[21]

第二節　竊盜相關的律例規範

　　由上節的討論可知，〈竊盜律〉的基本架構為聚眾首從、累犯次數、贓物價值等三種要素，而隨著條例的發展，也補充了相當豐富的細節。至於〈竊盜例〉則聚焦於「累犯次數」與「身分」的問題，「贓物價值」與「聚眾首從」則是在賊盜門的其他條例之中擴充其內涵；而《大清律》的其他律例之中，也有不少涉及竊盜行為的規定，以下一併梳理之。

犯人發落後充巡警

　　關於竊盜犯人服刑完畢發落之後，據〈起除刺字律〉的

19　〔明〕王肯堂，《律例箋釋》，卷18，頁27b。
20　〔清〕沈之奇，《大清律輯註》，卷18，頁594。
21　〔明〕王肯堂，《律例箋釋》，卷18，頁27b。

規定如下：「凡盜賊曾經刺字者，俱發原籍，收充警跡。該徒者，役滿充警；該流者，於流所充警。」[22]亦即輕罪的笞、杖刑者發回原籍，較重的服徒刑者，當刑期期滿要在原處充巡警役，服流刑者則是在外地的流所充巡警役。所謂的「收充警跡」，係指「充巡警之役，以警跡盜賊之徒。警跡之人，俱有冊籍，故曰收充。」也就是擔任地方巡守隊的工作，協助維護地方治安。他們都在衙門裡登記有冊，負責管束與監督他們的是衙役，所以捕役與竊賊的關係往往引起被竊事主與地方官員關注。（參見第八章第四節）

又有〈條例〉云：「竊盜刺字發落之後，責令充當巡警，如實能改悔，歷二三年無過，又經緝獲強盜二名以上，或竊盜五名以上者，准其起除刺字，復為良民，該地方官編入保甲，聽其各謀生理。」[23]也就是讓這些犯罪者可以將功補過，最後再編入保甲回歸社會謀生。並有規定私自起除刺字的處罰：「若有起除原刺字樣者，杖六十，補刺」；「若非應起除，而私自用藥或火灸去原刺面膊上字樣者，雖不為盜，亦杖六十，補刺原刺字樣。」「凡竊盜等犯，有自行用藥銷燬面膊上所刺之字者，枷號三個月，杖一百，補刺。代毀之人，枷號兩個月，杖一百。」[24]

---

22 〔清〕薛允升著述，黃靜嘉編校，《讀例存疑重刊本》，卷31，〈起除刺字律〉，頁766。
23 同前註。
24 同前註。

累犯的重新定義：積匪猾賊

〈竊盜律〉規範的累犯，原本是依照刺青的部位，辨識犯人被逮捕的次數，並以三次為限。而〈竊盜例〉則又分為逮捕次數與犯案次數，並以刑責輕重區分初犯、再犯、三犯的不同。

逮捕次數即〈竊盜律〉原本計算累犯的方式，第一次被逮捕時在右臂刺字，第二次在左臂刺字，第三次則為死刑，而犯案次數指的是犯人實際行竊的次數。因此有可

圖1-1：晚清山西囚徒被處鐵桿鎖帶之刑罰
資料來源：Firmin LARIBE（1855-1942）攝，法國國家圖書館藏。

能行竊數次才第一次被逮捕，按照〈竊盜律〉會認定為初犯，而且會「以一主為重」，也就是計贓論罪時會以贓物價值最高的那一次量刑，不會合併計算所有贓物的價值。但雍正七年（1729）制定的新例將這種情況認定為「積匪猾賊」，不論贓物價值多少，一律判以充軍，其刑罰既不能與初犯相提並論，也不適用於〈竊盜律〉。[25]

25　〔清〕薛允升著述，黃靜嘉編校，《讀例存疑重刊本》，卷28，〈竊盜

又因為〈竊盜律〉規範初犯與再犯的刑責相同，只有三犯才會直接處以絞監候，此舉可能難以遏止竊盜初犯者的再犯意圖，因此又有新例規定。乾隆五十三年（1788）併修前例，規定竊盜初犯者交保管束後又再行竊者，除了以贓物價值論罪之外，還要應量加枷號之刑，以區別與初犯的不同。[26]

附帶一提的是，前述〈積匪猾賊例〉以犯案次數為論罪的依據，各省的〈省例〉也隨著地區的需求而逐漸發展犯案次數的計算方式。而且為了防止犯罪者的再犯，福建地區於乾隆十七年（1752）已經出現針對在配所的徒犯與竊盜犯施以「鎖帶鐵桿」的刑罰，也就是在犯人手腳扣上一定重量的鐵桿，透過限制行動的方式避免其犯罪。後來在浙江、湖南也都陸續看到相關的記載，直到嘉慶十八年（1813）成為中央正式核可的刑罰，並在條例之中予以正式規範。[27]

犯罪中的暴力：竊盜拒捕傷人

在清代的法律定義之中，「盜」的行為可細分為兩種，強盜與搶奪是「公然而取其財」，竊盜是「潛形隱面」，即在被

律・積匪猾賊例〉，頁659-660。正文與註釋引用的條例名稱為編校者黃靜嘉先生命名，薛允升原書並無條例名稱。

26　〔清〕薛允升著述，黃靜嘉編校，《讀例存疑重刊本》，卷28，〈竊盜律・竊盜再犯加枷交保管束後又復行為竊及行在拏獲竊犯例〉，頁656。

27　關於鎖帶鐵桿的問題，詳見鈴木秀光，〈鎖帶鉄桿・鎖帶石礅と清代後期刑事裁判〉，《法学》，75卷5號（2012年1月），頁174-239。省例對於積匪猾賊法律定義的討論，詳見吳景傑，〈法律、犯罪、社會：清代後期重慶竊盜案件的官員思考模式〉，頁43-49。

害人不自覺的情況下取得財物。[28]但如果被害人發覺之後與竊賊起爭執，或是竊賊在面對捕役時強力拒捕，導致他人受傷，甚至死亡的情況，〈竊盜律〉雖沒有相關的規範，但是在〈強盜律〉已明文規定：「若竊盜臨時有拒捕及殺傷人者，皆斬」。〈竊盜律〉的刑責最高是絞監候，這是在三犯或是贓物價值一百二十兩以上的情況而言，而隱面潛形的竊盜如果被事主發覺後還拒捕，與公然取財的強盜相同，至於強盜得財則是斬刑，因此行竊拒捕的刑責也是一樣。[29]

插圖1-1：晚清報刊描繪竊賊入室行竊被屋主發覺而行凶
資料來源：〈偷兒揮刀〉，《圖畫日報》，1910年第356期，七月十一日，頁12。

28　〔清〕薛允升著述，黃靜嘉編校，《讀例存疑重刊本》，卷31，〈公取私取皆為盜律〉，頁765。

29　〔清〕薛允升著述，黃靜嘉編校，《讀例存疑重刊本》，卷26，〈強盜律〉，頁589。

特殊身分、場所犯罪

〈竊盜律〉規範的是一般情況，並未因為犯人與被害人的身分、行竊地點的不同而區分刑責，但〈條例〉裡更詳盡制定了相應的規範。

先就特殊身分犯罪者而言，與竊案相關的人員除了事主與竊賊之外，也包括親屬、鄰佑、保甲、居停（指旅店、寺廟、船埠等商旅投宿處所的店主、住持、埠頭等人）、巡兵、捕役等。[30]若是執法者犯法，處刑更重。如負責緝捕竊賊的捕役、兵丁、地保行竊，除按律辦理之外，並「各加枷號兩個月」，亦即是比一般人多了附加的刑罰。如果他們是勾結竊賊分贓，則處罰更重，須充軍。[31]再如旗民與回民犯案時的處罰，也有特別的規定。旗人行竊的處罰須「銷除旗檔」，之後再行竊者，「依民人以初犯論」。[32]回民若有聚眾與持械的情況，皆「改發雲貴、兩廣極邊煙瘴充軍」，若無則按律辦理。[33]

另外，有些特殊職業者行竊會較一般人刑責更重，即店家、船戶、腳夫、車夫等出外商旅倚賴的從業人員，一旦行竊，必須「照捕役行竊例，各加枷號兩個月」，也就是與捕役

---

30 張偉仁，《清代法制研究》冊1（臺北：中央研究院歷史語言研究所，1983），頁299。

31 〔清〕薛允升著述，黃靜嘉編校，《讀例存疑重刊本》，卷28，〈竊盜律，兵役人等犯竊及豢養包庇竊賊劫匪窩家例〉，頁666。

32 〔清〕薛允升著述，黃靜嘉編校，《讀例存疑重刊本》，卷28，〈竊盜律·旗人初犯竊例〉，頁664。

33 〔清〕薛允升著述，黃靜嘉編校，《讀例存疑重刊本》，卷28，〈竊盜律·回民結夥持械及徒手行竊例〉，頁657。

兵丁一樣多了附加刑罰，以示懲誡。[34]在《巴縣檔案》中這類職業者行竊的案件頗多，說明此例反映了社會現實的情況，官方欲立重法以嚴懲。

　　關於被害者的特殊身分，如果是官員因公在外遭竊的情況，竊賊一律罪加一等，但如果官員是混居在一般民居的話，因為「賊匪無從辨識」，只須按一般竊盜處理即可。[35]如果遭竊的是外國貢使，竊賊除依〈竊盜律〉論罪，另須「加枷號一個月」，但如果遭竊的是朝鮮使臣，除了轄區官員須被議處，竊賊須照「行竊餉鞘例」，贓物價值一百兩以上處以絞監候，一百兩以下皆充軍。[36]

　　關於特殊場所的犯罪方面，若是一般行政衙署遭竊，不論累犯次數與贓物價值，一律「改發雲貴兩廣極邊煙瘴地方充軍」。[37]若是公家倉物遭竊，贓物價值一兩以下杖七十，每五兩增加一等，八十兩則為絞刑，其刑責較一般竊盜為重。[38]但如果是由管理的官員人役監守自盜的情況，一兩以下杖八十，每二

34　〔清〕薛允升著述，黃靜嘉編校，《讀例存疑重刊本》，卷28，〈竊盜律・店家船戶等行竊商民及糾匪分贓例〉，頁663。

35　〔清〕薛允升著述，黃靜嘉編校，《讀例存疑重刊本》，卷28，〈竊盜律・現任官員出使赴任及接送眷屬被竊財物例〉，頁665-666。

36　〔清〕薛允升著述，黃靜嘉編校，《讀例存疑重刊本》，卷28，〈竊盜律・偷竊外國到京貢使人犯例〉，頁655；〈竊盜律・朝鮮使臣來京在途被竊例〉，頁655。「行竊餉鞘例」見卷25，〈常人盜倉庫錢糧律・竊盜庫貯銀錢倉貯漕糧例〉，頁583-584。

37　〔清〕薛允升著述，黃靜嘉編校，《讀例存疑重刊本》，卷28，〈竊盜律・偷竊衙署服物例〉，頁662。

38　〔清〕薛允升著述，黃靜嘉編校，《讀例存疑重刊本》，卷25，〈常人盜倉庫錢糧律〉，頁582-583。

兩五錢增加一等，四十兩以上處以斬刑，其刑責又較一般人行竊倉庫為重。[39]

親屬關係的刑責差異

　　親屬之間發生竊盜行為時，除了依〈竊盜律〉論罪之外，得依親等關係逐級減刑，據〈親屬相盜律〉規定：「凡各居親屬，相盜財物者，期親，減凡人五等；大功，減四等；小功，減三等；緦麻，減二等；無服之親，減一等。並免刺。」如是期親減五等、大功減四等、小功減三等、緦麻減二等、無服減一等，親屬關係越近，刑責越輕。分居親屬與同居家人行竊的刑罰就有明顯的不同，同居家人偷竊自家家產，並不會依竊盜律論罪。[40]這樣法律精神沿襲自明代，因中國傳統家庭是同居共財的，家產既為「公家物事」，為家庭成員所共有，成員擅自取用與一般人的「竊盜」不同，法律規範的刑罰也要來得更輕。[41]若是奴僕行竊家長的情況下，按一般竊盜處置，但常會減刑。[42]但如果是奴僕勾結外人行竊家長，則須按〈竊盜律〉罪加

---

39 〔清〕薛允升著述，黃靜嘉編校，《讀例存疑重刊本》，卷25，〈監守自盜倉庫錢糧律〉，頁577-578。

40 〔清〕薛允升著述，黃靜嘉編校，《讀例存疑重刊本》，卷30，〈親屬相盜律〉，頁703。

41 徐泓，〈明代家庭的權力結構及其成員間的關係〉，收入氏著，《聖明極盛之世？：明清社會史論集》（臺北：聯經出版公司，2021），頁328-330。森田成滿，〈清代刑法に於ける竊盜罪〉，頁6-7、27-28。

42 森田成滿，〈清代刑法に於ける竊盜罪〉，頁29。

一等。[43]

　　實則在中國的法律史親屬之間發生竊盜行為時，在法律上的判刑非常特殊，與一般人犯罪處刑不同。早在秦朝以前人們的認知已有「內盜」與「外盜」之分，到了秦朝的秦律規定將親屬相盜的情況立法，但並沒有建立起系統完整的親屬相盜制度。至晉代，才把「准五服以治罪」確立為立法的一般原則。唐律是目前所知最早關於親屬相盜最完整系統的立法。明清律對唐律的親屬相盜制度進行改造，但基本是相同的規定。由是可知，親屬相盜制度始終存在於兩千多年的中國竊盜法律之中。[44]

　　此外，明清律沿襲唐律「同居卑幼，將人盜己家」這一共盜犯罪的制度精神，在〈親屬相盜〉中加以規定。如明律規定：「若同居卑幼，將引他人，盜己家財物者，卑幼依私擅用財物論，加二等，罪止杖一百；他人減凡盜罪一等，免刺」[45]，清朝的律例也有同樣的規定。[46]若就卑幼而言，因此行為比起家內擅用的情節危害要大，故給予加二等處罰；但危害小於通常的竊盜，所以處刑較一般人的行竊來得輕。就外人而言，此行

<hr>

43　〔清〕薛允升著述，黃靜嘉編校，《讀例存疑重刊本》，卷30，〈親屬相盜律‧奴僕雇工偷盜家長財物例〉，頁704。

44　孫向陽，《中國古代盜罪研究》（北京：中國政法大學出版社，2013），頁476-479。

45　懷效鋒點校，《大明律》（北京：法律出版社，1998），卷18，〈刑律‧賊盜‧親屬相盜〉，頁143。

46　田濤、鄭秦點校，《大清律例》（北京：法律出版社，1999），卷25，〈刑律‧賊盜下‧親屬相盜〉，頁401。

為發生的危害較通常的竊盜來得輕，故處刑也有減等。[47]

贓物類別的刑責差異

〈竊盜律〉本身並未區分竊盜的物品種類而有刑責的差異，然而相關條例的規範則有差別，尤其是偷竊官府與皇家這類象徵國家權威的物品，其刑罰就會更重。如偷竊祭天的物品者處斬，偷竊皇帝制書處斬，行竊官方文書者則為絞刑。[48]若是偷竊衙門印信處斬監候，內府財物亦為斬刑，私自砍伐園陵樹木則杖一百，徒三年。[49]偷竊京城門鑰者須杖一百，流三千里，其他城門門鑰則為杖一百，徒三年。[50]上述犯罪行為皆不依〈竊盜律〉計贓論罪，但偷竊軍隊器物，仍視同一般竊盜。[51]

若是行竊馬、牛等家用牲畜，按〈竊盜律〉計贓論罪，但如果行竊後宰殺，則須杖一百，徒三年。[52]若是行竊田野穀麥、

---

47 孫向陽，《中國古代盜罪研究》，頁487-491。

48 〔清〕薛允升著述，黃靜嘉編校，《讀例存疑重刊本》，卷25，〈盜大祀神御物律〉，頁568；卷25，〈盜制書律〉，頁568。

49 〔清〕薛允升著述，黃靜嘉編校，《讀例存疑重刊本》，卷25，〈盜印信律〉，頁569；卷25，〈盜內府財物律〉，頁569；卷25，〈盜園陵樹木律〉，頁571。

50 〔清〕薛允升著述，黃靜嘉編校，《讀例存疑重刊本》，卷25，〈盜城門鑰律〉，頁570-571。

51 〔清〕薛允升著述，黃靜嘉編校，《讀例存疑重刊本》，卷25，〈盜軍器律〉，頁571。

52 〔清〕薛允升著述，黃靜嘉編校，《讀例存疑重刊本》，卷29，〈盜馬牛畜產律〉，頁675。

菜果等農作物，也是按〈竊盜律〉論處。[53]行竊牛隻與農作物的
案件在《巴縣檔案》頗為常見，且大多發生在鄉村，參見本書
第五章第一節。若是盜採礦砂的話，金砂一斤折銀二錢五分，
其他礦產也有不同折算的比例，折算後依〈竊盜律〉計贓論
罪。[54]但是有些物品則不能算是竊盜的贓物，如沒有太多價值的
蔬果與未兌現的銀錢票，以及無主的物品等。而盜賣不動產、
竊取水源與販賣人口都不是依一般的竊盜罪論，而是更重的
罪。[55]

共盜與窩賊的刑責

　　〈竊盜律〉中僅論及聚眾竊盜時如何計贓論罪，並未言明
如何區分聚眾的首從？在清代其他的法律之中規定：「謂共犯
罪，以造意者為首，隨從者減一等」。[56]如果造意者在行動前
退縮，而其他人繼續行動且得手的話，只要造意者後續參與分
贓，不論其知情不知情，「並為竊盜首」。但如果退縮的造意
者並未參與分贓，則會被視為從犯，得以減一等。[57]

53　〔清〕薛允升著述，黃靜嘉編校，《讀例存疑重刊本》，卷29，〈盜田野
　　穀麥律〉，頁684。

54　〔清〕薛允升著述，黃靜嘉編校，《讀例存疑重刊本》，卷29，〈盜田野
　　穀麥律‧盜掘金銀等礦砂及拒捕殺傷例〉，頁685。

55　森田成滿，〈清代刑法に於ける竊盜罪〉，頁4-6。

56　〔清〕薛允升著述，黃靜嘉編校，《讀例存疑重刊本》，卷2，〈犯罪得累
　　減律〉，頁37。

57　〔清〕薛允升著述，黃靜嘉編校，《讀例存疑重刊本》，卷31，〈共謀為
　　盜律〉，頁764-765。

　　竊賊行竊得手之後，有些會先窩藏在特定人士（即「窩主」）家中，等待風聲過去，或是由窩主代為銷贓，甚至也有些是具有竊盜集團的性質，形成窩主、竊賊、銷贓等分工情況。竊賊自然是依照竊盜罪論處，並可能會因為被害者的身分、事發場所、竊盜物品而有刑責增減的差別。至於窩主則會依照涉入程度的不同而定刑，據〈共謀為盜律〉，若是「窩主造意，身雖不行，但分贓者」，以竊盜聚眾為首論，即一般竊盜罪論處；但「若不行又不分贓」，則以竊盜聚眾為從論，即竊盜罪減一等。[58]在《巴縣檔案》裡所見的「窩家」、「窩戶」之稱，即指這類窩主嫌犯，且多為開設棧房客店之主，參見本書第五章第四節之討論。

　　附帶一提的是，竊賊的同居父兄若知情分贓的話，其刑責是竊賊本罪減二等，但若「父兄不能禁約子弟為竊盜者」，也必須處以笞刑四十。[59]竊賊服刑之後的交保管束期間若再犯，原保人將受到處分，若保人是由父兄擔任，則會被視為知情分贓定罪。[60]

58　〔清〕薛允升著述，黃靜嘉編校，《讀例存疑重刊本》，卷31，〈共謀為盜律〉，頁753。

59　〔清〕薛允升著述，黃靜嘉編校，《讀例存疑重刊本》，卷28，〈竊盜律‧父兄不能禁約子弟為竊盜及知情分贓例〉，頁664-665。

60　〔清〕薛允升著述，黃靜嘉編校，《讀例存疑重刊本》，卷28，〈竊盜律‧竊盜再犯加枷交保管束後復行為竊及行在拏獲竊犯例〉，頁656。

官、役的失職與懲處

　　一旦發生包含竊案在內的盜案，所屬官員都有應負的行政
責任，並分為兩個層面的懲處。在緝捕層面，若是延遲前往現
場勘驗、未在期限內獲賊、未向上級詳報、未能察覺捕役作弊
等缺失，官員都需受到降級處分，並依情節輕重決定，反之則
有獎賞。[61]在考核層面，如果是出現強盜、竊盜拒捕、結夥十
人以上行竊、白晝夥眾搶奪傷人或得贓滿貫等情況，則被視為
「疏防失盜」，所屬官員都會受到參劾，隨著情況不同而有罰
俸、停升等處分，即所謂「開參疏防」。[62]其中竊盜拒捕與結夥
十人以上行竊這兩種犯罪行為多依〈強盜律〉科斷，因此相關
參劾也是比照強盜案的情況。[63]

　　而捕役如果緝捕不力，也有相關處分。當知縣啟動緝捕
程序之後，若捕役未能在期限內捕獲犯人，則可能遭到笞刑
責比，有十日一比、一月一比，或是兩三月一比。[64]根據《清
律》的規定，一個月內未能捕獲竊賊，笞一十，兩個月須笞
二十，三個月則須笞三十，但如果在期限內獲賊人數達到一
半，則免罰。[65]從《巴縣檔案》中也可以看到捕役因限期內未捕

61　徐炳憲，《清代知縣職職掌之研究》（臺北：私立東吳大學中國學術著作
　　獎助委員會，1974），頁257-259。

62　清代規定地方凡有盜案，該管文武員弁即負疏防之責，各員應即開報職名
　　至省，由督撫題參。

63　張偉仁，《清代法制研究》冊1，頁352-353、359。

64　陶希聖，《清代州縣衙門刑事審判制度及程序》（臺北：食貨月刊，
　　1972），頁41。

65　〔清〕薛允升著述，黃靜嘉編校，《讀例存疑重刊本》，卷47，〈盜賊捕

獲嫌犯而遭知縣責比的實例。

第三節　竊案的審理與判決：以官箴書為例

　　據前所述，〈竊盜律〉的核心要素為以犯人為中心，綜合贓物價值、累犯次數、聚眾首從而成規範的基本架構。若地方官員遵循這個原則，其審訊的過程將會是以收集這些要素為目標。首先要確認犯行、有無同夥合謀，並嘗試審問出犯人的犯案經歷，包括逮捕次數與犯案次數，進而起出贓物，透過估算贓物價值，配合其犯罪經歷，衡量出最適當的刑責。

　　然而官員在實際審訊與斷獄時所關心的問題，是否就是遵循上述法律規範？抑或是要考慮的問題更加複雜，而非僅止於律例所規範的重點。明清以來大量出現的官箴書之中，便提供許多官員辦案的經驗，在筆者目前可見的官箴書之中，以專門篇章組織盜案辦理方法的至少就有四種，分別為明代呂坤《實政錄》、佘自強《治譜》，清代潘杓燦《未信編》、黃六鴻《福惠全書》，除了《實政錄》之外，三者設定的讀者都是以州縣官為主。除此之外，還有一些官箴書零星地提及相關問題，因此若能透過這些官箴書所提供的技巧，可對於盜案辦理方法有著較具規模且系統的了解。然而，每部官箴書都有各自偏重的面向，因此以下便整合官箴書對於竊盜案件的辦理技術，略分為三個方面並分述之。[66]

限律〉，頁1180。
66 但本章主要是討論盜案辦理與審判的問題，其他問題請參照吳景傑，〈法

累犯的認定

　　關於這方面在官箴書裡的討論並不多，無論是乾隆時期由幕友轉任官員的汪輝祖（1730-1807）所編著的幾部官箴書，或是咸豐時期的方大湜《平平言》等與此同時期或之後的官箴書，仍鮮少提及審訊犯案次數的技巧。實則竊犯若從未捕獲，則其犯案次數必須由犯人自白方能確知，這項技巧應該是相當重要，可惜許多官箴書卻未分享自己的拿手絕活。

　　值得一提的是幕友手冊反映出不同的立場。《幕學舉要》注意到「曾否竊劫別案」的問題，《辦案要略》、《刑幕要略》也注意「平日有無竊劫別案」，若「賊犯行竊多案，應歸贓重案內擬結」。[67]前述〈積匪猾賊例〉係於雍正七年制定，而這些幕友手冊皆是此之後出版的，可能因此重視犯案次數。這項技巧不僅是在幕友手冊之中被強調，幕友手冊也隨著條例的修正增補而更新內容，《刑幕要略》所列的盜案條目之中，有不少乾隆時期新訂條例的影子，而《辦案要略》引用制定於乾隆四十五年有關於積匪猾賊的條例，同時又在該條目上以眉批的方式補充條例修正的內容。[68]對幕友而言，協助官員辦案是其

　　律、犯罪、社會：清代後期重慶竊盜案件的官員思考模式〉，頁120-132。

67 〔清〕萬維翰，《幕學舉要》，收入《官箴書集成》冊4（合肥：黃山書社據清光緒十八年浙江書局本影印，1997），不分卷，〈盜案〉，頁8a；〔清〕王又槐，《辦案要略》，不分卷，〈論強竊盜案〉，頁14b；〔清〕不著撰人，《刑幕要略》，收入《官箴書集成》冊5（合肥：黃山書社據清光緒十八年浙江書局本影印，1997），不分卷，〈賊盜〉，頁19b。

68 〔清〕不著撰人，《刑幕要略》，不分卷，〈賊盜〉，頁19a-24b；〔清〕王又槐，《辦案要略》，不分卷，〈論強竊盜案〉，頁18a。

職責，因此熟悉律例的規範與辦案的技巧是幕友的基本能力。

在官箴書中唯有道光時期的官員璧昌（1778-1854）特別在意審理累犯的技巧，在其《牧令要訣》一書提出：

> 凡初次拏獲到案，每以贓少罪輕，僅止枷杖，往往不為詳報。再偷或帶以鐵棍，或久押班房，仍為初犯，不能加重辦發。惟有一案詳一案，三次已成積猾，可以發出，除一害少一害也。[69]

璧昌意圖打擊的對象即是贓數少卻次數多的積匪猾賊，因為贓數不多，罪責自然不重，若要一一向上呈報，耗費過多行政成本，因此有些地方官便在權限之內施以刑罰結案。但這往往會造成姑息養奸，最後就是形成輕罪的累犯。此外，由於地方官在其初犯時並未重責，或沒有按規定刺字，即使再犯被捕，也會被視為初犯處置。雖然在璧昌的時代，再犯已經可以透過附加刑，如鎖帶鐵桿或久押班房來達到懲治的效果，但在這種仍視為初犯的情況下卻又不能加重。為了打擊這種風氣，璧昌採取分案申詳的方式，在帳面上增加犯人的犯案次數，即使贓數不多，只要犯案次數達到一定程度，都能夠被視為積匪猾賊而被施以重刑。即使是積匪猾賊案件在行政處理上需要耗費較高的成本與時間，但目標卻只有能壓制犯罪風氣。

然而大多數的官箴書對於積匪猾賊的認定都瀰漫著消極

69　〔清〕璧昌，《牧令要訣》，收入《官箴書集成》冊7（合肥：黃山書社據清道光刊本影印，1997），不分卷，頁17a-b。

想法，他們有特殊的考量。如潘杓燦認為審訊的重點在於「現今行劫之事」，不必過問其犯案經歷。原因在於此舉容易造成反效果，不僅將使犯人不願認罪，也可能使整起案件「枝蔓太多，牽連無已，難以歸結」，應該將目標放在使犯人認罪，並供出犯案過程、窩主名單、銷贓途徑。[70]除此之外，另一個可能的原因，是轄區內發生積匪猾賊的情況，對官員來說可能不會是好消息，而是有「疏防開參」，即因疏於治安而被參劾的風險。積匪猾賊是重大案件，相關刑責並不是計贓論罪，而是一律發遣的重刑，面對這種壓力，可能也會使大部分官箴書著眼於解決當下發生的案件，而非是為了弭盜的長遠眼光。由是像璧昌的做法在官箴書之中畢竟是少數特例，絕大多數的官箴書仍是以盡快將手上的案件結案為目標。

確實起出贓物

佘自強還呼籲要避免失主隨意指認盜匪，或是以行竊作強盜，還須防止失主指認非己之贓，或浮報贓物。因此，對於失主開立贓物清單的方式，「金銀首飾須開式樣，衣服器皿須開顏色，新舊務要的確，以便日後對贓。銀子，或大小錠，或碎銀，分兩俱要的開，不許以少開多」，透過對於贓物的具體描述，不僅可以避免失主無中生有，也可以在起贓之後憑據核

70　〔清〕潘杓燦，《未信編》，收入《官箴書集成》冊3（合肥：黃山書社據清康熙二十三刊本影印，1997），卷4，刑名下，〈理盜案〉，頁47a。

實。[71]

　　在盜案之中，對呂坤而言的另一個重點為「指贓殺賊」，也就是盜賊定罪的依據為贓物，因此若能成功起出贓物，自然易於定罪。[72]若嫌犯的犯行確定卻無贓物，則須追究其銷贓的方式，或是捕役任意栽贓，抑或是失主浮報失物。此外，有些官員為了捕獲犯人或起出贓物，認為犯人家屬「平日享為盜之利，忘勸救之言，無首報之舉」，遂將這些家屬送監。但呂坤認為這種是「殃及無辜」的作法，為「治獄之惡政」，勸誡讀者應避免為之。[73]

真犯或誣扳

　　上述關於累犯與贓物問題，本是法律規範中就已關注的面向，然而官箴書裡還有一個根本的關心問題，即如何能判定竊案之真犯或是誣扳，這是官箴書不斷強調的。呂坤認為官員應該親自研審，不可「憚於任事，懶於推鞫」，更應「審盜惟在隔別，細心查其情狀」，其訊問的重點在於如果「盜數同、贓數同、期會同、事跡同」，則即使無法起出實際的贓物，「而盜可知矣」。[74]黃六鴻強調親審，才能「仔細觀看，若是強盜，

71　〔明〕佘自強，《治譜》，卷7，〈盜後立案〉，頁10a。

72　〔明〕呂坤，《實政錄》，收入《續修四庫全書》史部職官類冊753（上海：上海古籍出版社據北京圖書館藏明萬曆二十六年趙文炳刻本影印，1997），卷6，〈盜情〉，頁15b。

73　〔明〕呂坤，《實政錄》，卷6，〈盜情〉，頁16b。

74　〔明〕呂坤，《實政錄》，卷6，〈盜情〉，頁12b、13b。

面貌自然凶惡；若是良民，面貌自然純善」。[75]此外，親審時見其眼神、觸摸心口，可由此辨識嫌犯有無說謊。而黃六鴻種種的建議，「從此悟入，可以觸類旁通，不致漏真誣枉耳」。[76]這些帶有經驗法則的技巧，雖然不是必然能用以辨識真犯，但仍能提供初任官員判案時的切入角度。

　　而刑求是否可確認真犯呢？佘自強建議可先羈押觀察，不可馬上刑求取供。但若能確認其犯案事實，「箠楚何難」？[77]然而，在「強盜鐵口，非用刑不吐」的前提下，確認其嫌疑之後，為了取得犯罪過程的細節，仍可略施薄刑。[78]但又須避免犯人「怕刑屈認」，或因此隨意誣扳他人。的確，誣扳的現象在《巴縣檔案》中頗為常見，甚至往往因為被誣者的來回辯駁，而使訴訟拖延甚久。

　　為防止被捕之竊賊誣扳，官箴書強調隔離審訊以防串供是相當重要，尤其是聚眾行竊的案例。黃六鴻認為審盜時須「隔別研審，審過仍歸各處」，審訊的重點在於同夥名單、犯案過程、窩主住處、銷贓方式。[79]佘自強建議審訊時可「一一彙輯各犯節略」，同時採用隔離訊問的方式，核對其彼此招供內容的可信程度。訊問的方向以先取得同夥名單，進而取得年紀、狀

75　〔清〕黃六鴻，《福惠全書》，收入《官箴書集成》冊3（合肥：黃山書社據清康熙三十八年金陵濂溪書屋刊本影印，1997），卷17，刑名部，〈審盜〉，頁21b。

76　〔清〕黃六鴻，《福惠全書》，卷17，刑名部，〈審盜〉，頁26a。

77　〔明〕佘自強，《治譜》，卷7，〈綏訊〉，頁13b。

78　〔明〕佘自強，《治譜》，卷7，〈審辨真偽宜耐煩〉，頁25a-b。

79　〔清〕黃六鴻，《福惠全書》，卷17，刑名部，〈審盜〉，頁21b。

貌、住址等具體資訊，再問「何人主謀，何人為首，何人在外把風，何人入門明火，即劫財傷人」等犯案過程的各項分工細節。[80]

小結

清代的〈竊盜律〉反映政府應該如何規範竊盜的犯罪行為與處刑的原則。竊盜律本身以犯人為中心，將「竊盜已行」做為前提，包含「聚眾首從」、「累犯次數」、「贓物價值」等三種要素，並依照其犯罪所得給予不同程度的刑罰，其刑責由杖刑至絞監候。如果配合審理的權限來看，杖刑的部分都還是州縣衙門即可自行裁決的程度，到了徒刑是由州縣衙門審轉至省級衙門裁決，而流刑與死刑則是由地方審轉至中央的刑部與皇帝裁決。由此可知，竊盜案件的刑責跨度很大，代表著竊盜案件的權責涉及從州縣到中央的各級行政單位，不像強盜、搶奪至少是徒、流以上的刑責，州縣無權裁決。從《巴縣檔案》的竊盜案實例，可以看到被捕竊犯大多是處以「笞責」，即以笞刑懲處結案。

〈竊盜律〉提供的是竊盜行為最基本的規定，明確指出累犯、聚眾，以及計贓論罪的方式，而透過第二節的整理，可以看到〈竊盜例〉與其他律例則將竊盜行為的規範擴及累犯的計算方式、竊盜拒捕傷人的情況、犯人的身分、被害人的身分、事發場所、親屬之間的竊盜、贓物的種類、參與窩賊與銷贓的

---

80 〔明〕佘自強，《治譜》，卷7，〈審辨真偽宜耐煩〉，頁26a-b。

刑責，以及辨識竊盜為首者的方式。這些律例也就囊括了竊盜案件所可能涉及的不同情況，以期官員在辦理竊盜案件時能夠依法判決，有法可據。同時也透過制度規範緝官員與捕役在緝捕竊賊上的時限、職責與處分，督促官員與捕役能夠積極捕獲竊賊。值得一提的是，竊盜律的規定中親屬偷竊是可免刑或減刑，此特點直到現今我國刑法仍有此規定。[81]但西方竊盜罪刑法卻未有此條規定，顯示中國對所有權概念之特殊性。

　　至於官箴書所言，與〈竊盜律〉的基本架構有其相符之處，如強調起出贓物價值這方面。不過，累犯的認定方面卻不是大部分官箴書的重點，僅有少數官箴書強調累犯如「積匪猾賊」的認定，顯見在這些官箴書之中並不能反映出隨著條例發展的技術。大部分的官箴書仍是以快速結案為目標，而不是考量如何弭盜。究其原因，明清時代的州縣官以現代的眼光來看，是一種行政與司法合一的地方官員，一件竊盜案件對州縣官而言除了涉及審判事務之外，也與地方治理、犯罪防治等問題相關。因此在官箴書在盜案辦理的專章之中，審判技術的論述並不以長期弭盜為考量，而是花大比例的篇幅著重在組織鄉約里甲的方法以利防盜。若從官箴書在具體盜案辦理技術的傳授而言，真正在技術層面產生指導作用的，是強調如何斷判定真犯與防止誣扳。

---

81 我國刑法第三百二十四條規定：直系血親、配偶或同財共居親屬之間，犯本章之罪者，得免除其刑。前項親屬或其他五親等內血親或三親等內姻親之間，犯本章之罪者，須告訴乃論。

第二章

竊案處理流程與
知縣斷案的考量

　　上一章所涉及的是關於竊盜的法律規範以及官員審判的原則，這一章將以《巴縣檔案》裡竊盜類案件為例，探討竊案發生之後實際處理的流程，以及當時的官員在實際判案方面的考量。

　　當竊案發生之後，除了官方的處理以外，在民間是否也有解決之道？當事主向衙門呈狀報案後，官府衙門的處理流程又是如何？本章第一節將分析乾隆至同治時期，巴縣的竊盜案發生之後，民間形成的調解機制及其變化。另外也說明當被害人向官府報案之後，官府的處理流程。

　　再從《巴縣檔案》裡面，可以更細緻地看到官方受理案件之後，接下來的調查、審訊，以及結案的過程，而且這些檔案都有相應的文書。不過，從這些文書裡面也反映了一個重要的訊息，就是大部分的案件事實上無法結案。這樣情形發生的原因為何？這是第二節中要探討的問題。

　　本章處理的另外一個大問題，就是從《巴縣檔案》裡官員的批示，來分析官員實際斷案時所關注與考量的問題。由此我們也可以評估法律規範是否是官員斷案的重要依據？官員在面

對這些這類案件時，在審訊與斷獄的過程中，他們所關心的是哪些方向？是否與上一章官箴書所提供的經驗知識相符？

第一節　從案發到報官

報官前的調解：「憑團理剖」

　　學者黃宗智使用巴縣、寶坻、淡新檔案針對清代民事審判進行的研究，認為案件進入訴訟程序的同時，民間的調解機制也隨之啟動，因此許多案件能迅速和解，也是歸功於基層組織。[1]從《巴縣檔案》可以看到不僅是戶婚田土類的民事案件，即使是竊盜這類刑事案件也有民間調解的機制。乾隆時期巴縣的地方基層組織，主要是鄉約與保甲。在乾隆朝的竊盜案件檔案之中，常見事主遇竊後隨即投鳴約鄰、地鄰協助緝捕，而知縣批文一律以「鄉保」（鄉約與保甲）、「鄰佑」（居住鄰近可以互相佑護者）稱呼這些人。不僅如此，也可見約鄰或鄉約、鄰佑出面，邀集兩方在神祠、歇家、站房或旅館等處調解竊案的例子。[2]到了同治年間，基層組織出現重大的變化，團練組織取代鄉約保甲，民間調解的中間人也由之改變。

　　白蓮教亂之後興起的團練組織，在太平天國時期與保甲結合，發揮極大作用。在太平天國運動之後，團練的職能轉為治

1　黃宗智，《清代的法律、社會與文化：民法的表達與實踐》（上海：上海書店出版社，2007）。

2　王大綱，〈從竊案來看清代四川重慶的社會變遷（1757-1795）〉，頁70-82。

安防匪與團內民事處理，原本的軍事色彩隨之淡化不少。[3]因此若地方上出現盜案，則由團練出面處理。由是，團練在基層社會扮演的角色，比起過去的保甲更形重要。

在同治朝《巴縣檔案》盜竊類案件之中有關於鄉村的案件，有很大一部分不管在告狀的署名，或在比單上，都能看到鄉約、地保[4]、團正、團首的存在，尤其是團練成員的「監正」、「團首」更是頻繁地出現，可見其重要性。有時由一名團練成員在告狀中陳述轄區團內某人遭竊的情況，有時則不只一人，而是除了被害人之外，還有其他人同時列名其上。如在忠里二甲營工的喻大貴於同治七年（1868）十月初十日遭竊，便由團首萬金三、張斐然、廖光禹、喻義和等人於十月十七日聯名呈狀，喻大貴自己則以「失主」之銜，與鄉約高仕元、招主喻仕州、民楊仕才等人並列於「同稟」欄位之中。[5]

有時則是事發之後由團首捕獲竊賊，因此由團首領銜告官，例如同治五年（1866）四月，廉里三甲團首甘大祿團內原本有人家遭竊，卻「因見贓微而未能稟案」，結果再度遭竊；團練追蹤嫌犯至永興場，順利捕獲吳二與遭竊牛隻。[6]又如孝

---

3 梁勇，《移民、國家與地方權勢——以清代巴縣為例》（北京：中華書局，2014），頁177、183-184。

4 十九世紀常見「地方」與「地保」之稱者，可能是由「地鄰保甲」演變而來的，但是他們的職責比保甲重，官府對他們的督責也比保甲嚴。參見張偉仁，《清代法制史研究》冊1，頁154-155；蕭公權著，張皓、張升譯，《中國鄉村：論19世紀的帝國控制》（臺北：聯經出版公司，2014），頁80-82。

5 《巴縣檔案（同治朝）》，案卷號6-5-12184。

6 《巴縣檔案（同治朝）》，案卷號6-5-11517。

里三甲「去、今兩載，失盜數十家」，卻因為「畏累」而沒
有報案；當地團練在陸續捕獲多名竊賊之後，於同治十二年
（1873）八月由監正周德陞、團首李餘成、賴建夫，以及失主
代表樂餘三等人領銜呈報，另外還有三名失主與鄉約簡益茂同
列名於「同稟」的欄位。[7]有時失主已經委託團練緝賊，因為耗
時過久而告官，卻被知縣責備未及時呈報。如忠里五甲的職員
張勉之於同治六年（1867）正月十二日夜晚遭竊，隔天早上發
現之後隨即通報街約，並在看明盜口之後四處清查，但一個月
以來沒有消息，張勉之便於二月十四日呈報竊案。時任知縣的
霍為棻便認為「既係該職員家於正月十二日被竊，何以至今始
行具報？殊屬遲延，候勘明飭差查緝。」[8]

　　有些案例可見到是由甲首或小甲捕獲盜賊，卻由團首具名
呈狀的情況，這說明了團練與保甲組織已經結合。節里九甲人
舒興發於同治五年九月、十月兩度遭竊，隨即通報團練，後為
小甲蔣洪捕獲「南邑慣賊」楊大，因此由鄉約羅廷治、團首許
吉庵，以及失主舒興發等人聯名呈報，知縣審理後羈押楊大，
以待共犯到案，一個月後楊大於獄中病逝。[9]

　　夫馬進從同治朝的《巴縣檔案》之中，已觀察到透過團練
進行調解的「憑團理剖」活動，也就是由團正主持「裁判式調
解」。而在這種調解之中做出的決議，將左右知縣對案件處理
的態度。[10]的確，同治時期的巴縣民眾在遭竊之後，並不一定馬

7　《巴縣檔案（同治朝）》，案卷號6-5-13295。

8　《巴縣檔案（同治朝）》，案卷號6-5-11873。

9　《巴縣檔案（同治朝）》，案卷號6-5-11723。

10　夫馬進，〈清末巴縣的「健訟棍徒」何輝山與裁判的調解「憑團理

上前往衙門呈控，而是會先尋求團練協助，或是在捕獲竊賊之後採取「憑團理剖」這種屬於非官方的調解程序。甚至案件已經進入官方的審判程序之中，這樣的調解仍會繼續發展。這一環節的形成不僅提供被害人可以循著非官方的調解程序解決竊案帶來的損失，還可以避免前往衙門所可能耗費的成本與面臨的風險。

不少竊案是先進入「憑團理剖」、「投團講理」的階段，直到萬不得已，才進城告官。根據孝里十甲監生陳香亭的呈狀指稱，該里均發團團眾馬瑞堂於同治五年五月初八夜遭竊，隔天於劉興發家中捕獲竊賊劉天群、陶興順，「憑團令小甲四喜鎖押送究」，但劉天群與陶興順自願「罰路十丈」，而「免送服約」，也就是劉天群與陶興順被捕後原本應該要由迎龍場小甲文四喜押赴縣衙，但因為自願受罰並接受團眾公議以免送縣衙。之後劉天群卻勾結同族的「衿棍」劉平臣等人，不僅拒絕承認行竊，更聲稱自己是被陳香亭等人誣陷，最後陳香亭等人才赴縣告官。[11]

這類案件也常見於鄉村發生的木材竊案，竊賊被團首或小甲捕獲，經憑團理剖之後本應賠償了事，但竊嫌不從或是事後反悔，於是鬧到縣衙。如同治十二年忠里六甲捕獲竊取「本境風水大柏古樹一株」的張三木匠等人，原本嫌犯「甘認賠贓受罰」，事後卻「又聽唆翻異」，只好由團首陳義齋、鄉約趙時

剖」〉，頁65-97。

11　《巴縣檔案（同治朝）》，案卷號6-5-11613。

亨等人領銜呈控。[12]正里八甲職員吳光裕遭人「竊伐山內大松樹多株」，後捕獲王登華、王廷光父子，並同意「賠贓寢事」，事後「反凶橫翻控不休」。[13]

　　每當犯罪行為發生之後，團練便透過憑團理剖的方式介入，因此不會進入縣衙成案。而有些憑團理剖結束之後，會由團首具狀向縣衙說明整起案發及調解的過程與結果。知縣審閱無誤之後，就會批上「准存案」，也就是認可憑團理剖的結論，並允許此案交由縣衙存查備案。而訴訟進行的過程中，一旦由團練調解成功，也可能就使案件沒有下文。

　　城市內也有團練的組織，在捕盜方面仍有一定的作用。有些城市竊案顯示是事主約集「團鄰」圍剿捕獲竊賊。如在楊柳坊經營靴鞋鋪的周履泰於同治五年遭竊，竊賊更「暗藏火種放貨架內」，幸好未釀成火災。楊柳坊監正張義隆隨即率眾追蹤竊賊至山王廟巷口，捕獲竊賊王興發，並起出贓物。[14]可見城市團監正與甲首在治安上仍扮演一定的角色。城市竊案捕獲現行犯之後，有時會直接押往衙門審理，有時也會憑團理剖。例如同治十二年有職員譚恆軒控告熊老四擅入臥室行竊，但開設棉花鋪的熊老四卻聲稱是前來向顧客收取不足的交易款項時，譚恆軒突然出現指責，隨後並發生口角與鬥毆。這場紛爭原先由憑團理剖，破局之後才鬧上縣衙，但譚恆軒一直不願意到案，

12　《巴縣檔案（同治朝）》，案卷號6-5-13185。

13　《巴縣檔案（同治朝）》，案卷號6-5-13186。王廷光之兄王廷保為「道轅經書」，在其他呈狀之中為家人出頭，反控「劣監吳用三」（即吳光裕）因「去臟向書（即王廷保）借貸未遂」而誣陷竊樹。

14　《巴縣檔案（同治朝）》，案卷號6-5-11699。

顯然已經潛逃，後經團隣朱永太等人要求撤案而結束。[15]

相較於鄉村與團練的密切關係，對於城市居民而言，緝捕竊犯的工作本由衙門捕役負責，重慶城內區分為各種「坊」，每個坊皆有坊捕二至三名，坊捕會定時輪替，同一名坊捕不會長期駐守在同一個坊。坊捕平時白天會在坊內巡邏，盤查可疑人物，或是受理臨時性的緝捕工作（參見本書第八章第四節）。坊捕逮捕竊嫌後往往是直接將之關押於衙門等待審理。由是發生在城市的案件，雖然也不乏團練領銜的呈狀或是憑團理剖的案例，但就筆者所見，數量上仍不及鄉村的案件來得多。

憑團理剖的作法對被害人而言，可以免去衙門訴訟的各種負擔，卻也會因為缺乏衙門的權威以致要求竊賊賠償的約束力有限，由是某些案件終究還是進入衙門，增加不少煩累。

報官後的處理流程

一旦被害人決定報案，並獲得衙門受理，竊盜行為就會正式成為案件，並且進入國家制度既定的程序處理。在盜案審理的程序上，現有研究均已能提出相當完整的資訊。張偉仁以內閣大庫檔案，整理出盜案從事發的被害人呈控，到事後的官員處分等十個階段，說明一旦盜案進入國家文書系統之中，其影響層面並非只是案件的被害人與嫌犯本身，同時也涉及到事發轄區的所屬官員與相關審理官員的責任，而這些在制度上也都

15　《巴縣檔案（同治朝）》，案卷號6-5-13180。

有規定。

　　陶希聖以《大清會典事例》與其個人幼時的親眼所見，將清代州縣的刑事審判程序分為受理、通詳、審案、斷案等四個階段，其中審案又可細分為用刑、檢驗、緝捕、監禁、訪查、錄供等六個步驟。那思陸則是透過《大清會典事例》與官箴書，將清代州縣刑事審判程序歸納為審前與審理兩個階段，審前程序包括放告與呈控、批詞、查驗、檢驗、通稟與通詳、傳喚、拘提、緝捕、看押、監禁、保釋，而審理程序則包括審訊、刑訊、堂斷。雖然陶希聖與那思陸所言為整個刑事案件的審判程序，除了盜案之外還有命案的部分，但其程序大致類似，命案有檢驗，而盜案也須查驗或勘驗案發現場。相關內容詳見圖2-1的整理。

　　然而，州縣官處理盜案時也會在既定程序之外，按照當地的需求進行調整，甚至是同一的州縣衙門在不同時期也循著不盡相同的程序。王大綱以乾隆時期，筆者以同治時期為主，分別從《巴縣檔案》整理出的一套竊盜案處理程序，二者的流程與雖然與既有研究大致相似，卻仍有細節上的差異。參見圖2-2。巴縣衙門在受理被害人呈狀時，如果尚未捕獲犯人，則會命令捕役追緝，如果已經捕獲犯人，則會開始審訊。審訊時若出現新的嫌犯、關係人，或是物證，則會將部分人犯暫時關押，等待尚未到案的人證物證。一旦罪證確鑿，知縣就會進行判決，讓竊犯獲得相應的刑罰，並且歸還竊得的贓物。

圖2-1：清代州縣衙門盜案處理程序

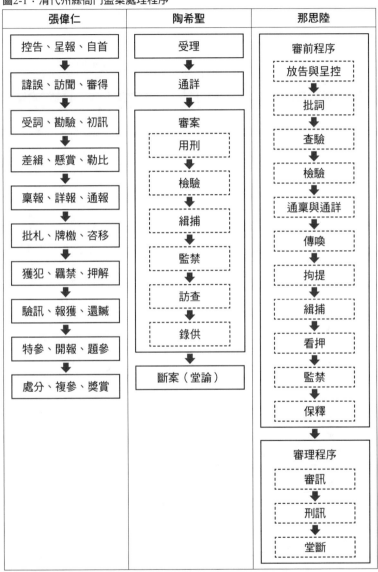

資料來源：
張偉仁，《清代法制研究》（臺北：中央研究院歷史語言研究所，1983），頁297-379；陶希聖，《清代州縣衙門刑事審判制度及程序》（臺北：食貨出版社，1972），頁28-52。那思陸，《清代州縣衙門審判制度》（臺北：文史哲出版社，1982），頁76-147。

圖2-2：清代重慶府巴縣衙門盜案處理程序

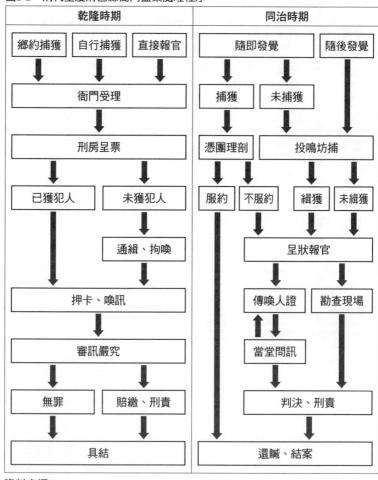

資料來源：
王大綱，〈從竊案來看清代四川重慶的社會變遷（1757-1795）〉，頁49、59。
吳景傑，〈法律、犯罪、社會：清代後期重慶竊盜案件中的官員思考模式〉，
頁215。

第二節　調查、追緝、審訊與結案

當犯罪行為進入縣衙，由官方正式受理成為案件之後，所有的程序仍是由文書逐步構成。因此，以下將隨著「同治二年楊柳坊民余復興遭竊案」的發展，逐步地具體理解竊盜案件處理程序。

事主呈狀報官

在楊柳坊較場口開設「銀錢傾銷鋪」的余復興，於同治二年（1863）八月二十四日夜遭竊，因此於二十六日呈狀報官，其「稟狀」內容為：

> 民余復興年四十一歲，寓楊柳坊佃店，為惡賊竊害報懇緝究事：情蟻原在較場口佃禹王廟會房開設銀錢傾銷鋪多年，今六月初旬被火延燒蟻鋪，今始起房。原佃開貿比鄰修造，尚未告竣。本月廿四夜被惡賊刁穿蟻鋪側泥壁進內，竊去蟻本紅錢六十一釧餘、色銀一定、白布二疋、白布汗衣、中衣、藍布衫各一件。□明知駭，投街鄰約保等看明，疊請本坊總捕李泰不耳。慘蟻鋪前遭回祿、繼被惡賊竊害，蠹捕藐玩不耳，情實萬惡。報懇勘明，飭差緝究。

余復興呈狀內說明背景、遭竊時間地點、遭竊手法、贓物，並已經由街鄰約保確認遭竊，但是通報坊捕時被忽視，因此報

官。

　　知縣王臣福受理案件之後，批示為「候簽差勘明，嚴緝贓賊，務獲訊究」，表明接下來會派遣捕役緝捕竊賊與贓物，同時會再派遣書役前往勘查事發現場。按理來說，余復興在呈狀的同時也會附上失單，但在此並未發現失單，可能是遭竊內容物品不多，余復興已於呈狀內敘明，不必另外附上。

　　然而，禍不單行的余復興在呈狀當晚再度遭竊，因此於八月二十八日又呈上「催狀」：

> 　　具催狀。民余復興今於大老爺臺前為惡賊復竊稟懇嚴緝事：情本月廿四夜被賊刁穿蟻鋪側泥壁進內，竊去銀錢衣物。當於次日投憑街鄰坊捕驗明，稟緝在案，尚未沐批曷瀆。詎賊惡極，膽敢於廿六夜，復將蟻鋪後門刁開，竊去衣鞋。單黏。幸蟻鋪人等驚覺賊逃，跟追無蹤，復向捕差說知，看明情形。奈捕李太仍然不耳。蟻實莫何，但蟻街四路柵欄皆鎖，捕等梭查，不識賊從何來。且蟻鋪在街口，此地捕等每夜不能離人。今賊竟敢兩次行竊，其中難保無捕縱串竊之弊？兼之蠹捕李太當眾矢口吐稱「此案難獲」，其知情包庇，已可顯見。慘蟻鋪今六月被火延燒，今始起房復貿。被賊兩次竊害，情實戕心。不沐飭捕嚴緝，將何資本營生？為此稟懇作主，賞限嚴緝究追。

余復興此次提到的「單黏」，指的是黏附在呈狀後面的「失單」：

　　計開廿六夜被賊復竊衣物單：

　　釘鞋乙雙、藍布衫乙件、舊鞋乙雙、宗色洋布衫乙件、漂布挑花包袱乙個、汗帕貳塊。

知縣在受理這份呈狀之後，批示「候飭捕勒限嚴緝」，同樣也是指示接下來的辦理步驟。另外，根據余復興第二次呈狀的說法，可知知縣尚未針對其第一次呈狀寫下任何批示，或是知縣已經批示但尚未發下。但從知縣於八月二十八日開立的差票可見，知縣應該是在第二次呈狀當天同時發下兩次的批示，並且隨即開立差票。

知縣派遣書役調查

　　知縣在受理案件之後，隨即開立的「差票」內容為：

　　署巴縣正堂王簽仰書役前去協同約保，查勘本城楊柳坊民余復興家有無刁鋪泥壁情形，據實開單呈閱。該役即在渝城內外坊廂嚴密查緝此案正賊，真贓務獲銷押帶縣，以憑訊究。去後毋得藉簽鎖延，滋事干咎，火速須簽。

　　計緝無名竊賊，並原贓紅錢六十一釧餘、色銀一定、白布二疋、白汗衣、中衣、藍布衫各一件。

知縣開立的差票，差遣書役前往勘查事發現場與緝捕竊賊，而差票所敘述的內容是根據余復興第一次呈狀所敘，並未提及第二次呈狀的內容，可能是兩案被併成一案處理。

　　在書役呈上勘單時，會先以「稟狀」向知縣報告勘查完畢，並附上勘單一份：

　　具稟。刑房□□張世崑為稟明事：情本城楊柳坊民余復興以「惡賊竊害惡賊復竊兩稟伊鋪被竊銀錢衣物」一案，沐簽飭書往彼，協同該處保正街鄰，查勘余復興鋪房兩次被竊情形，另單呈閱。書有奉差之任，理合稟乞大老爺臺前核示施行。

　　勘得：余復興被竊處所，街名關廟較場口，新建鋪面一間，隔為兩進。前係櫃房，後安高爐。左壁側有小門一道，順壁接近中柱窖有石磴一個。全幅夾壁竹片，內俱灰泥，外因鄰現修造，未及泥糊。據余復興指稱「前月二十四夜三更後，伊鋪被賊由隔壁空房火渣堆，踏腳至中柱二川壁道，用夾剪剪斷未泥竹片一竅，鑽身進內，踩石磴下地，轉入櫃房，竊去錢堆紅錢六十一釧零，並平盒毛銀一定，暨衣物各件，稟緝尚未沐批。二十六夜，詎賊又由空房火渣堆復至小門外，用細鏟刀插門縫，撬落門閂包，仰墜地下，推門入室，竊去布衫鞋物數樣。兩起賊均負贓，仍由原路而逸」等語，覆勘壁道盜口，量高貳尺一寸，寬一尺五寸零，內外夾壁竹片，俱有剪毀新跡，現用木板搪抵。至小門枋挨門閂包處，有細鏟刀刁撬痕。勘畢。

書役前往勘查事發現場，已經是余復興遭竊兩次之後，而勘單之中引述余復興所聲稱的遭竊情況，遠比兩次呈狀的內容詳

細，可能是余復興應訊時所言，或是與書役一同勘查現場時由余復興自述。

捕役逮獲竊嫌

　　早在余復興第二次呈狀、知縣開立差票的同一天，楊柳坊坊差李順、郭順呈上「稟狀」報告捕獲竊賊的情況：

> 　　具稟狀。楊柳坊坊差李順、郭順跪為稟明作主事：情役等承管楊柳坊坊內關廟街道，前被回祿，尚未修設柵欄，係通各道要路。今有余復興於本月二十四夜被賊竊害，稟緝在案，尚未批發。於二十七夜四更後，賊又復行在余復興家偷竊，當即驚覺，聲喊捉賊。役等聽聞，連忙攏彼，見一人跑走，協同失主挐獲。清查賊人姓名，吐稱何廷佑，追問伊衣物，係是余復興原贓。役等不敢隱匿，只將何廷佑帶案稟明作主。伏乞大老爺臺前核示施行。

據此可以看到被捉獲的竊賊是余復興第二次遭竊的竊賊，而且是現行犯。但是坊差的敘述與失主略有不同，首先是時間，余復興第二次呈狀時稱於二十六日夜遭竊，坊差卻說是二十七日夜四更。再者，余復興聲稱雖然隨即發覺遭竊，但來不及追趕竊賊，但坊差卻說是「協同失主挐獲」，也就是坊差與余復興共同捉獲竊賊何廷佑。時間的問題可能難以解釋，但是捉獲竊賊的部分，余復興恐有說謊之嫌，其用意在於將總捕李太（泰）塑造成「知情包庇」的「蠹捕」，藉此由知縣施壓催促

捕役盡速緝捕犯人。總之第二次遭竊的犯人被捉獲，並且起出贓物，同時由坊捕開立「贓單」如下：

> 計開現獲贓物：
> 　藍布衫子一件、布帕子一塊、油燈布包袱一塊、青布鞋一雙、皮釘鞋一雙。

如果根據坊捕的稟狀，可以知道這批贓物已經在竊賊被捕獲的現場，由余復興指認無誤，而知縣在接獲坊捕的稟狀之後，也批示「即帶訊，贓單附」，也就是讓捕役將竊犯與贓單帶上公堂審訊。

傳喚關係人審訊

在提出勘單、緝獲竊賊之後，等於完成初步緝捕與調查程序，因此可以進入正式的審訊階段。在知縣進行審訊前，縣衙會由刑房開立「比單」，列出此次傳喚的關係人名單：

> 刑房計開　捕差李順
> 挐獲何廷佑（五七）
> （傳失主）

這次九月初三日的審訊是因為坊差捕獲竊賊何廷佑而開，所以只列何廷佑一人，其姓名上也說明其審訊時的身分為「挐獲」。括弧內為知縣批示的文字，「五七」指的是何廷佑的年

齡五十七歲，這項資訊應該是知縣透過審訊得知，因此隨手記錄在比單上。「傳失主」則為審訊結束後確定何廷佑的犯行，就要傳喚失主前來對質。

當然審訊的同時就會有犯人的口供被寫成「供狀」，何廷佑此次審訊時的口供內容為：

> 問據何廷佑供：年五十七歲，平日在渝小貿活生。八月廿七日挨晚時，小的往關廟路過，見柵欄那時無人看守，小的就見財起意，順挈不知姓名人篷內藍布衫一件、布帕子一塊、油燈布包袱一塊，青布鞋一雙、釘鞋一雙，負贓跑逃，當被公差李順把小的挈獲，稟送案下。今蒙審訊，小的不應私竊，沐把小的鎖押，贓物存房，候傳失主余復興到案，認明贓物，覆訊就明白了，求施恩。

根據何廷佑的供詞，可見何廷佑此次行竊為臨時起意，而且供詞之中所列贓物內容與坊差起出的贓物相符。同時供詞裡提到「候傳失主余復興到案，認明贓物」，即是知縣於比單批示「傳失主」的用意。

刑房於九月二十九日開立「比單」傳喚關係人，並以「供狀」記錄雙方在審訊過程的供詞：

> 刑房計開覆訊　捕差李順
> 原稟失主余復興
> 挈獲何廷佑
> 問據余復興供：在較場口開設銀錢傾銷鋪生理，今六

月間被火延燒，迨後小的把鋪房修起。到八月二十四日夜，被賊刁穿鋪側泥壁進內，竊去紅錢六十一釧餘、銀一定、白布二疋、白布汗衣一件、中衣一條、藍布衫一件。次早知覺，投鳴街鄰，看明被竊情形，稟緝尚未批發。到二十六夜，復被賊竊釘鞋一雙、藍布衫一件、青布鞋一雙、宗色洋布衫一件、漂布挑花包袱一個、汗帕二塊，負贓跑逃，被公差李順把何廷佑捉獲，稟送案下。前蒙審訊，把何廷佑鎖押，俟傳小的認明贓物。今蒙覆訊，沐把何廷佑鞭責收押，諭限李順五日務獲正賊，如延提比。就作主了。

　　問據何廷佑供：今八月二十六日夜挨晚時，小的往關廟路過，見那鋪內那時無人看守，就見財起意，順竊余復興藍布衫一件、布帕一塊、油燈布包袱一塊、青布鞋一雙、釘鞋一雙，負贓跑逃。當被公差李順把小的掌獲，稟送案下。前蒙審訊，把小的鎖押，贓物存房，俟傳失主余復興到案，認明贓物。今蒙覆訊，小的行竊贓物，余復興認是他原贓，沐把小的鞭責、收押，諭限李順五日務獲正賊，如延提比。只求格外施恩。

此次審訊目的在於確認何廷佑持有的贓物為余復興所有，確定是余復興第二次遭竊的竊賊，但是余復興第一次遭竊的竊賊仍未捕獲，贓物仍未起出，而因為兩案併成一案，如果要結案，必須要兩案的關係人都到案，因此在第一次遭竊的竊賊被捕獲之前，何廷佑暫時先被羈押在縣衙的監獄之中。同時，知縣也要求負責的捕役李順限期五日之內捕獲犯人。

　　到了知縣設下的期限，而捕役仍未能順利捕獲犯人，則須到案接受知縣審訊，一旦審訊，就會由刑房開立「比單」，同時也會有「供狀」：

　　　刑房計開比單　　捕差鄭順
　　　原稟失主余復興
　　　被稟李太（拘）
　　　原差李順（不到）
　　　　　郭順（責）
　　問據余復興供：今年八月間，小的鋪內先後被賊行竊銀錢、衣物、布疋，稟緝在案，是未到的公差李太們承辦。前蒙審訊，諭限李順們五日提比。今蒙提比，郭順承管小的楊柳坊，沐把他責懲。未到的李太，諭令速拘提比。就作主了。

　　問據郭順供：是案下捕差，未到的李太們同小的承管楊柳坊。這余復興鋪內被賊稟緝，是小的同未到的李太們承辦。前蒙審訊，諭限李順五日提比，因差疏忽責懲，如今患病未癒。今蒙提比，沐把小的責懲，諭令未到李太速拘提比。只求格外施恩。

此次十月十二日的審訊，余復興到案是例行公事，而余復興所在的楊柳坊較場口關廟街，距離位於太平坊新豐街的縣衙並不遠，因此可以隨傳隨到。三位捕差之中只有郭順到案，但因為沒有在期限內捕獲犯人便受到責懲，責懲的方式可能是笞責、鞭責、杖責，更甚者也有枷示、鎖押，而郭順當堂受到何種責

懲則不清楚。

嫌犯關押時病亡

　　在余復興第一次遭竊的竊犯遲未捕獲的同時，第二次遭竊的竊犯何廷佑持續被羈押在縣衙監獄裡等待。從巴縣竊盜案顯示竊嫌遭逮捕之後，在尚未審畢結案時，往往會發生在獄中生病的情況。果然在事發三個月之後，負責看守監獄的看役李升於十一月二十六日呈上「稟狀」，報告何廷佑在監患病的情況：

　　　　具稟。外監看役李升跪為稟明事：情何廷佑因行竊余復興家贓物被獲訊押，今伊在押患病沉重，恐有不測。役有看守之任，理合稟乞大老爺臺前核示施行。

李升說明何廷佑在押的原因，並提到何廷佑病情嚴重。

　　醫治犯人通常有兩種方式，一是「撥醫調治」，另外一個則是「取保醫調」，也就是保外就醫。就撥醫調治而言，從乾隆時期的《巴縣檔案》就可以看到官醫負責為在監犯人患病者施藥醫治的情況已相當制度化，至同治時期依然延續著該制度。[16]何廷佑雖然獲得知縣批示「撥醫調治」，但可能是病情太

16　有關乾隆朝巴縣官醫調治在監人犯的情況，參見Kim Hanbark, "Medical Treatment of Criminals in Premodern China Based on Qing Era Local Archives: Focusing on the Case of Ba County in late 18th Century," *Korean Journal of Medical History* 32.1(April 2003): 321-353.

重，因此在十一月二十九日病逝，當天看役李升也以「稟狀」
向知縣報告：

> 稟。外監看役李升跪為稟明事：情何廷佑因行竊余復興
> 家贓物被獲訊押，因伊患病沉重，役前稟明，沐撥醫調治
> 不愈，延至本月二十九日晨早，因病身死。理合稟乞大老
> 爺臺前核示施行。

巴縣的竊盜案顯示犯人入監後患病，往往難以痊癒而死亡。從
竊嫌被捕到獄卒報病的日期之間，大多數不到三個月；而獄卒
上報犯人病重到死亡的日期之間通常只在一個禮拜之內，甚至
有報病當天或隔天就死亡的例子，僅有少數能夠超過一個月以
上。

　　另一種情況是「取保醫調」，這就需要保人。乾隆朝的名
宦陳宏謀（1696-1771）提及監獄的弊端之一，就是犯人若是
有錢，也可以賄賂獄卒假稱生病需要保外就醫，「如有錢者，
無病作為報病；無錢者，真病亦成假病。及至審明釋放，則又
有『恭喜錢』、有『燒紙錢』。」[17]從巴縣竊盜犯入監的情況
來看，保外就醫的情況需要保人，因為犯人通常都是下層的貧
民，少有親友來保的情況，若無親友承保時，保人則多為丐頭
李春芳。[18]筆者推測取保就醫的情況下，監犯的死亡率可能會低

17　〔清〕陳宏謀著、陳鍾珂與陳蘭森編，《培遠堂偶存稿》，收入《清代詩
　　文集彙編》第280冊（上海：上海古籍出版社據清乾隆刻本影印，2010），
　　文檄卷11，〈嚴禁監獄諸弊諭〉，頁1b。
18　李春芳在咸豐時期即已開始協助衙門犯人保外就醫，從同治時期的檔案也

一些。

　　犯人在監患病身亡的話，不僅需要驗屍，同時知縣也要審訊醫生與看役，以便釐清死者在押患病身亡的責任歸屬。因此何廷佑於死亡的隔兩天，便由醫生開立「驗單」說明驗屍結果：

> 　　眼同原報看役醫生人等，對眾如法驗得：已死何廷佑屍軀，查年五十七歲，量身長四尺六寸。仰面面色黃瘦，兩眼深陷微開，兩眼睛俱黃。口微開，上下唇吻焦色，上下齒齦俱黃。兩手微握，兩手心俱黃。肚腹低陷，兩腳伸合面，兩腳心俱黃，周身黃瘦，餘無故。實係患病身死。喝畢。

醫生開立驗單的同時，也會到案應訊說明，故有「比單」與「供狀」：

> 　　刑房計開　　捕差歐洪帶
> 　　看役李升
> 　　醫生張濟生
> 　　已死何廷佑
> 　　問據李升供：小的是外監看役，這已死何廷佑因竊余復興贓物，犯案訊明收押，不料他在押患病。小的稟明，

可看到有時自稱「丐頭」、「丐保」，也自稱「在渝開設雞毛店生理」。見《巴縣檔案（同治朝）》，案卷號6-5-11759、12296、11692。

蒙批「撥醫調治」，就倩張濟生與他醫治。不愈，延至冬月二十九日因病死了，小的纔來稟明在案。今蒙驗訊，已死何廷佑實係患病身死，並沒別故，小的亦沒凌虐他的是實。

　　問據張濟生供：小的是案下醫生，這已死何廷佑因竊余復興贓物，犯案收押，在押患病。看役稟明，蒙批「撥醫調治」，小的與他診脈用藥，醫治不愈，延至冬月二十九日，就因病死了，看役纔來稟明在案。今蒙驗訊，已死何廷佑實係患病身死，並沒別故，小的亦沒錯用藥方的是實。

因為犯人在押患病身死，往往會被懷疑看役凌虐，或是醫生用藥有誤，導致犯人身亡，所以透過驗屍與審訊，釐清犯人身亡的責任，有時醫生也會提出當時開立的藥單，以證明用藥無誤。

　　由醫生、仵作、獄卒留下的文書顯示，犯人死亡的原因大致上有三類，第一類是統稱的寒病，包括「疫寒病症」、「寒病」、「寒症」、「風寒病症」等這類的病症。其次是明確所謂的傷寒，如「傷寒」、「傷寒病症」、「傷寒病證」、「傷寒疾病」。前述這兩類是最見的病患死因，第三類則是痢疾。另外是一些非常模糊的病因，如「宿疾痛症」、「疫症」、「時行病症」等等。通常醫生在犯人病故之後會聲稱「按方用藥」、「按用藥方」，或「開方用藥」，也會說明犯人的確「吃了幾劑」，卻回天乏術。這種公文般的制式口吻往往讓人

有作為藉口、開脫責任的印象。[19]

　　此一過程呈現了傳統監獄中犯人的環境與待遇不佳，羈押過程可能生不如死。關於清代監獄的弊端，陳宏謀指出犯人一旦入監，就成了「眾口垂涎」的目標，自門宅以至更夫，自典史以及禁卒，無不巧立各種規禮名目來勒索犯人。例如查監之家人與管獄之捕官，每遇入獄之人，都會向犯人索取高達數十兩、百餘兩之鉅的「監費」。如果拒絕支付，衣食起居以及親屬往來探問皆會遭刁難，甚至非理凌虐、斷其衣食，或縱囚污穢等等。[20]在此情境下被關押犯人的高死亡率也就可以理解。

　　一旦這些程序完成之後，就須由家屬、鄰居，或是死者居住地的約保前來認領屍體埋葬。從巴縣的實例看到死亡嫌犯的領屍者，僅有少數是親人，大部分都是由原來捉捕犯人的差役負責領屍埋葬，或是前述的保人李春芳。認領屍體時必須向縣衙呈繳「領狀」，並獲得知縣同意才能領取。如捕役歐洪領屍，並呈上領狀：

　　　　具領屍掩埋狀。原差歐洪今於大老爺臺前為領屍掩埋狀事：情看役李升以稟明事具報何廷佑因竊余復興贓物，犯案在押患病身死在案，沐恩驗訊明確，已死何廷佑實係患病身死，並無別故。役當場暫將已死何廷佑棺領埋義塚，

19　附帶一提的是，從驗屍的報告可以看到，犯人的年齡大多在20歲以上，40歲以下占大多數。犯人的身高也有記錄，大多在四尺一寸到四尺七寸之間。由此看來年齡與身體健康度似乎與病死之間尚難找到關聯性。

20　〔清〕陳宏謀著、陳鍾珂與陳蘭森編，《培遠堂偶存稿》，〈文檄〉卷11，〈嚴禁監獄諸弊諭〉，頁1a-1b。

標招親屬認領歸葬，中間不虛。具領屍狀是實。

通常這種例行公事，知縣自然會准許，並批示「准領埋」同意所請。埋葬的地方雖然沒有太多的記錄，但是有53個例子因為這些沒有親屬的嫌犯，死後是埋在義塚。例如何廷佑即是由捕役歐洪將其屍體埋葬在義塚。然本案事主第二次遭竊的竊犯已經在押身亡，但是第一次遭竊的竊犯仍然在逃，這起案件的後續就在沒有文書保留的情況下結束。[21]

難以結案

若綜合清代同治朝四川巴縣衙門檔案盜竊類之中得以順利完結的案件，最常見的情況是失主發覺被竊之後，通報團練或坊捕，由團練或坊捕初步勘查事發現場，確認竊案的發生，便會開始緝捕犯人，或是由失主呈報衙門，由衙門開立差票，勘驗現場、緝捕犯人，與傳喚關係人，等到人證物證集齊便可進行審訊，等到犯人認罪並交出贓物給失主認領之後，知縣就會進行判決。

典型破獲的案件除了上述余復興案之外，茲再舉二例，一是事主盧貌源於同治八年（1869）二月二十二日遭竊，隨即通報捕役。捕役兩天後在永華齋發現形跡可疑的李興發，盤問後坦承行竊盧貌源家，並隨即擎獲接贓的劉萬發。在供出同夥劉六後，李興發與劉萬發被笞責收押，並繳出當票給盧貌源贖

21　以上文書皆引用自《巴縣檔案（同治朝）》，案卷號6-5-10724。

取，同時傳喚劉六。四月初五日，李興發與劉萬發患病，隨後保外就醫。[22]又如開設棉花鋪的陳崇興於同治四年（1865）十一月初四日遭竊，捕役於同治五年六月初五日在周雙喜家拏獲竊賊廖春明，並坦承行竊陳崇興家。審訊後周雙喜責懲收押，廖春明笞責收押。廖春明不久因病身亡，周雙喜於九月初九因病取保獲釋。[23]

　　但並不是所有的案件都能如此順利，很大一部分的案件會在開立差票之後就沒有下文。如同治五年五月初二日孀婦李祝氏遭竊，初十日呈狀，知縣於六月十八日開立差票緝賊。之後李祝氏與監正嚴興和數次呈狀催促，直到李祝氏於同治六年五月初一日呈狀之後便再無下文。[24]又如廩生胡溶於同治三年二月十一夜「被賊搖門入室，將廚下器具悉行竊去」，通報捕役卻未獲回應，便於十六日呈狀告官。知縣獲報後也在呈狀上痛批「近據稟報被竊之案，不一而足。推原其故，皆由該捕役等查捕疏忽，以致盜賊充斥肆竊」，但直至三月初七日知縣才發出差票命令捕役查緝竊賊。胡溶於同治四年五月二十八日再度遭竊，知縣於六月十九日才又發出差票，前後兩次竊案均無下文。[25]再如住在孝里印盒村的廩生穆澤霖於同治五年六月、七月間三度遭竊，損失金額近二百兩，因此於七月二十七日呈狀，縣衙於八月十二日開立差票，九月二十一日派遣書吏前往穆澤

22　《巴縣檔案（同治朝）》，案卷號6-5-12408。

23　《巴縣檔案（同治朝）》，案卷號6-5-11644。

24　《巴縣檔案（同治朝）》，案卷號6-5-11941。

25　《巴縣檔案（同治朝）》，案卷號6-5-10909。

霖家勘查事發現場，之後就沒有下文。[26]

　　這樣的情況很大部分是因為竊嫌未被捕獲，以致無法結案，這可以從破案率看出端倪。《巴縣檔案》同治朝的竊盜類案件所收錄的3292件案件中，包括強盜、竊盜、搶奪、絡竊等等，常有一案件內包含多次事件。根據筆者的統計共有3921次盜竊事件，其中有618次是時間不明的案件，而可確認時間者有3303次；又可確定發生在同治朝的有3233次，而發生於同治朝之外的共有70次。[27]再就發生地點可考者有3003次，其中發生在縣城者為1064次，發生在縣城以外的鄉村，則有1917次。[28]就以破案率來估計，發生在城市的竊案中，已獲竊嫌者有204件，破案率為19%。鄉村案中已獲竊嫌者有629件，破案率為33%，遠高於城市。不過，平均起來也只有28%，可見大部分案件皆未破案。

　　審訊時不會是一次到位，關係人也難以一呼百應，嫌犯的羈押以及追捕在逃同夥，都會面臨問題而使知縣斷案延宕。甚至還有一些案件是纏訟許久，損失慘重的失主最後決定接受和解。例如同治三年十一月初三日，退休官員李逢年遭竊，隨即告官。二十四日，捕役緝獲慣賊李照、羅二，並供稱贓物已經交給房東王大智、江北人劉新元、永興場的秦老八，王大智到案後否認。秦老八到案時，李照坦承誣陷秦老八，其實是交給

26　《巴縣檔案（同治朝）》，案卷號6-5-11633。

27　包括乾隆朝1次、嘉慶朝1次、道光朝5次、咸豐朝37次、光緒朝9次，另外時代不明17次，而同治朝其中有2次年份不明。

28　另外，有18次發生在大足、合江等巴縣以外的地區，可確認地點卻無法確認位屬城鄉者有4次，而無法確認地點的則有230次。

黃老二，以及柳家坡的嚴五、嚴老么兄弟，後又坦承誣陷嚴五
與嚴老么。本案因劉新元遲未到案而無法推進，李逢年便於同
治四年二月十四日呈狀，質疑李照已經指認王大智接贓，為何
縣衙遲不起贓，「賊獲贓懸，顯有情弊」。在之後的審訊時，
雖然李逢年仍堅信王大智的接贓行為屬實，但願意和解，知縣
便以王大智不應該租房給李照與羅二導致李逢年遭竊為由，諭
令王大智三天之內支付李逢年訴訟費用五十兩，李逢年就同意
和解。王大智當堂同意和解，事後卻反悔而重啟訴訟。最後雙
方總算在十二月二十五日同意和解，而原本一直被收押的嫌犯
李照、羅二，也因病取保出外就醫。雖然遭到李照誣控接贓的
秦老八、嚴五、嚴老么早已陸續獲釋，但江北人劉新元終究沒
有到案。至於贓物的去向，對李逢年而言，可能已經比不上確
實捏在手心的訟費五十兩。[29]

第三節　州縣官的斷案考量

知縣的批示

　　從《巴縣檔案》中可以看到知縣在審閱過相關文書之後，
會直接將辦理意見批示於上。若需等待相關人等應訊，會在案
件關係人的稟狀批上「候訊究」、「候飭差查緝黏單附」，
「憑團理剖」後由約保向縣衙報備，則會批上「准存案」，捕
役回報的稟狀則為「候提訊」；看役報告在押犯人患病會批上

29　《巴縣檔案（同治朝）》，案卷號6-5-11114。

「後提驗取保醫調」，若不幸身亡則為「候驗」；犯人得以保外就醫會批上「准保」，取結獲釋為「准結」，犯人身故則是「准領埋」。

　　知縣的批示往往帶有一些例行公事的語氣，像是老師批改作業一般的「閱」，這也都是代表知縣已經審閱完畢，可直接進入下一個程序。除非該文書內容有些疑點，或存在一些須多加說明的問題，知縣就會採取具體的批示內容。如同治七年（1868）仁和坊職員張合順遭竊案有「情詞閃爍，必有隱諱別故，姑候驗傷酌奪」的批示，即為知縣對於原告在稟狀陳述的內容有所質疑，為了驗證這些可疑之處，仍須先驗傷後再行審訊。[30]或是楊觀之於同治五年被王坤捲入余義之遭竊案，因為有接贓的嫌疑而被鎖押，後因妻子病危，由街鄰張春亭與楊聯陞保釋，知縣黃樸便在保狀批示「准保，如有脫逃情等，惟爾等保人是問」。[31]

　　知縣也會直接將批示寫在比單上，有時補充案件關係人的本名或別字，如同治五年忠里張義順遭竊案之中，原告張義順及張義發在覆訊時未能到案，其姓名下方被寫上「不到」，而列為「被告現押」的楊盲子被寫上「即楊定萬」，同為被告現押的楊花子，則被寫上「即楊定友」。[32]在此可以想像一個畫面，知縣在升堂之後，由書吏呈上比單，一一唱名之後，知縣或書吏在缺席者姓名之下寫上「不到」，在出席者的姓名上點

30　《巴縣檔案（同治朝）》，案卷號6-5-12184。

31　《巴縣檔案（同治朝）》，案卷號6-5-11931。

32　《巴縣檔案（同治朝）》，案卷號6-5-11845。

上一筆硃墨。進入審訊程序時，知縣一邊聽著應訊者的回答，一邊在案頭的比單上做筆記，筆記的內容有時是犯人供出的贓物內容，有時則是補充應訊者的個人資訊。審訊結束後，知縣便將自己處理的結果直接寫在比單上，可能是當堂宣讀，或是退堂之後由書吏代為宣讀，而這份寫有知縣批示的比單就被保存在檔案之中。

　　檔案裡常見知縣直接在應訊者的姓名底下寫上「枷責」、「鎖押」的刑罰，即是知縣當堂的裁決。就筆者所見，這種具體量刑的批示更多會出現在供狀之中，自應訊者口中「說出」，大篇幅的判決反而相當少見。如在儲奇坊開設藥鋪的李介甫於同治八年三月遭熊義盛等人竊取藥材，知縣王燕瓊於十月初六審訊後，在比單之中熊義盛的姓名下批上「候看親人認具保狀，繳還李介甫等銀，覆訊再行定奪」，供狀上熊義盛等人則供稱「今蒙提訊，仍把小的們收押，斷令小的們有親人到案，認具保狀，保小的們出外措銀，繳還李介甫銀兩，小的們只求施恩」。[33]當王燕瓊於審訊結束後，隨即在比單裡寫出接下來處理的方式，並由書吏在製作供狀時加入關係人的供詞之中。[34]

33　《巴縣檔案（同治朝）》，案卷號6-5-12418。

34　根據唐澤靖彥對於地方檔案的研究，已經可以確定供狀的製作是從半成品的「供詞草稿（draft deposition）」的形式，由幕友加工後而成為正式的版本，以避免在覆審時因為供詞前後不連貫而被駁回。因此供狀之所以呈現出看似由關係人自行複述官員批示的情況，應該也是因為已經由幕友或書吏重新製作而成。參見唐澤靖彥，〈從口供到成文記錄：以清代案件為例〉，收入黃宗智，尤陳俊主編，《從訴訟檔案出發：中國法律、社會與文化》（北京：法律出版社，2009），頁84。

　　目前可見知縣的量刑方式，多稱「笞責」、「杖責」、「枷責」，屬於州縣自理，而徒刑以上案件會按審轉程序送往重慶府。但具體而言，笞杖的次數，枷號的重量與時間，則未明言，因此是否有可能在細節上有其他考量，就不得而知。在這些刑責之外，嫌犯仍需歸還贓物，或是賠償失主相應的損失。另外也有不少案件是隨著時間走向和解，這些和解案件之所以不繼續進行訴訟，多半也是基於贓物未能如數起出或是去向不明而耗時過久。

　　從知縣的批示反映出州縣衙門處理竊盜案件時考量的三個方向，以下分述之。

防止誣扳

　　從知縣的處理方式能看到其關注焦點，首先是在防範各個誣告的可能性。像是知縣在獲得呈狀時，往往會懷疑失主的報案時間。知縣的想像之中，一旦遭竊應該要立即報官，若延遲數日才報案，則有誣控和隱飾的嫌疑。例如忠里五甲職員張勉之位於跳石場的住居於同治六年正月十二夜遭竊，並於二月十四日呈狀，知縣霍為棻在其呈狀中質疑「既係該職員家於正月十二日被竊，何以至今始行具報？殊屬遲延，候勘明飭差查緝」。[35]又如仁里十甲職員蕭春曦因出外經商不在家，於同治六年十二月二十一夜、七年正月二十六夜兩次遭竊，便於正月二十八日呈狀，知縣王宮午質疑「該職員家於去歲臘月廿一、

35　《巴縣檔案（同治朝）》，案卷號6-5-11873。

廿六日夜兩次被竊，迄今始行具報，殊屬遲延，姑候勘明飭差查緝，贓賊務獲究追」。[36]時隔兩個月，在重慶城內臨江坊真原堂教學的文生劉義門，於二月二十八日黃昏遭賊侵入同樣位於臨江坊的住家，當時並未報案。隨後於三月初十日發現劉荒身穿自己遭竊麻布衫，便聯絡坊捕，將劉荒扭送縣衙，並附上稟狀陳述案情。知縣王宮午於審閱之後，批下：「該文生家於二月二十八日即被賊竊，因何不立時赴案，呈請差緝？」[37]

　　各個案件的當事人不報案的原因雖然很多，歷任知縣卻都很一致地假設當事人在遭遇竊盜的當下應該是要立即報案，若沒有立即報案的話肯定有所隱飾，準備誣陷無辜的他人，或是有其他心虛所致的難言之隱。因此知縣在接收到案發後一段時間才報案的呈狀，往往會在批示之中質疑當事者報案的動機，而這種質疑主要還是為了防止誣陷他人的行為。正因為不願意讓竊案成為誣陷無辜的幫凶，知縣才如此力求釐清贓物的去向與堅持人犯的集齊，在取得所有人的供詞之後，以便在各種不同立場的說詞之中，尋找所謂的「真相」。

贓物的重要

　　在竊盜案件之中，所有人關注的對象，都是贓物的去向。

36　《巴縣檔案（同治朝）》，案卷號6-5-12160。但王宮午在此應是誤會蕭春曦，王宮午以為是去年十二月二十一日、二十六日遭竊，卻在一個月後才告官。但蕭春曦遭竊的時間相隔一月有餘，而且蕭春曦第一次遭竊時應該不在家，第二次遭竊是隨即報官，因此應無「遲延」的問題。

37　《巴縣檔案（同治朝）》，案卷號6-5-12196。

犯人希望盡快變賣贓物，而失主希望能讓贓物回到自己手中，官員則是希望犯人能取出贓物，將贓物歸還給失主，以便量刑與結案。竊盜案件之中，除了避免失主與犯人藉此誣告他人之外，官員也會注意失主是否有浮報被竊物品的情況。

　　失主在呈報竊盜案件時所附上「失單」是由失主自行整理羅列。如果官員審閱呈詞與清單無誤，就會批上「候緝究，失單附」，讓失主等候捕役緝捕追究竊賊與贓物。若是失主開立的清單內容不甚合理，官員往往由是起疑，影響其啟動緝捕程序的意願。如孀婦李祝氏的住家於同治五年五月初二日遭逢火災，並被人趁火打劫，竊去裝有三百餘兩養老銀的木箱，因此於五月初十日向縣衙呈遞告狀。知縣審閱後質疑：

> 該氏房被回祿時，究竟有無木箱，箱內有無銀兩，均不可知，彼時人眾更難稽查。況該氏既有存銀三伯（按：即「佰」，下同）餘兩之多，豈不慮人偷竊，並不倩人在家看守，亦不另行寄存妥實地方，遽爾輕異（按：應為「輕易」）出外算帳之理？至有無被搜情事，次日即當查出呈控，何以又遲至十日後始行具呈？其為該氏捏飾情詞、冒開虛贓無疑。且該氏單開僅止木箱一口、衣被數件，揆之於情，亦斷非有銀三伯餘兩存家之戶。惟該氏平素作何生理？家中有無存銀？有何憑證？銀被搜去，有無確據？仰該處約保協同團鄰逐一確切查明，據實稟覆核奪，毋稍隱飾，致干嚴究。

由於失銀三百餘兩的竊案非同小可，知縣先質疑銀兩的存在於

否，再質疑李祝氏家藏重金卻不設防，進而質疑李祝氏損失慘重卻未第一時間報官，因此認為李祝氏以「虛贓」誣告的機率很高。

知縣為了查證李祝氏的呈詞可信度，便從李祝氏的經濟背景著手，要求約保團鄰前往調查，待回報後再行訊究。而李祝氏於五月二十五日再度呈詞詳細說明木箱內銀兩的來源，除了亡夫的五十兩遺產之外，其餘皆為他人存放的銀兩，因此知縣批示「候差緝獲究，黏單附」，也就是接受李祝氏的解釋，並啟動緝捕程序。[38]

在《巴縣檔案》的案例中也可見謊報被竊贓物而被縣官發覺真相的例子。如同治元年十月，有直里四甲孀婦凌瞿氏具名，由其子凌光孝抱告，指稱鄒和順扭鎖透竊其寄存的衣物契約等一案。當年春天凌瞿氏與其子凌光孝因為避難來渝，透過凌光孝之舅瞿和平介紹，佃租鄒合順槽門外前樓，以掛牌行醫，租金是五百文。迨六月間林兵滋鬧，凌光孝乘勢回鄉省親。到十月初五回來時，聲稱原置於屋內的金飾衣箱三口之鎖被扭開，箱內有契約衣物不翼而飛，因而狀告房東鄒合順偷竊，並呈有失單。所開列的失物單裡有銀飾品12件、玉飾品二件、綢料衣服10件、毛料衣服六件、棉布麻布衫等十來件，另有老契、紅契等多件，看似數量非常多，價值可觀。

不過，根據房東的辯誣與知縣的調查審視後，事實上是孀婦凌瞿氏來時從未搬有衣箱行李入住，又因凌光孝於承租期間屢次邀約朋友於樓上吸食洋煙、打牌擲骰子，房東鄒合順查

38　《巴縣檔案（同治朝）》，案卷號6-5-11941。

知後投街鄰余大興等集理，要求凌光孝搬家未果，兩造因而生
嫌隙。凌光孝返鄉時只有被蓋、枕頭交給鄒合順的櫃臺寄放，
自稱所餘無物。當凌光孝再次回渝時，房東鄒合順不滿他將前
樓關鎖，以致無法出租給他人，要求凌光孝要付七個月的租
金3,500文，凌光孝遂憤而偽造失單，具控鄒合順偷竊衣箱物
品。凌光孝雖以誣告罪被懲處，但隔年二月又狀告他在搬家清
理時，鄒合順統其黨人前來乘勢攄攘家具，又開列失單有衣箱
多口，杯碗鍋盤與衣物等數十件。新上任的知縣審理後，指責
凌光孝不應藉竊抵租，將他掌責，且諭令日後不得再行翻異滋
事。[39] 此案就是偽造失單、謊報失竊的案例。

　　因為一旦捉獲犯人，順利起出贓物，每項贓物必須歸還失
主，若是已經銷贓則應由犯人賠償相應價值的金額。所以如果
失主呈報不實，在起贓與還贓這兩個環節會產生很大的問題，
也可能會使犯人獲得不公平的刑責。

走向和解

　　如果當事人願意在贓物與人犯不齊的情況下和解，知縣也
往往從善如流，尊重當事人的想法。明清時期的法律規範並不
允許當事人「私和」，〈私和公事律〉稱：「凡私和公事，各
隨所犯事情輕重，減犯人罪二等，罪止笞五十。若私和人命、姦情，
各依本律，不在此止笞五十例。」[40]另外有兩種行為私和的罪責較

39　《巴縣檔案（同治朝）》，案卷號06-05-10500。

40　〔清〕薛允升著述，黃靜嘉編校，《讀例存疑重刊本》，卷44，〈私和公

重，一種是命案，〈尊長為人殺私和律〉稱：「凡祖父母、父母、及夫，若家長為人所殺，而子孫妻妾奴婢雇工人私和者，杖一百、徒三年」，另一種是姦案，〈犯姦律〉稱「如人犯姦已露，而代私和姦事者，各減和、刁、強二等」。[41]雖然法律規範上不允許訴訟案件由當事者私下和解，但如果是由官府主持和解的話，這在實務上並不是少見的情況。

若以上一節的李逢年案為例，根據目前可見的比單，李逢年在這一年多的纏訟期間，被縣衙至少傳喚七次，其中只有一次未到，可見李逢年相當配合縣衙應訊。又根據李逢年在呈狀中註明的城內暫寓住所是「楊柳坊至善堂」，距離縣衙不遠，便於應訊。[42]但在同治四年六月的呈狀之中，李逢年聲稱「在城靜候月餘，杳無確音」，而王大智卻可在審訊後「即同行返鄉」，十月的呈狀也稱「守候兩月有餘」，但王大智等人卻能「脫然回鄉」。李逢年在城內等候一段時間就會返鄉，接著再進城呈狀催促。在這周而復始的進城呈狀、在城暫住、返鄉察看、再進城呈狀的過程，想必李逢年吃足不少苦頭，這可能是促使李逢年急於結案的原因之一。

事律〉，頁1109。

41 〔清〕薛允升著述，黃靜嘉編校，《讀例存疑重刊本》，卷34，〈尊長為人殺私和律〉，頁884；卷43，〈犯姦律〉，頁1079。

42 李逢年在失單之中列有「至善堂施棉衣票子六張」，由此可推知李逢年應是至善堂的施主，甚至也有可能是長期贊助者，因此來城居住於至善堂。至善堂建於咸豐九年，為重慶城的慈善組織，同治二年「買得楊柳街曹姓住房，全院以為善局」，到了同治四年才「稟道、府、縣立案刊碑」。〔清〕霍為棻編，〔同治〕《巴縣志》，收入《重慶地域歷史文獻選編》（成都：四川大學出版社影印清同治六年刻本，2011），卷4，頁1395。

　　情況類似的被害人並非少數，如監生梁雲濤於同治四年
十月遭竊二百兩銀，但因為參與分贓的人犯並未到齊應訊，因
此案情延宕。梁雲濤多次向縣衙呈狀，要求主犯潘二應先負責
賠償所有失竊的銀兩，但此一要求被知縣黃樸以人犯未集齊為
由駁回。最後在同治五年七月，梁雲濤呈狀聲稱自己「不願久
候，情甘赴案，將已繳銀一定（按：即「一錠」）領回，具結
備案」。[43]另外，趙宗益於同治十二年六月遭竊銀四百兩，因為
無法追回贓銀，即使趙宗益改往重慶府呈狀，重慶府也多次要
求巴縣再度研審，最後卻於光緒元年七月，由知縣批示：「姑
念涉訟多年，勒令兩造和結。」[44]

　　竊案進入審判程序之後，當事人仍可隨時提出和解，而和
解程序必須由雙方提出結狀之後，才算完成和解。但是提出結
狀是否代表糾紛真的解決，案件真的就此結束？事實上並不完
全如此，有許多時候雙方的和解狀態只是暫時性的，一旦某方
不履行和解條件，則可能重啟訴訟。就如同李逢年案，就筆者
所見，當雙方當事人提出結狀之後，就再也沒有人呈上任何文
書。但是《巴縣檔案》裡仍有許多案件沒有結狀，也沒有後續
的文書。

上級官員的考量

　　清代的刑事裁判有覆審的制度，刑罰為笞杖者由州縣官自

43　《巴縣檔案（同治朝）》，案卷號6-5-11379。

44　《巴縣檔案（同治朝）》，案卷號6-5-13345。

行斷罪決罰，報府存查；徒刑者需再送府、道覆覈，較重的人命徒刑則由按察使斷罪定地發配；流刑者則須再達刑部斷罪；死刑者則必須由督具題，最後由皇帝裁決，故省內的覆審流程順序是：州縣、府、按察使、督撫。死刑者必須解審督撫，流刑與人命徒刑解審至按察使，人命以外的徒刑只到府級。但是嘉道之後竊盜案件發生頻繁，尤其是「積匪猾賊」這類慣犯激增，各州縣為辦理這類應處軍流刑的案件，必須審轉至省後發回，而所需經費不少，州縣官府難以支持。遂於道光十三年（1883）刑部明定這類案件概免解省，統由該管道、府、州審明後，將人犯發回候示。[45]

　　從現有的《巴縣檔案》還可以看到巴縣的上級衙門重慶府對竊案的考量。重慶府收受的案件多為原告在巴縣呈控後因未獲滿意的發展而來，重慶府的批示便多以指出案件癥結點，並指示巴縣重點處理為主。巴縣在接受重慶府指示後，往往從善如流，隨即執行，如李逢年案之中，重慶府質疑巴縣捕役教誣，因此巴縣馬上鞭責捕役。

　　從重慶府知府的批示，也反映出府級與縣級官員的不同考量。巴縣知縣在計贓論罪之後，將徒刑以上案件經過審轉程序，交由隔壁的上級單位重慶府處理。從巴縣知縣的批示，引用律例或是「照例」、「依例」的用詞是幾乎沒有出現過。重慶府知府則是相對頻繁地在批示之中提到「照例」、

---

45 參見那思陸，《清代州縣衙門審判制度》（臺北：文史哲出版社，1982），第三章第四節；鈴木秀光，〈清代嘉慶‧道光期における盜案の裁判〉，《專修法學論集》，第121號（2014），頁15-18。

「按例」，如李逢年案之中的「照例究辦」。又如同治十年
（1871）六月仁里監生陳慶元遭竊案，知府批示為「捕役為
盜，例應加等治罪」，同治四年十一月直里伍登才遭竊案的批
示為「有無賄差私釋，照例嚴辦，應即坐誣」，同治六年璧山
縣監生王進忠遭竊案的批示為「船戶行竊客資，例應加等治
罪」。[46]清代的相關律例的確有捕役與船戶行竊要加重量刑的規
定（參見第一章第二節），可見知府引用律例更為嚴謹。

　　兩級官員在批示上所以有差異，其原因可能在於，對知縣
而言，州縣自理案件的自由裁量權相當大，只要認定為自理案
件，是否需要嚴格依律計贓論罪，或是依例加重，只要在知縣
的權限之內，應該多半仍有彈性空間。但知府不同，一旦案件
經過正式審轉程序進入縣衙，不僅無法自由裁量，還必須受到
省級官員的覆覈與監督。因此如果從批示的角度來看，知府面
對竊盜案件時，強調須從法律規範的角度出發，必須注意符合
律例的規定。相對於此，知縣的限制就相當寬鬆，至少在計贓
論罪之後確認為自理案件，便可享有更大的發揮空間。

小結

　　本章處理竊盜案發生之後的處理流程，以及知縣如何斷案
的考量。第一節中指出在竊案發生之後，被害的事主並不會在
第一時刻選擇向衙門呈狀報案，即使竊盜犯已經被捕獲，當下
還有一種民間調解的機制。從《巴縣檔案》裡面看到的這類民

46　《巴縣檔案（同治朝）》，案卷號6-5-12850、6-5-12412、6-5-12113。

間調解的機制，在乾隆朝時是鄉保、鄰佑充當中間人，而到了同治時期是由團練組織裡面的監正、團首，成為主要的民間調解中間人，這就是所謂的「憑團理剖」。這種現象一方面說明了民間調解的機制，不僅是在戶婚田土這類民事案件，即使像是竊盜這類刑事案件仍然有發揮其作用。再者，也反映了十九世紀中葉以後團練組織在地方上的角色越趨重要。

有些竊盜案件在嫌犯被逮捕之後，雖然「憑團理剖」可以解決部分案件，但是仍有許多是犯人未獲，或是憑團理剖無法達到雙方和解的情況之下，被害人選擇向衙門報官。向衙門呈狀報案之後會有一些規定的程序，雖然有學者提出了不同的說法，但其實就程序而言大致大同小異。本章也比較了乾隆時期與同治時期，巴縣處理竊盜案的流程。從比較上發現兩個時期處理程序大致類似，而和過去學者的研究所提出的流程，也僅有細節上的差異。

本章的第二節更細緻地探討官方受理竊盜案件之後，所有的調查、審訊，以及結案的過程。竊盜案件辦理程序內的各種步驟，是靠著文書推進，案件處理的流程與相應的文書整理如下：提告時有「稟狀」（也有稱告狀、喊狀、報狀、哀狀），失主並附有「失單」羅列遭竊的贓物。知縣受理後傳喚案件關係人或緝捕嫌犯有「差票」，並派書役勘查現場之後有報告書「勘單」。捕役回報緝捕進度及傳喚結果有「稟狀」。縣府發出「比單」開列案件關係人前往縣衙應訊，如果必須要從其他州縣傳喚關係人，則有「移文」、「信牌」。審訊結束後事主、犯人與證人都有「供狀」記錄招供內容。若嫌犯在押期間患病或身亡，有看役、醫生、仵作的「稟狀」及「供狀」。

保外就醫有「保狀」，若不幸身故而家屬來認領時則有「領狀」。如果雙方當事人都同意具結和息，則「結狀」。[47]

　　不過以上都是理想的程序，而事實上從《巴縣檔案》裡面看到有大多數的案件是沒有下文或是無法結案的。這種現象有幾種可能的原因，包括沒有逮捕到嫌犯，或是同夥的嫌犯在逃未獲，而使得案件延宕未決。事主可能為避免纏訟過久或減少損失，遂願接受與接贓者和解，由接贓者賠償部分損失結案。

　　值得一提的是關於嫌犯被捕之後關押在監牢裡面的情況。我們對於傳統監獄的印象，就是在那裡死亡率極高。幸運的是《巴縣檔案》裡面保存了許多竊盜犯關押在監牢之後死亡的驗屍報告，透過這些檔案我們可以知道竊盜嫌犯在監牢裡面死亡的時間與死亡的原因，反映出傳統中國監獄高死亡率的事實。

　　本章第三節從《巴縣檔案》中官員的批示來看當時官員實際斷案時的考量。對照法律規範與審判實態來看，知縣的考量歸納重點包括防止誣陷、起出贓物、賠償損失等。而〈竊盜律〉所重視的累犯認定、聚眾首從等問題並非知縣實際斷案時的重點；而竊盜相關條例圍繞在犯人本身的身分及事發場所以進行刑責上的增減，也不在知縣的考量。知縣的態度反而與前一章述及官箴書的經驗知識頗為相符。事實上對失主來說，相較於竊犯被以正義之名懲罰，能夠取回贓物或得到賠償還是首

---

47 此外，隨著案件關係人呈狀所附上的附件也五花八門，除了前述失主提出的失單之外，也有失主與竊犯，或是竊犯與團練之間達成和解協議的「和息約」、證明雙方交易與債務關係的契約、證明雙方師徒關係的「投師約」，甚至也出現有力人士用以關說的信件，或是遭人散布謠言的黑函抄件。

要之務。再者，檔案裡也反映縣級衙門的上司，即知府官員對轉審至上級衙門的竊案之態度，從其批示中多「依例」、「照例」的用詞，說明了知府面對竊盜案件時，更強調從法律規範的角度出發，要符合律例的規定。

第三章

同治朝巴縣竊案發生的背景因素

　　在探討同治朝巴縣竊盜案件時，必須先理解當時的政治、社會與經濟背景。巴縣屬於四川省重慶府，也是重慶府的附郭，所以巴縣縣城即重慶府城。重慶府下領有廳一，州二，縣十一，而巴縣號為難治。重慶府自道光年間以來便不斷有亂事發生，像是來自貴州的姦民、黔匪、滇匪等，皆曾威脅巴縣與其鄰縣，如「（道光）十八年貴州仁懷姦民穆繼賢亂綦江，江津告警」、「文宗咸豐四年八月，黔賊目楊瀧喜等破桐梓，綦江震動」、「（咸豐）九年秋九月，滇匪竄擾川南」。[1]「（咸豐十年）十二月，張五麻子攻璧山不下，分股擾巴縣西境」。[2]因為巴縣鄰近雲貴，交通便利，又位處通往西南地區的要道，因此鄰省發生的亂事一旦擴大，往往會波及巴縣外圍或境內；再加上重慶府內有川東道與重慶鎮駐紮的關係，即使未被波

1　〔民國〕羅國鈞修，向楚等纂，〔民國〕《巴縣志》（臺北：臺灣學生書局影印民國二十八年刊本，1967），卷21下，〈記事下〉，頁2749、2750、2752。

2　〔民國〕羅國鈞修，向楚等纂，〔民國〕《巴縣志》，卷21下，〈記事下〉，頁2755。

及，也會派兵協防。[3]

　　到了同治朝，國內最大的戰爭——太平天國運動雖已屆強弩之末，不過，從司法檔案來看，竊盜案件的數量卻是很驚人，顯示社會秩序仍然處於不穩定的狀態。從表3-1可以看到巴縣在歷朝的竊盜案件數量，同治朝遠遠比十八世紀乾隆朝高出數倍，僅略少於道光朝與光緒朝。再從年平均數量的角度來看，同治朝卻是歷朝竊盜案件數量最多者。至於同治朝歷年的竊盜案件數量，從表3-2與圖3-1顯示在同治朝的前半葉，即元年（1862）到六年之間數量明顯高過之後。同治朝的竊盜案件發生頻仍，其實與當時的時代背景密切相關，至少涉及以下四個因素，本章將分別討論之。

表3-1：清代四川巴縣衙門檔案各朝竊盜案件數量

	乾隆	嘉慶	道光	咸豐	同治	光緒
數量總計	624	1208	3544	1565	3292	5802
年均數量	16.0	48.3	118.1	142.3	253.2	170.6

說明：表格修改自吳佩林，《清代縣域民事糾紛與法律秩序考察》（北京：中華書局，2013），頁6。原表格僅列出案件的起訖編號，筆者按照其起訖編號計算該類案件的數量。盜竊類案件時間最早為乾隆二十二年（1757），因此乾隆朝的年均數量以乾隆二十二年至六十年（1757-1795）計算。宣統朝的檔案全部屬於「司法總類」，並未照案件內容分類。

3　〔民國〕羅國鈞修，向楚等纂，〔民國〕《巴縣志》，卷21下，〈記事下〉，頁2755、2756、2761。

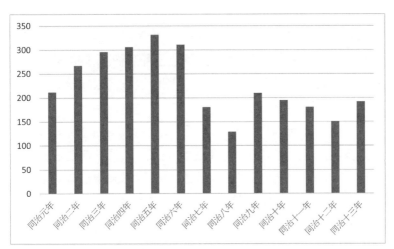

圖3-1：清代四川巴縣衙門檔案同治朝盜竊類歷年案件數量
資料來源：表3-1

表3-2：清代四川巴縣衙門檔案同治朝盜竊類歷年案件數量

年份 （同治）	元年	二年	三年	四年	五年	六年	七年	八年	九年	十年	十一年	十二年	十三年	不明	總計
案件數量 （件）	212	267	296	306	332	311	181	129	210	195	181	151	192	329	3292

說明：「不明」欄係指不確定時間、同治朝年份與發生同治朝以外的案件數量

第一節　同治元年太平軍的擾動

　　太平軍雖未大規模侵入四川省，不過到同治元年（1862）初，四川仍遭逢太平天國殘餘勢力的影響，即所謂「髮賊」、「髮匪」侵擾縣境。同治元年三月，太平軍翼王石達開（1831-1863）入四川，圍攻涪州不利，分兵轉入巴縣縣境，連日向江

津縣退去。[4]石達開的軍隊「三月十四日過豐盛場，下木洞，復過棟青廟，進二聖場，經永興場、中興場。二十三日過南彭場，東破明月寨。」[5]這個路線大概是從巴縣的東側沿著周圍往西北方移動，繞了整個重慶城的半圈而過，並未向重慶城發動攻擊，而是騷擾鄉里的場鎮。

　　從同治元年《巴縣檔案》所見因戰亂發生的偷竊行為，絕大多數都是原居城外鄉村的里民報案，而且主要是位處東邊的節里、仁里、廉里、忠里，也就是太平軍來襲首當其衝的地區。而檔案裡也呈現了髮匪擾境之後的景象，如忠里五甲盧松亭於同治元年三月時，因「髮匪臨近，闔家逃避，凡屬衣物概被土匪打撈」；在該案中又記其歸鄉後的情景：

> 去三月髮匪入境，蟻從眾躲天保寨，賊迫各歸，見賊闔街紮營，挨戶丟棄衣物，鄉街眾議由人認領，無主之物暫存賊棄之家。[6]

當此際地方的惡賊也趁機劫掠，如在鄉村的仁里便有耿老四、何慶元兩人「乘賊匪入境，執旗謠喊，摟搶銀錢」，藉著太平軍造成民眾恐慌的秩序混亂，從中搶奪財物。[7]同里的五渡河

4　〔民國〕羅國鈞修，向楚等纂，〔民國〕《巴縣志》，卷21下，〈記事下〉，頁2756。

5　〔民國〕羅國鈞修，向楚等纂，〔民國〕《巴縣志》，卷21下，〈記事下〉，頁2756-2757。

6　《巴縣檔案（同治朝）》，案卷號06-05-10740。

7　《巴縣檔案（同治朝）》，案卷號06-05-10415。

場，因為「三月十四日，賊臨豐盛場一帶，鄉民紛紛潰散」，
這個消息傳到五渡河場之後，青華團豪惡王天祿之子王大、
王二便於三月十五日「妄喊賊攏，場眾奔潰，乘勢摟銀錢貨
物」，兩人食髓知味之後，又於二十一日「執旗納喊，淹斃多
人」；王大與王二兄弟藉由散布謠言，製造恐懼，再趁火打
劫，甚至造成民眾傷亡。[8]

在太平軍來襲之前，重慶城及其周邊已經陸續產生影響。
地方軍隊與團練為了防堵太平軍而動員，反而造成地方治安的
真空，給竊賊有可乘之機，甚至有例子是團練自己也遭竊。例
如巴縣練丁歐占元「因賊匪竄擾，派撥練勇，住宿城樓，盤查
朝天門」，於是在同治元年正月初九日前往城東朝天門留守，
卻於當晚遭人扭毀位於朝天門樓的房門鎖扣，歐占元自己與同
房練勇袁國祥損失不少私人物品。[9]歐占元與袁國祥可以說是
太平軍尚未來襲，就已經是身受其害。而在鄉團練為防「髮
匪」，由團首帶領職員等駐防地方重要的隘口，家中無人看守
而被竊之例亦多。如同治元年三月的節里七甲有髮匪竄入境
內，人多避難，拱義團團首雷祥春等帶領團丁防堵隘口，賊雖
被擊退，卻有鄭大蠻、曾老么等趁勢搶劫，劫走雷祥春家物。[10]
又如同治元年五月，孝里九甲職員崔聘三守隘口防髮匪時，家
中遭賀午三、阿留、楊純德等趁機行竊。[11]

因為「髮賊」、「髮匪」侵擾縣境，引發巴縣鄉村居民

8　《巴縣檔案（同治朝）》，案卷號06-05-10441。

9　《巴縣檔案（同治朝）》，案卷號06-05-10367。

10　《巴縣檔案（同治朝）》，案卷號06-05-10412。

11　《巴縣檔案（同治朝）》，案卷號06-05-10437。

的恐慌，紛紛舉家避難，大量湧入重慶城與江北廳尋求城牆庇
護，或是逃往山寨自保。此移動的模式，仍然延續著明末以來
流傳「大亂避鄉，小亂避城」的諺語。[12]自同治元年正月開始的
避難潮也造成不少竊案。根據《巴縣檔案》所見的情況，這類
竊案還可分為三種：第一，是避難途中遭人「摟走」行竊。如
原本居住在廉里二甲的駱源發，「因賊匪竄擾二聖場，舉家搬
移白廟子，雇戴五回家挑行李，乘勢摟去」。孝里二甲凍青場
的劉合順則是「髮匪逼近，閤鄉避難。牽肥豬在途交人看守，
被乘機搶奪屠宰。」[13]又如同居凍清場民人周興發於三月時，因
髮匪逼擾而遠避，之後回家時見有遊僧牽走家中豬隻。[14]

　　第二，是避難時家中遭人趁虛而入。如仁里十甲民人陳
其文於同治元年三月因避難而家裡被竊，事主的口供描述其避
髮的過程：「今年三月十四日，髮匪逼近豐盛場，小的搬運至
附近大山樑子躲避，胞兄陳光煥同母親亦半山青杠林內藏匿，
不料髮匪未至。」事主又指稱：「今三月匪擾，棄家物逃避在
山，幸匪未至。及匪去後，蟻歸省視，瞥見倉廠房門鎖悉被
扭，衣物蓋摟罄盡。」[15]又如居住在節里七甲的方孔音稱：「髮
賊竄擾，賊未至境界，奈本地居民畏賊劫殺，各搬上寨避躲，
乘各處民房無人照守搜摟」，太平軍來襲造成的恐慌，使得節

12　明清時期民眾避亂的問題，詳見巫仁恕，〈逃離城市：明清之際江南城居
　　士人的逃難經歷〉，《中央研究院近代史研究所集刊》，第83期（2014年3
　　月），頁1-46。

13　《巴縣檔案（同治朝）》，案卷號06-05-10418、06-05-10417。

14　《巴縣檔案（同治朝）》，案卷號06-05-10420。

15　《巴縣檔案（同治朝）》，案卷號06-05-11017。

里地區的居民連忙前往山區的山寨躲藏，而人去樓空的情況下，便遭到有心人士乘機洗劫。[16]又如仁里九甲居民張達三雖然在太平軍尚未抵達仁里之前，全家已避往江北鎮，但也在這個空檔遭竊；其稱：「三月十五，賊攏豐盛場，攜家避難江北。乘賊未至，預捲一空。」[17]有的例子顯示竊賊其實就是受雇看守者，如忠里九甲民人潘好生控朱鳳亭等行竊銅錫磁器一案，蓋因潘好生於同治元年春時，髮匪逼境，遂將什物悉搬放寨，「嗣回家將什物關鎖，未能搬盡，常著僱工朱鳳亭取放」；隔年回去時發現銅錫器被竊，後查知實為雇工朱鳳亭所竊。[18]

　　第三種情況是鄉民避居到重慶城內而遭竊的案例。如監生張礦堂於同治元年十一月遭竊時，稱自己「今春遭髮匪，避難入城，佃得渝中坊何姓房屋居住」；又有正里四甲文生齊煒玉自稱「避匪來渝楊家十字佃住」，卻遭竊。[19]除了巴縣居民之外，也有相鄰縣份的居民前來重慶避匪，如璧山人汪義川稱自己是「前年避匪來渝，寄存衣箱於蓮花池」，卻到了重慶城之後被竊。[20]

第二節　同治二年重慶教案

　　當巴縣才剛脫離太平軍來襲的恐懼時，接著地方仍有小

16　《巴縣檔案（同治朝）》，案卷號06-05-10435。

17　《巴縣檔案（同治朝）》，案卷號06-05-10524。

18　《巴縣檔案（同治朝）》，案卷號06-05-10995。

19　《巴縣檔案（同治朝）》，案卷號06-05-10625。

20　《巴縣檔案（同治朝）》，案卷號06-05-10637。

規模的動亂，如同治二年（1863）還有雲南總兵林自清的擁兵
入川、白號匪襲擊敘永廳等亂事，同一年巴縣也發生「私鹽充
斥」的問題。[21]不過，同治二年重慶城內發生的教案影響竊盜案
件的發生最為明顯。

　　崇因寺位於重慶城內大樑子頂端的制高點，係建於宋代的
千年古蹟，因為地利之便在咸豐、同治年間成為團練的倉庫與
辦事處所。當時有法國主教藉著《北京條約》的規定，欲取得
崇因寺的土地以興建教堂。此舉引發重慶民眾的不滿，一來是
千年古剎不應就此拱手讓給外國人，二來是崇因寺地處要害，
可俯瞰重慶全城與兩江匯流之處，若被外國人控制，則有國防
上的疑慮。雖然當時的川東道、重慶知府與巴縣知縣曾籌擬的
一個折中的辦法，由他們籌款在重慶城內另覓一閑曠之處，給
予川東主教。不過川東主教與法國公使仍然堅持原議，清廷也
飭令川省遵照辦理。重慶的官紳市民接獲飭令之後知道上意已
難挽回，於是開始謀劃打教行動。

　　同治二年正月二十四日，有保甲局紳程益軒、張先釗等
人召集了局勇團民等千餘人，從崇因寺出發，行至主教座堂真
原堂時將之打毀，接著又繼續分隊四出，將傳教士所住著的地
方還有傳教士所創辦的學堂、醫院、育嬰堂、孤老院等悉予打
毀，又拆毀許多教民的住宅。二十五、六日兩天繼續對教民加
以擾害。最後在地方官的協助之下，川東主教與重慶的紳士進
行了談判，達成了協議。主教同意放棄崇因寺的要求，重慶的

21　〔民國〕羅國鈞修，向楚等纂，〔民國〕《巴縣志》，卷21下，〈記事
　　下〉，頁2761-2762。

士紳也同意賠償十五萬兩。一連三天的暴力事件，反映當時整個社會的排外情緒。[22]

　　這場暴動之中，許多人藉機生事，搶劫路人或偷竊民居。居住在楊柳坊的蔡元愷稱：「今正惡等毀摟教堂，蟻母子奔躲」，當蔡元愷母子為了躲避暴動而離家，卻遭鄰居汪寶山夫妻入內行竊。[23]又住在金湯坊五福街的孟炳中於同治二年正月二十五日挨晚，「遭匪乘打天主教為計，不識數人毀門，蜂擁來家」。[24]不管是楊柳坊或是金湯坊，相隔教案事發地點的真原堂仍有一段距離，由兩人的供詞說明此一暴動影響的範圍甚廣，並非只是單一地點的攻擊行為，還可能引發全城的混亂。該五月有搶攘真原堂的嫌犯黃元發等被逮捕，據黃元發的口供如下：

　　　問據黃元發供：是合州人，小的在城幫人做煙套手藝活生。今年正月廿四、五日，小的聽聞他們人眾摟毀天主教，隨同往彼看耍，當在□上撿得白布小衣一條，舊藍布

---

22 真原堂教案的始末，可見呂實強，《中國官紳反教的原因（一八六○－一八七四）》（臺北：中央研究院近代史研究所，1966），頁77-80；呂實強，〈重慶教案〉，《中央研究院近代史研究所集刊》，期3下（1972年12月），頁457-474。呂實強使用的資料為《教務教案檔》，這份檔案主要是從官方的視角記錄中國與法國在此一教案發展過程之中的各種交涉情況，而巴縣檔案在此正可補充教案本身對於社會的影響與遺緒。真原堂教案的檔案，詳見中央研究院近代史研究所編，《教務教案檔》第1輯第1冊（臺北：中央研究院近代史研究所，1974），頁1139-1218。

23 《巴縣檔案（同治朝）》，案卷號06-05-10720。

24 《巴縣檔案（同治朝）》，案卷號06-05-10608。

衫二件。到五月廿八日，就被姚、沈委員拏獲，說小的同
夥擄掠天主教，當在家裡起出白布小衣一條，有黃開基認
他的原贓，就把小的帖送案下的。[25]

由此例口供可知，當時之秩序紊亂，而有的參與者原是看熱
鬧，也順手牽羊拿走天主教徒的衣物。

即使這場暴動時間僅僅持續三天，其餘波卻一直影響著城
內的氣氛。教案發生之後的當月，捕役們特別關注在逮捕教案
的肇事者，有些人被懷疑參與教案涉及偷竊打劫而被逮捕。如
該年正月有臨江坊捕役秦俸拿獲竊賊徐洪華一案，據竊嫌徐洪
華的口供自稱是湖北人，來渝擔水活生，住臨江門，「今年正
月二十四、五兩日，有痞匪多人打天主教」，他於晚間路過石
板街拾得一塊木板，當他拿回到所住之客棧，店主認為是教案
時被打毀的衡鎰號招牌，徐洪華害怕惹禍，正打算到河邊拋棄
時被坊捕見狀懷疑而被逮。[26]

當時參與暴動者被認為是具危險性的暴民，或是尚未繩之
以法的逃犯，因此只要家中收藏天主教相關物品，都可能被誣
指為參與暴動的暴民，也有人藉此誣陷無辜。在同治二年的巴
縣竊盜類司法檔案裡，就有許多案件是誣告某人打搶或行竊真
如堂與天主教徒之家。如有一些惡棍在宮廟裡面喧鬧，被人斥
責之後，誣告人參與搶劫天主教堂。[27]又如尹三大爺與右營新

---

25 《巴縣檔案（同治朝）》，案卷號06-05-10681。
26 《巴縣檔案（同治朝）》，案卷號06-05-10652。
27 《巴縣檔案（同治朝）》，案卷號06-05-10599。

兵李榮貴之間發生口角衝突，因為「家中掛有圖畫一軸，係是天主教的聖像」，遂被李榮貴誣指為參與打毀真原堂者。類似的例子，如趙祥禎與其岳父陳鳳瓊之間發生爭執，也因此遭陳鳳瓊舉發其「今年正月間打毀教堂，摟有洋畫、洋帕，囑妻變賣」，[28]事後趙祥禎證明陳鳳瓊所言純屬烏有。另一起城內神仙坊的王老爺，狀告某人為行竊天主教堂之嫌犯，但事實上是王老爺欠了當事人許多錢，不願意償還，遂藉口其債主曾參與天主教堂被搶一事。[29]以上的案例充分反映出真原堂教案所造成的混亂秩序，以及重慶城居民心中的恐懼感。

第三節　同治三年的米價陡漲

　　物價的波動與竊案的發生是否有關聯呢？從乾隆朝巴縣竊案數量的增減與米價的漲跌波動來看，在時間上就存在微妙的關係。王大綱統計乾隆朝巴縣竊案後發現，乾隆朝巴縣發生竊案較多的年份，正好與十年一期的米波動的趨勢相符。即使竊盜案件數量較多的時期，未必在米價最高的時間點，但與米價上漲趨勢吻合。而竊盜數量趨勢有減緩的時期，也多在米價低廉時期。雖然可以依稀看出竊案數量與米價波動之間的連帶關係，但二者之間仍非完全正相關，亦即糧價的漲跌並非影響竊案發生的唯一因素。[30]

28　《巴縣檔案（同治朝）》，案卷號06-05-10599、06-05-10834。

29　《巴縣檔案（同治朝）》，案卷號06-05-10587。

30　王大綱，〈從竊案來看清代四川重慶的社會變遷（1757-1795）〉，頁152-154。

　　同治朝的米價波動如何？是否牽動竊案的發生呢？雖然筆者尚未蒐集到同治時期重慶府的糧價資料，但是北京中國社會科學院經濟研究所典藏的「抄檔」近年來已公布，並出版《清代道光至宣統間糧價表》一書，書中有四川省的糧價資料。[31]筆者根據該書中咸豐十年到同治十三年之間（1860-1874）的中米價格資料，包括最低價與最高價的數據，製成圖3-2。[32]從圖3-2中可以明顯地看到同治三年（1864）是米價飆漲的關鍵年。再從月份數據上的變化來看，同治三年三月之前的中米最低價皆未超過每石1.26兩，三月的價格是1.76兩，但是到四月時突然漲到2.81兩。再看中米的最高價格數據，在同治三年三月之前，都未超過2.12兩，三月時突然漲到3.62兩，四月時又再略漲到3.67兩。此後的米價就再也回不去了，直到同治十三年，中米最低價從未低於2.8兩，最高價則幾乎都在3.6兩以上。[33]

　　至於同治朝前期的米價高漲的原因，在此初步推斷幾種可能性。其一是同治朝之後，太平軍戰事漸息，於是江南大營可以四處採購軍糧，可能導致四川米價上漲，這可以從下文提及同治三年來自江南的千總至渝採購軍糧一例可知。此外，從同治二年到六年之間，因陝回滋擾驛路，以致驛道時多梗阻。[34]為

31　中國社會科學院經濟研究所編，《清代道光至宣統間糧價表》（桂林：廣西師範大學出版社，2009）。

32　之所以選擇咸豐十年（1860）以後的米價，係因之前的數據有許多月份是缺少資料，而從咸豐十年之後各月份的米價資料皆完整。

33　中國社會科學院經濟研究所編，《清代道光至宣統間糧價表》，頁167。

34　〔清〕霍為棻編，〔同治〕《巴縣志》，卷2，〈政事志・驛遞〉，頁44a。

平定陝甘回亂需要大量的軍糧接濟，這也可能導致鄰省產糧的
四川米價高漲。再從圖3-1與表3-2看到同治二年到六年（1863-
1867）的期間，剛好正是竊盜數量最多的時期。

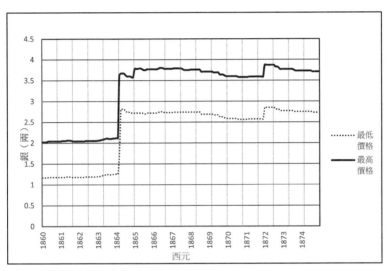

圖3-2：咸豐末年到同治年間四川米價
資料來源：中國社會科學院經濟研究所編，《清代道光至宣統間糧價表》，頁
166-170。

　　從《巴縣檔案》中的案例，確實可以反映同治三年米價開
始陡升的情況。如同治三年四月，在孝里二甲魚洞溪，有充當
監正、鄉約與團首多人聯合上稟：

　　因米價昂貴，民食維艱，職等恐釀禍端，今二月協同
　各團紳糧余澤沛等稟明仁恩，情願募資買米，減賣賑濟貧

民，沐准示諭在案。[35]

又如同治三年三月，節里九甲姜家場牌首何大芳供稱：「該場米價陡漲，閤議每人來場，只許買米一斗」，[36]反映出當時米價上漲的原因在於供應量不足，導致不僅米價上漲，而且必須要限量販售。而同時以販米為生的節里八甲民人丁炳欽供稱：「以銀二錠，重十九兩七錢四分，與周明吳老板共買米二石八斗」。廉里四甲民人羅興發於同治三年十二月供稱：「今三月，蟻領東本，投魚洞鎮同心居店寓，以銀二百七十餘兩買米二十三石二斗二升半」，結果遭到同心居老闆薛炳南「貪圖厚利，膽將米盜賣，獲銀四百餘金」。[37]原本的米價目前已經無法確知，但從丁炳欽與羅興發口供的內容，可見丁炳欽大約在上半年以7兩銀便能購得一石米，羅興發於同時則約需以11兩銀才得以購得一石，而薛炳南是以17兩的價格盜賣羅興發寄存的米，由此差距也可大概看出當時米價上漲的程度。另一案例是買賣米穀的糾紛，同治三年三月時有郭三品之子郭心田在家賣穀，僧登益的佃戶李國泰以一石五斗，共錢8400文成交。但到四月時，郭三品乘穀價愈昂，聲稱其子郭心田是被瞞賣穀，意欲控告李國泰。[38]這案子顯示穀價在三月時大概還是每石約5600文，到四月後價格陡漲，郭三品自覺損失很大，才會不滿想控告。

---

35 《巴縣檔案（同治朝）》，案卷號06-05-11126。
36 《巴縣檔案（同治朝）》，案卷號06-05-10849。
37 《巴縣檔案（同治朝）》，案卷號06-05-11112。
38 《巴縣檔案（同治朝）》，案卷號06-05-11044。

　　檔案裡的其他間接資料也顯示同治三年米價昂貴的現象，如當時有位五品花翎儘先千總曾成章，自稱：「由江南營奉公攜銀一百餘兩回渝探買軍糧」，但見「米價陡升，未便辦買」，不料當夜即被賊竊去財物。[39]又如同治三年四月有本城戶書吳德成具稟被賊竊去錢文等一案，事主吳德成係府轄戶書，他於較場錢市換錢時被竊，他上稟時稱：「現因米價昂貴，清苦異常」。[40]甚至在同治三年四月時有因米價昂貴而聚眾搶劫者，據住居小河金剛碑碼頭開設炭鋪的廩生楊蓋臣指控，有峽匪湯大五等，「乘此米價昂貴，口眾藐法，統率數十人，膽設礮船二隻，盤據螆岩寺王爺廟嘴」，攔河搶劫。[41]

　　需要說明的是，上述檔案實例中的購米價格高達10兩以上，但圖3-2所見官方奏報米價的數字即使最高昂者大約也都未超過4兩。之所以有如此大的落差，可能是容量單位有關，因為官方奏報的單位為每「倉石」、「京石」、「市石」或是每「百斤」。[42]這樣的容量單位可能與民間市場上實際交易的容量不同。再者，官方奏報的糧價應該是批發市場的價格，所以較地方零售價格要低。

　　同治三年開始陸續出現許多竊案，當犯人被逮捕後的口供稱因「米價高漲」而有竊盜犯罪的動機。米做為民生必需品，其價格上漲的影響不僅止於食品原料而已，而是整體物價，造

39　《巴縣檔案（同治朝）》，案卷號06-05-10950。

40　《巴縣檔案（同治朝）》，案卷號06-05-10937。

41　《巴縣檔案（同治朝）》，案卷號06-05-10922。

42　參見王硯峰，〈清代道光至宣統間糧價資料概述：以中國社科院經濟所圖書館館藏為中心〉，《中國經濟史研究》，2007年第2期，頁107。

成民眾原本的收入水準無法負擔增加的支出，導致日子難過，最直接受影響的一群人，就是大量在重慶以「下力活生」的臨時雇工，也就是受薪的勞動階層。許多竊案的嫌犯就是「下力活生」者，如同治三年四月太平坊捕役劉芳以拿獲竊賊張萬一案，竊嫌張萬供稱：「小的本邑海棠溪人，下力度日，本月十六日，因米糧昂貴，無錢買食」，因而行竊。[43]類似的案例又如同治三年被捕的竊嫌李照供稱：「因米價昂貴，難以過日」而行竊，另一案嫌犯魚洞鎮人彭長壽也供稱：「今年七月因米價昂貴，日食難度」。[44]

物價的上漲也會連帶影響人事成本的支出，有不少雇工因此被開除而失業，為求生存只好行竊。例如同治三年有竊犯張獅子行竊後被捕後，供稱：「今年因米糧昂貴，把小的開銷出鋪」；同年又有原本以紐扣手藝生理的劉義順於行竊後被捕，也稱「因米價昂貴，無人雇請」。[45]這個情況並不只有同治三年，如原本在絲房工作的謝趕壽於同治四年（1865）時偷竊被捕，其口供云：「因米價昂貴，雇主開銷，無從措食」；謝三、龔海於同治五年（1866）行竊被捕時供稱：「皆因米價昂貴，沒處傭工」；同治七年（1867）時有猶官仁，原本是挖炭生理，卻「因米價高昂，入不敷出，停工未貿」，遂行竊度日。[46]

以米價昂貴作為行竊動機的案例，同治三年之後還一直

43　《巴縣檔案（同治朝）》，案卷號06-05-10925。

44　《巴縣檔案（同治朝）》，案卷號06-05-11092、06-05-11000、06-05-12582。

45　《巴縣檔案（同治朝）》，案卷號06-05-10916。

46　《巴縣檔案（同治朝）》，案卷號06-05-11379、06-05-11648、06-05-12486。

持續可見，直到同治七年。其間發生許多類似的案件，如同治四年竊犯顏癩兒，原本「下力活生」，卻「因米昂貴，日食難度」而行竊；[47]同治五年竊犯楊大被小甲捉獲，他供稱：「平日下力活生，因米價昂貴，撿桐子賣錢度活日食，今年十月廿六日，小的路過這舒興發門首，看見他家無人，小的見財起意行竊」。[48]同治七年內發生一起衣服鋪被竊案，後來發覺是借宿的房東兒子胡昌發串通陳大順竊取衣物，陳大順聲稱是因為「今日米價昂貴，難以度日，遂見財起意」。[49]在同治後期也零星可見，例如同治九年挖瓢為生的倪挖瓢、黃雙二人，也都聲稱自己「因米價昂貴行竊」。[50]

　　雖然米價從同治三年開始飛漲，直到同治十三年（1874）都維持高價，可是以米價昂貴為由的竊案卻是同治朝前期遠多過後期，這樣的現象與過去糧食價格飆漲時所發生的糧食暴動頗為類似。明清時期的糧食暴動通常頻繁發生在糧食陡升的初期，之後當米價雖昂但是持平的狀況，若而其他物價也上漲，且工資提升，一般人的購買力也提高，如此對下層勞動者的衝擊可能會稍微減緩。[51]此外，從同治後期物價仍高，但竊案數量並無大幅增長的趨勢來看，影響竊盜案犯罪發生也不完全由物價此單一因素所決定。

47　《巴縣檔案（同治朝）》，案卷號06-05-11335。

48　《巴縣檔案（同治朝）》，案卷號06-05-11723。

49　《巴縣檔案（同治朝）》，案卷號06-05-12345。

50　《巴縣檔案（同治朝）》，案卷號06-05-11092、06-05-11000、06-05-12582。

51　巫仁恕，《激變良民：傳統中國城市群眾集體行動之分析》（北京：北京大學出版社，2011），頁174-178。

第四節　城市化的速度

　　上述的三個因素都是與同治朝前期竊盜案件數量的增長直接關係，除了軍事、政治與經濟的因素之外，還有社會面向的因素，也就是城市化的影響。尤其當我們從長時期的角度，來比較十八世紀到十九世紀巴縣竊盜案件的城鄉比重變化，就反映了城市化的作用。

　　一般認為的「城市化」（urbanization）係指在一個地區中城市人口與全部人口的比率日漸增高的過程，也可以說是城市規模變大，城市數量越來越多的過程。如前所述，明清兩代的重慶城既是府城，也是巴縣縣城，由是本章所探討的重慶城市化，係指重慶城內與城牆外關廂地區之人口數，占巴縣境內之總人口數的比例。[52]實則從明、清兩代重慶城的行政區數量變化，已反映出城市人口與規模擴大的情況。明代巴縣城內有八個坊，城外有兩個廂；到了康熙中後期，城內已經發展到29個坊，城外21個廂。[53]此現象導因於明末清初的戰亂，讓四川人口喪失嚴重。當此之際，大規模的移民擴大了巴縣的城市規模。從巴縣人口結構的變化也反映移民風潮，同治《巴縣志》指

52　本書不以重慶城人口數占重慶府總人口數之比例來估計重慶城市化的程度，蓋因為重慶府下轄 1廳、2州、11縣，這14個州縣廳都各有城市，而巴縣城市人口僅占重慶府內城市人口之一部分。

53　此處所稱21個廂，包括重慶城外的15個廂，以及江北鎮的6個廂，而江北鎮於乾隆24年合併巴縣部分的里，成為獨立行政單位江北廳。〔清〕王爾鑑編，〔乾隆〕《巴縣志》，收入《重慶地域歷史文獻選編》（成都：四川大學出版社影印清乾隆二十五年刻本，2011），卷2，〈建置‧鄉里〉，頁208。

稱：「按蜀自明末兵燹後，餘黎幾無孑遺，吾楚與蜀接壤，楚人多占籍於此，故蜀中有麻城縣、孝感鄉之稱。」[54]民國《巴縣志》亦指出：「自晚明獻亂，而土著為之一空，外來者什九皆湖廣人。」[55]由此可見明末清初以來，從湖廣移民到四川的人口非常多，這就是學者所稱的「湖廣填四川」。

　　至於要估計清代中晚期重慶城市化的程度，就必須有較準確的人口數據。雖然學者對於十九世紀的四川省人口統計數據有不同的看法，不過一般都認為嘉慶十七年（1812）與宣統二年（1910）的人口數據是較為可靠的。[56]王笛根據康熙六十一年（1722）與上述兩組數據，來統計清代以來重慶地區的人口數及其在全省所占的比例。他認為在康熙末年重慶府的人口占四川全省人口的比重相當高，可見這時候的重慶府是移民人口聚集的重要地區。到了清中葉，川東地區的人口又逐漸向川西、川南、川北疏散，所以嘉慶中期雖然重慶府的人口仍然有增長，但是占全省的比例下降，反而不如成都府。到了十九世紀中葉以後，四川經濟的重心開始逐漸東移，經濟的發展刺激

54　〔清〕霍為棻編，〔同治〕《巴縣志》，卷1，〈疆域志・風俗〉，頁27b。

55　〔民國〕羅國鈞修，向楚等纂，〔民國〕《巴縣志》，卷10，〈人物列傳・中之上・寓賢〉，頁37b。

56　G. William Skinner, "Sichuan's Population in the Nineteenth Century: Lessons from Disaggregated Data," *Late Imperial China* 7.2 (1986): 1-79. 中譯參見施堅雅，〈19世紀四川省的人口——從未加核准的數據中得出的教訓〉，收入施堅雅原著，王旭等譯，《中國封建社會晚期城市研究：施堅雅模式》（長春：吉林教育出版社，1991），頁232-301。王笛，《跨出封閉的世界：長江上游區域社會研究（1644-1911）》（北京：中華書局，1993），頁76-81。

了人口增長，所以到了清末重慶府的人口占全省的比例再次上升，相對地成都的人口增長遠遠不及重慶。[57]不過，曹樹基則認為嘉慶《四川通志》所載的縣級人口數字也是有問題的，川西部縣份的人口數字多有誇大，川東與川中的縣級數字則有被低估之嫌。所以他重新修正後的數據，顯示從乾隆四十一年（1776）到宣統二年之間，重慶府占四川總人口數比例，一直都高過成都府。[58]雖然二者的估計與看法有異，但重慶府在十九世紀中葉以後是四川人口最多的一府當無疑問，也說明重慶地區在四川的重要性。

關於巴縣的總人口數據，王笛估計從嘉慶十七年到宣統二年（1812-1910）的98年間，重慶城所在的巴縣總人口數由218,779人發展到990,474人，這段期間的人口年增長率為15.5%，遠超過全省的平均數7.8%，也超過重慶府的總人口增長率11%，由是推論這個增長率顯然是城市化對人口內聚作用的結果。[59]曹樹基也估計1812-1953年之間巴縣的人口年增長率為17.9%，超過重慶府的人口年增長率10.7%；也比1821-1910年間的全省人口年增長率的7.3%高出甚多。[60]然而，以上的數據仍是巴縣人口的總計，至於重慶的城市人口數到底是多少呢？

57　康熙與嘉慶的數據來自於嘉慶《四川通志》，宣統的數據來自於施居父編《四川人口數字研究之新資料》，見隗瀛濤主編，《近代重慶城市史》（成都：四川大學出版社，1991），頁387-390。該部分由王笛撰寫。

58　曹樹基著，《中國人口史·第5卷·清時期》（上海：復旦大學出版社，2001），頁273-274、324-325。

59　隗瀛濤主編，《近代重慶城市史》，頁395。

60　曹樹基著，《中國人口史·第5卷·清時期》，頁275、326。

就重慶的城市人口估計而言，清代關於重慶城市人口的數量記載，僅見於道光四年（1824）的《巴縣保甲煙戶男丁女口花名總冊》的記載，王笛據此推估當時城內約有65,286人，再根據上述巴縣總人口成長率的15.5%來推估的話，從1824年到1910年間，巴縣的城市人口大致上從6.5萬增長到25萬人。[61]這個數字應該還是低估，因為據1860年代天主教傳教士的報告說重慶城人口已有20萬人左右，這個數據已接近王笛估計十九世紀末的數字；而海關資料顯示1890年重慶人口數為30萬，1898年英國人遊記則記當時的重慶城有40至50萬人。[62]總之，十九世紀的重慶城已經從不足10萬人口的小城市，成長為40、50萬人的大城市。

若將上述的城市人口數字再除以巴縣的總人口數，大致上可以推估重慶的城區人口大概占全縣的百分比。筆者據上述洋人記載的重慶城市人口數再除以王笛估計的巴縣總人口數，由此來推估城市化比例如表3-3。表3-3的數據顯示重慶城市化的發展，從道光朝到同治年間已由14%達到32%。同治朝前四十年重慶城的城市化增長率還可能高過同治朝之後的四十年。曹樹基

61　隗瀛濤主編，《近代重慶城市史》，頁395-396。

62　Thomas W. Blakiston, *Five Months on the Yang-Tsze: And Notices of the Present Rebellions in China* (London: J. Murray, 1862), pp. 211-212. 中譯本見湯瑪斯・布萊基斯頓著，馬劍、孫琳譯，《江行五月》（北京：中國地圖出版社，2013），頁185。Isabella L. Bird, *The Yangtze Valley and Beyond: An Account of Journeys in China, chiefly in the Province of Sze Chuan and among the Mantze of the Somo Territory* (London: J. Murray, 1899), p. 490. 中譯本參見伊莎貝拉・伯德著，卓廉士、黃剛譯，《1898：一個英國女人眼中的中國》（武漢：湖北人民出版社，2007），頁343。

從乾隆四十一年（1776）與光緒十九年（1839）兩年的數據來估計，四川省的城市化比例長期停滯在7%。[63]由此可知，十九世紀重慶城市化的程度遠遠高過四川全省的城市化程度。

表3-3：十九世紀巴縣城市化比例

年代	巴縣總人口數（萬人）	巴縣城市人口數（萬人）	城市化比例（%）
1824	45.1	6.5	14%
1860	62.7	20.0	32%
1890	82.5	30.0	36%
1900	90.4	40.0	44%

資料來源：巴縣總人口數根據隗瀛濤主編，《近代重慶城市史》，表6-7。

從十八世紀後半葉到十九世紀中葉，重慶的城市化速度逐漸加快的同時，城市竊盜案件發生的比率也隨之增高。根據王大綱的統計，在乾隆朝總計301件竊案之中，發生在城市裡的案件約有56件，占比例19%；而發生在鄉村的總共有245件，占比例約81%。由此可見，在十八世紀下半葉竊案發生在鄉村的比例，遠遠高過於發生在城市的比例。乾隆朝城市案件的數量偏少，比重不高，且多發生在乾隆四十年以後；多數案件仍以發生在鄉村為主。[64]

到了同治朝的時候，竊案發生的數量爆增到三千多件，是乾隆朝現存可見案件數量的十倍。根據表3-1的統計，同治朝的竊案數量雖然僅次於光緒朝與道光朝，年均數量卻是六朝之冠，頗類似太平天國運動後漢口竊盜案件增長的情況。不僅如

63　曹樹基著，《中國人口史・第5卷・清時期》，頁829。

64　王大綱，〈從竊案來看清代四川重慶的社會變遷（1757-1795）〉，頁98。

此，在城鄉的比例上也出現極大的變化。根據筆者在第二章第二節的統計，確定發生在同治朝巴縣的竊盜案件中，確知發生在城市的總數為1064件，發生在鄉村的案件總數為1917件，如此城鄉之間的差異可見城市案件的比例為36%，鄉村的比例為64%，可見城鄉之間在比例上的差距與乾隆朝相比已經拉近不少。[65]

由此可見，十九世紀初巴縣的城市化比重由14%，到十九世紀中葉以後的同治朝上升到32%；而同時竊盜案件發生在重慶城的數量，也從乾隆朝時占總數量的19%上升到36%。這說明了竊賊逐漸將其目標轉向都市，同時也說明了同治朝城市竊盜案件的增加，與城市化的進展密切相關。

小結

同治朝雖然在清朝的歷史上被視為「中興」的時代，這主要是從政治史的角度所給予的評價，不過若從社會史角度來看同治朝，評價不見得一致。從巴縣司法檔案來看，竊盜案件的數量確實相當驚人。以年平均所發生的竊盜案件數量來評估，同治朝是乾隆朝以後最多的一個時代，而且在同治前期所發生的案件數量又多過於後期。

從歷史學的角度通常會注意社會動亂的發生與當時歷史大事件之間的關聯性。本章從巴縣實際的案例發現，同治朝竊盜案件發生的數量與頻率的多寡，牽涉到四個重要的背景因素，

---

65 吳景傑，〈法律、犯罪、社會：清代後期重慶竊盜案件的官員思考模式〉，頁12-13。

其中有兩個是重大的歷史事件。第一，是同治元年太平軍殘餘勢力經過重慶府周圍所發生的騷擾與引起的大眾恐慌，造成許多竊盜事件。地方上的軍隊與團練為了防堵太平軍而動員移防，卻往往家裡遭到偷竊。又因為太平軍的騷擾引發鄉村居民的逃難潮，期間也讓許多偷竊宵小趁機而入。第二件與竊案發生有直接關聯的重大事件，是發生在同治二年的重慶真原堂教案。這個教案事件雖然只有短短的三天，而且只發生在重慶城內，卻引發了恐慌，有的參與者趁暴動時偷竊教堂與教徒的家產，還有許多無辜者被誣指為參與暴動者。

第三個影響盜竊盜案件發生的乃經濟因素，就是米價高漲的趨勢。從同治三年起陸續出現許多竊盜案，當犯人被逮捕後的口供都聲稱是因米價高漲而生活困難，遂成為其偷竊的動機。從既有的四川糧價資料顯示，從同治三年開始米價陡升，之後就一直維持在米價高昂的情況。這可以解釋為什麼同治三年之後出現的那麼多竊盜案件，尤其是許多收入不穩的臨時工（「下力活生」者），以及因米價昂貴而被雇主開除的雇工，受此影響最大。

此外，第四個影響竊盜犯罪數量增長的是社會因素，也就是十九世紀中葉城市化的速度。在十九世紀中葉的同治朝，重慶的城市化的程度達到32%，係有史以來的最高峰。城市內發生的竊盜案件占整體竊盜案件的比例，也從十八世紀中葉的19%，上升到36%，顯見城市化的發展影響犯罪的發生。透過重慶的例子，說明了近代中國城市歷史發展的一個側面，也就是犯罪與城市化的密切關係。

第四章

竊嫌身分與犯罪動機的分析

　　什麼樣身分的人傾向偷竊犯罪呢？哪些職業的人容易成為偷竊的嫌犯？過去研究犯罪史的作品在探討罪犯的來源與身分，因為史料的局限，大多僅能根據官方文書或官員的記錄得出印象式的描述，無法具體細緻地呈現罪犯身分或職業的區別與比重。本章第一節將透過巴縣司法檔案中的記錄統計竊案罪犯的不同身分，進而回答上述的問題。

　　本章第二節將從微觀的角度分析犯罪者的動機。本書上一章嘗試探討同治朝的竊盜案發生與當時重大的歷史事件與社會經濟變動之關聯性。然而在探討犯罪行為的發生，也不能忽略到人的能動性。筆者將透過司法檔案中被逮竊犯的口供，來分析犯罪行為發生的動機。本節將探討經濟的原因是否是直接導致偷竊？是有計畫的偷竊還是臨時起意者為多？偷竊是不是可以反映某些社會關係呢？這裡將會涉及到犯罪學的一些理論問題。

　　至於傳統司法檔案中口供的真實性，確是個值得討論的問題。[1]由書吏或幕友所製作的這些口供，來源雖然是嫌犯或事主

1　事實上司法檔案中當事人的口供記錄，的確可以反映相當程度的真實

的口述，但卻經過必要的改寫成書面的白話文字，將口供中自相矛盾的情節整合為具有邏輯性的敘事。在書寫技巧上有很多參照的指導原則，除了科舉詩文的寫作模式外，還包括了白話小說創作中的人物陳述與敘事模式。雖然成文的口供並不完全是當事人真實的口述記錄，但是我們卻不能將之視為毫無根據的杜撰故事，就像《辦案要略》所指出的：「供不可假，事有根基則固，話不真實則敗也。」[2]由是，在成文的供狀中建構前後一致的細節，是口語轉換為書面文字時所必然發生的結果。在清代的法律程序中，這類文書絕非建立在杜撰的基礎之上。尤其是口語化的部分應該是出自當事人的口述記錄，相較於文集、筆記或地方志的材料，這樣的口供記錄仍不失了解清代中下層社會最直接的資料。[3]

面貌。例如關於歐洲近代早期的文化史研究，卡洛・金茨堡（Carlo Ginzburg）的《奶酪與蛆蟲：一個16世紀磨坊主的宇宙》（*The Cheese and the Worms: The Cosmos of a Sixteenth-Century Miller*）一書，透過宗教法庭的審判記錄，呈現一位十六世紀村鎮磨坊主的知識世界，反映當時深植於歐洲鄉村地區而早於基督教的口述傳統，也解釋了一種農民宗教信仰頑強持久的存在。參見Carlo Ginzburg, *The Cheese and the Worms: The Cosmos of a Sixteenth-Century Miller* (Baltimore: Johns Hopkins University Press, 1992) translated By John and Anne C. Tedeschi, p. 112. 中譯本參見（意）卡洛・金茨堡著，魯伊譯，《奶酪與蛆蟲：一個16世紀磨坊主的宇宙》（桂林：廣西師範大學出版社，2021），頁236-237。較可惜的是清代司法檔案的口供記錄，內容上不如上歐洲宗教法庭的審判記錄來得細緻，以致涉案人透露的訊息不多。

2　〔清〕王又槐，《辦案要略》，不分卷，〈敘供〉，頁39a。

3　參見唐澤靖彥，〈從口供到成文記錄：以清代案件為例〉，頁80-107；劉錚雲，〈口供中的故事〉，《古今論衡》，第3期（1999），頁33-42。

第一節　竊嫌身分的分析

　　對於偷竊這類日常生活常見的犯罪者，一般人的觀念通常會認為是某些在社會上的危險分子所為，或是以為是社會結構中的底層者較易傾向偷竊。雖然竊案破捕獲犯人破案率只有28%，並不算高，然而根據已被捕獲犯人的資料所作的數量統計，即使無法呈現所有的犯罪者身分與職業的分布狀況，仍然可以反映一些歷史意義。表4-1係根據檔案中記載被捕獲竊嫌之身分或職業分類統計其數量，由表4-1顯示為數最多的是「下力活生」者的犯罪案件，高達220件，其次是工商業主的127件，再次是雇傭111件，再來則是親屬的91件。

表4-1：竊賊身分分類數量

大類	細類	案件數量	說明
邊緣分子	慣竊	55	
	乞丐	28	
	不務正業	18	
	賊匪	10	
	地痞豪惡	7	
	騙子	4	
勞動階層	下力活生	220	
	船運勞動者	56	
	搬運勞動者	41	
工商業者	手工業者	73	工匠34例、手藝者39例
	工商業主	127	小貿35例、業主92例
	學徒	28	
受雇服務業者	雇傭	111	
	僕人	13	

大類	細類	案件數量	說明
公務人員與基層精英	差役	31	
	兵勇	18	
	基層組織負責人	11	
	士人	7	
社會關係	親屬	91	
	佃租者	39	
	鄰居	29	
其他	雜業	10	
	僧道	18	

邊緣分子

　　西方有所謂「危險階級」的邊緣分子，被認為是社會秩序中不穩定的來源。[4]在中國傳統的概念認為社會有一群「無賴」，也就是指「無所依賴」之輩，他們往往被視為竊賊的來源。[5]例如陳宏謀就指出「無產無業之人」或「無營無業之游民」，這些人是「甘心污下者」、「易入匪竊者」。[6]在《巴縣

4　研究近代早期城市史的西方學者Chevalier Louis，在研究近代早期的法國巴黎，提出「危險階級」（dangerous classes）一說，亦即在快速城市化、過度擁擠的市區裡，家庭聯繫鬆解的年輕化、男性人口，成了易傾向犯罪的下層階級。參見Chevalier Louis, *Laboring Classes and Dangerous Classes* (New York, H. Fertig, 1973), pp. 359-369.

5　William T. Rowe, *Hankow: Conflict and Community in a Chinese City, 1796-1895*(Stanford: Stanford University Press, 1989), pp. 242-244.中譯本參見，羅威廉著，魯西奇、羅杜芳譯，《漢口：一個中國城市的衝突和社區(1796-1895)》（北京：中國人民大學出版社，2008），頁294-296。

6　〔清〕陳宏謀著、陳鍾珂與陳蘭森編，《培遠堂偶存稿》，文檄卷10，

檔案》中記錄竊盜嫌犯的身分時，有幾類人包括慣竊、乞丐、不務正業者、賊匪、地痞與騙子等，這些人往往被視為危及社會秩序的邊緣分子。不過，根據上表所列的數據顯示除了慣竊有55件最多，其他的案例並不如想像之多。

當時有批以偷盜度日的竊賊，有的被捕獲多次後仍就繼續偷竊。在檔案記錄為「慣賊」或「慣竊」，也就是官府定義的「積匪猾賊」。道光年間重慶知府就曾指出：「積匪猾賊一向以穿窬為常技，視絡竊作生涯，雖較公行無忌之劫盜，情若稍輕，而比之迫於飢寒偶然偷摸之流，其罪既霄壤懸殊，其患亦甚於鼠竊。」[7]亦即在官府眼中這類慣竊雖然罪不如強盜，但較之一般偷竊為害更甚。同治朝的檔案中這樣的案例有55件，其中有19件指出是慣賊之外還有其他職業或身分，如下力活生、小貿、工匠、不務正業、手藝工、伙夫、船運者等等，而有36例是直接指稱該犯是「慣賊」、「慣竊」。如同治十二年（1873）正月，忠六甲劉新權稟稱有慣竊程五被捕送案，過去因為事主不深究剩餘贓物，程五遂得以保釋，但該犯仍不改擾害，復竊該地雜樹。[8]程五的確因偷竊屢次被拿獲，檔案中有同治十一年（1872）六月時的另一案，也是程五偷竊被捕，至此相隔半年他又再度犯案。[9]

清代的地方官府告示常指出當地農村中的「惡丐」白天

〈弭盜詳議〉，頁3a-b。

7　〈道光十三年九月初四日重慶府札〉，四川大學歷史系、四川省檔案館主編，《清代乾嘉道巴縣檔案選編（下冊）》，頁367。

8　《巴縣檔案（同治朝）》，案卷號06-05-13227。

9　《巴縣檔案（同治朝）》，案卷號06-05-13048。

向村民強索，夜間則肆行搶劫或偷竊。例如巴縣縣署在乾隆年間就有告示指出，鄉村有外來流匪，晝間偽裝為乞丐在附近乞食，夜裡則偷駕小船到客船行竊。[10]道光年間縣署又有告示指出，有流匪入境假為乞丐，日間沿戶乞討，實為探識路徑；至夜則肆竊無忌，得手後隨即遠颺，以致境內被竊事主報緝無獲。[11]乞丐在同治朝的巴縣案例中有28例竊盜案件（2例是搶劫強盜案），他們身分在記錄上是「求乞度日」、「求乞活生」、「求吃度日」、「求吃活生」、「求食度日」、「求食活生」、「討食活生」等，或是直言他們就是「乞丐」或「叫化」。從這些例子看來乞丐從事的偷竊活動，有不少是「綹竊」，也就是扒竊。且行竊的地點大多是在鄉村或場集，少見於城市關廂。[12]

不務正業與無業者在檔案史料的記錄裡，稱之為「平日不務正業」、「平日在外遊蕩」者，或是「吸煙浪費業盡」者，還有無業在外閒耍者。嘉道時期巴縣縣署已有告示，指名這類人是治安的危險分子。如嘉慶年間的告示稱近有「不務恆業、

10　〈乾隆三十六年四月十二日巴縣告示〉，四川大學歷史系、四川省檔案館主編，《清代乾嘉道巴縣檔案選編（下冊）》，頁359，

11　〈道光二年二月二十九日巴縣告示〉，四川大學歷史系、四川省檔案館主編，《清代乾嘉道巴縣檔案選編（下冊）》，頁369。

12　《巴縣檔案（同治朝）》，案卷號06-05-12656。需要說明的是，其實乞丐主要是一種都市現象，而清代官府對城市乞丐的管理已臻成熟，從清初設立養濟院、棲流所等慈善機構，到十八世紀將之納入保甲制度，再加上衙門默許丐幫組織自行管理，因而大大降低了乞丐在城市治安上的威脅。參見盧漢超，《叫街者：中國乞丐文化史》（北京：社會科學文獻出版社，2012），頁30-32、122-144。

遊手好閒之輩」，糾率外來不識之人，三五成群，夜間估奪偷竊，挖牆入室。[13]道光年間的告示也指出川省多有「無業流民」成群結隊，在各鄉村場市遊蕩絡竊。[14]不過，真實的犯案者並不如想像的多，同治朝巴縣所見只有18件案例。[15]

　　在巴縣司法檔案竊盜類中還有直接指稱嫌犯是「土匪」、「流匪」、「劫賊」、「峽匪」、「嗰匪」等，共有10例。這類賊匪通常是集體行動，他們所犯的案件多是強盜案，如捲去、摟去、劫去別人的財物或攔路搶劫，其中只有2例是偷竊的犯罪。同治二年（1863）四月銅梁縣文生劉鴻彬等來渝考試時，於巴縣境內白背場何家嘴遭攔河搶劫，知縣有札文指出：

> 三峽一帶為商賈往來之區，亦惡匪屯聚之所，其中私設關卡、攔截搶劫，積案如鱗，皆緣該地山川險惡，又係巴江璧合交界之處。一遇案發，此挈彼竄，各地方官亦畏難苟安，以致匪等潛跡肆行無忌。[16]

檔案中所云之「峽匪」，是指屯聚在三峽一帶的匪類。[17]

13　〈嘉慶二十四年七月初一日巴縣告示〉，四川大學歷史系、四川省檔案館主編，《清代乾嘉道巴縣檔案選編（下冊）》，頁364。

14　〈道光元年十月二十五日巴縣告示〉，四川大學歷史系、四川省檔案館主編，《清代乾嘉道巴縣檔案選編（下冊）》，頁365。

15　有一例較特別的是同治二年（1863）十月，由孝里捕役李倖拏獲竊賊董玉章等一案，其中的一位嫌犯龔五，係魚洞鎮人，之前曾任捕差，之後則不務正業。參見《巴縣檔案（同治朝）》，案卷號06-05-10780。

16　《巴縣檔案（同治朝）》，案卷號06-05-11033。

17　關於「峽匪」的來源，從方志的記載顯示在同治十年（1871）四川重慶府

　　另一類與上述行徑類似的嫌犯是地痞豪惡，在檔案裡記錄其身分名為「豪惡」、「惡痞」或「痞棍」，有7例，也是以攔路搶索或趁亂攎物為主。在《巴縣檔案》中常出現官府與團練指出「游痞」、「痞棍」、「流痞」等分子的惡行，包括行竊。如同治十年（1871）六月，巴縣官府告示云：

> 渝城水陸交衝，五方雜處，人煙稠密，最易藏奸。聞有外來遊痞，混入市廛，勾結各街痞棍，三五成群，或藉端訛騙，或乘間竊物，或勾引良家子弟遊蕩賭博，或欺壓柔弱愚民估借打鬧，種種滋擾，良善難安。[18]

不僅在城市，即使是鄉村也此類人危害地方，如同治四年（1865）三月，節里十甲貢生吳光祥等稟稱該團內屢遭盜竊銀物一案，指出：

> 各團界連雙寨關，山高谷深，屢遭流痞引誘外來不法之徒，藏匿山中。夜則割壁開門，盜竊銀錢穀米衣物，搖欄提椊，私牽牛馬豬羊，或捉雞鴨。晝則窺探無人守望，乘

有峽匪包炳南糾眾作亂，四月十七日由合州銅梁縣竄至遂寧縣屬二郎坪舉事，後因團練聚集連斃匪首包炳南，匪乃四散。參見〔清〕孫海編，〔光緒〕《遂寧縣志》（中國國家圖書館藏清光緒五年刻本），卷6，〈雜記〉，頁34b。但檔案中峽匪竊盜之案例發生在同治三、四、九與十一年，參見《巴縣檔案（同治朝）》，案卷號06-05-11128、06-05-11268、06-05-11403、06-05-13126、06-05-12740。由此說明「峽匪」一詞所指並非是包炳南為首稱亂一事，而是泛指三峽一帶的匪徒。

18　《巴縣檔案（同治朝）》，案卷號06-05-12836。

間竊去柴薪竹木松柏桐橰。春盜葫麥豆菓菜蔬，秋竊稻粱禾菽黍稷，種種不法，擾害難安。[19]

從上述二引文可知官府或地方精英都視這類人為危險分子，可是在實際偷竊的案例中出現這類身分者卻又不多。由此推測「痞棍」這類稱呼應該是泛稱，就如同「無賴」的稱呼。

勞動階層

勞動階層所犯竊盜案的例子頗多，數量上遠遠高於前一大類。而涉案的勞動階層，又以「下力活生」、船運勞動者與雇用搬運勞動者三大類為主。

有許多例子被捕獲的竊賊身分，自稱是「下力活生」者，初步統計有220個案例，其中有一例是強盜案。這類身分者是無固定收入的臨時工，就如同現在社會所謂的打零工者，也就是最底層的勞動階層。有幾例的記錄較細緻，說明竊嫌是「挑水販賣」、「挑炭來渝發賣」，或是「平日開廠挖炭生理」，也有應募的腳夫、力夫之類的臨時搬運工，除此之外幾都只是說「下力活生」。他們的口供若有提到偷竊的原因，大概都是以「米價昂貴，日食難度」為理由。其中也有數例顯示這類人也是慣竊，進一步地說明他們因為生活上的經濟困難而屢次行竊。

船運業相關勞動者涉嫌竊盜的案例，初步統計有56例，其

19　《巴縣檔案（同治朝）》，案卷號06-05-11212。

中有5例是搶劫案，其餘皆為竊案。從檔案記錄最常見的是稱其平日「推船活生」、「推船度日」、「推舡活生」、「架船活生」、「架舡為生」、「架舡營生」、「運船活生」等形容，另有關於他們的職業身分記錄，包括有船夫、船戶、板主、[20]船主、水手、船工、船幫小甲等。這類人與下面提到的陸上搬運勞力者皆可歸類為運輸業勞動者，顯示巴縣商業活動的頻繁。再從這類人偷竊的地點與行為，也反映了巴縣的特殊性。尤其是發生在太平坊廂與太平門碼頭、朝天門碼頭二處最多，故在訴訟檔案中有云：「太平門城外，水陸衝衢、萬商雲集之區，客貨上下，絡繹不絕。」[21]而發生在這兩處的案子，往往是受雇於商人的船運業者從中竊取客貨，或是搭船客人的銀錢物品遭這類人竊取的例子。[22]

至於是受雇於人以陸上搬運為業的勞動者，和上述案例的身分相近似，都只是靠出賣勞力生活，初估這類案子有41例。從檔案記錄還可以將他們可細分為力夫、挑夫、背夫、野夫、散夫、腳夫、運夫、擔茶、轎夫等等，由此可知大多可視為搬運工人。這些身分者平日受雇之處，通常也是商業貨物集中的地方，如城市碼頭、客貨棧、店鋪與鄉村的場集，所以竊案發生的地點也多集中在這些地區。他們的犯行與上述船運業勞動

---

20 「板主」即指船戶，參見隗瀛濤主編，《近代重慶城市史》，頁179。

21 《巴縣檔案（同治朝）》，案卷號06-05-10769。

22 《巴縣檔案（同治朝）》，案卷號06-05-10977、06-05-11778、06-05-10769、06-05-11586、06-05-11468、06-05-13539、06-05-11503、06-05-10960、06-05-11036、06-05-12312。

者類似，大多是在受雇搬運的過程中偷竊貨物或衣物。[23]

手工業者與工商業主

　　手工業者涉案者大概可分為兩類，即工匠與手藝者。從他們的口供中得知，只有極少數例子聲稱是因為貧苦難度而行竊。[24]由此可見，他們並非生活在維生邊緣。職業工匠的竊嫌在檔案中發現有34例，其中有四例為搶劫盜案。工匠類別從檔案記錄中包含有木匠、皮匠、瓦匠、石匠、灶工、泥水匠、染匠、銀匠、補鍋匠、銅匠、錫匠、織工、鐵匠等等，其中以木匠的例子最多，有10例，而且常私自竊伐樹木。[25]

　　與工匠類相似的職業是手藝匠者，在檔案中記錄為「某手藝活生」，共發現有39例的嫌犯職業是這類人，其中有兩例可以算是搶劫盜案。這類手藝匠人包括了裁縫、剃頭、大篦、毛纂、打餅、皮箱、刷書、刷紙、花鋪、神像、草鞋、鈕扣、裝煙、補鍋、錫箔、茶炊等等。其中最常見的是裁縫匠13例，其次為剃頭匠8例，其他都是零星的例子。較特別的是裁縫匠偷竊的案例中，有些是裁縫匠受聘到事主家內製衣，卻暗中行竊的

23　《巴縣檔案（同治朝）》，案卷號06-05-13153。

24　僅見一例，同治五年七月二十五夜，孝八甲監生邱霭亭家被賊將屋後牆腳撬竅直進內室，扭鎖開箱竊取衣飾等物一案，後捕獲竊嫌劉六，係花鋪手藝，口供稱與多人說起貧苦難度，不如行竊。見《巴縣檔案（同治朝）》，案卷號06-05-11622。

25　《巴縣檔案（同治朝）》，案卷號06-05-11898、06-05-13185、06-05-13195。

例子。[26]

　　至於竊賊職業是從事工商業主者，根據檔案的描述，可以細分為兩大類，其一是所謂「小貿」者，也就是從事小本商販，這類身分竊嫌案例初估有35例，其中一例為搶劫案。在檔案中的記錄是「小貿生理」、「小貿活生」、「小貿營生」等，僅有少數案例記錄其所販售之物品種類，如打草鞋小貿、來渝販賣水果。仔細觀察後會發現這類竊嫌的犯案地點，大多是在城市內，[27]少數是在鄉村的場市，而且有不少例子是由捕役或坊捕逮獲的。[28]這些小貿活生者有的是來自鄉村，到重慶城內後才偷竊。[29]

　　第二類就是工商業主，這類人是指在檔案裡較前者有更清楚地記載其職業者，包括有的是流動的馬販、牛販、賣小菜、賣豆腐、販售客貨、販炭、販香、賣紙、販茶、販鐵、販賣煙槍、賣布、賣筆、賣鞋、賣糕、賣燈草、賣藥、銅貨與廣

26　《巴縣檔案（同治朝）》，案卷號06-05-12412，裁縫到雇主家內偷竊的其他類似的例子，如《巴縣檔案（同治朝）》，案卷號06-05-11160、06-05-13349。

27　舉凡千廝坊、仁和坊、金紫坊、宣化坊、紅岩坊、神仙坊、楊柳坊、儲奇坊、金紫坊、靈壁坊等皆有案例。

28　《巴縣檔案（同治朝）》，案卷號06-05-11379。

29　《巴縣檔案（同治朝）》，案卷號06-05-11816。類似的例子，如同治七年（1868）閏四月，原世居本城家訓課讀為業的汪士涪，遷居西城里黃崗會牛角沱，夜間被賊入室竊去衣物，之後捕獲竊賊劉志成，供稱是「小貿活生，來渝販賣水果。」參見《巴縣檔案（同治朝）》，案卷號06-05-12237。又如同治十年（1871）六月二十九日宣化坊捕役王元於豐學拏獲竊犯汪青山，據汪自口供，原係合州人，小貿活生，奉命來渝找尋兄長。參見《巴縣檔案（同治朝）》，案卷號06-05-12847。

貨生理等等。也有的是開設店鋪的坐賈，如扣子鋪、鈕子鋪、衣鋪、茶館、麵館、紬緞鋪、煙鋪館、漆鋪、乾菜鋪、錢鋪、雜貨鋪、藥材鋪、荒貨鋪與轎行等等。也有是開設廠房，如鐵廠、煤炭廠，或開染房、磨坊等，這類案件初估有92例。

　　這類工商業主被人控告為竊盜者，有不少是因為交易糾紛而起。其中出現最頻繁見到的是開設棧房客店的主人，共有23例。因棧房客店的功能即是提供客商住宿與客貨貯藏之處，所以有客人發現被竊後，若第一時間無法捕獲竊賊，可能會在告狀時將棧主列為被告，劍指其為嫌犯或是藏賊之窩戶，實際上也確實有可能，關於此問題將在下一章中再作詳細的討論。重慶城內竊案發生事件最多、最有名的，是在太平坊開設的聯陞客棧。該店主阮聯陞在同治六年（1867）六月、十月，就分別被居住在其棧內的客人鄧鶴年、陳步川二人狀告竊取銀兩。[30]當棧房客店發生竊案時，被告的店主或棧主也有其說詞，如同治元年（1862）九月，楊柳坊有住宿於萬源棧內的馬義興，係甘肅伏羌羌人，以販皮貨生理到重慶城；因其銀被竊而控棧主劉萬元，劉萬元則辯稱：「萬源棧所處地名演武廳，側左挨磁器街，歷來各憲均出示諭，凡客落店，務將銀錢貨物交櫃，以免遺誤。」以此為由開脫責任。[31]

　　竊賊身分與職業是工匠或店主之學徒者，也有一定的數量，初估有28例。在這些案例中除少數外，大多被竊的事主其實就是學徒的老闆或師父，所以狀紙上事主會稱是「逆徒」竊

30　《巴縣檔案（同治朝）》，案卷號06-05-12017、06-05-12079。

31　《巴縣檔案（同治朝）》，案卷號06-05-10488。

案。[32]其中還可發現有些案例的學徒是被開除後，心生不滿而偷竊原主人。[33]

受雇服務業者

還有一些竊嫌是受雇者，在檔案裡的稱之為雇工、幫工、長工、傭工，這是較普遍的泛稱；有的則有較明確工作性質的名稱，如伙夫、灶工、櫃工、染工等，以及類似現在所謂白領階層的經理、櫃房、管貨等。女性的受雇者亦可包含在內，通常稱之為雇婦、幫婦、奶媽、幫傭等。這類人的犯案例子共有111例，但女性的例子較少，僅有個位數的案例。這類案例中有將近半數52例，是雇傭人偷竊雇主家內財物的案子。

竊犯身分是在某大戶人家僕人者的案例，初估有13例，包括家丁、婢女、跟班等。其中又以婢女偷竊的例子最多，檔案中常稱之為「使女」，而且往往是偷竊自己主人家的財物。如同治七年（1868）七月，有渝中坊陳是泰告婢女謝富貴聽人勾唆竊取主家銀錢金飾一案，竊犯謝富貴係陳是泰的岳母謝熊氏之婢女。[34]也有案例是事主自己發現僕人偷竊而將之扭送衙門者，如同治二年正月有東水坊徐大老爺，查獲自己的大班曾順

32　《巴縣檔案（同治朝）》，案卷號06-05-13055

33　《巴縣檔案（同治朝）》，案卷號06-05-10916。另一類似的案例的竊犯是饒乾謨，江津人，原是仁和坊事主陳全樂所開銷的學徒。參見《巴縣檔案（同治朝）》，案卷號06-05-12823。

34　《巴縣檔案（同治朝）》，案卷號06-05-12281。

行竊他們衣物而扭送。[35]

兵勇、公務人員與基層精英

　　在竊盜的嫌犯裡還有身為正規軍人或曾經招募為營勇者，共有18例，而且案件發生的地點多在城市內或關廂地區。正規軍人犯案的例子極少，只有2例，皆是四品花翎軍功，其一竊嫌王沛然被事主狀告時，甚至被指稱為「慣竊」。其餘16例在檔案記錄其為「勇丁」、「游勇」、「兵勇」、「馬軍」等等，也有更詳細地記載其為「左營新兵」、「武字營兵丁」、「左營兵丁」、「中營戰兵」等。其中也有昔年充過勇丁後遭開除者，[36]或是曾經當過勇丁，[37]也有湖南游勇，即可能是湘軍者。[38]這些「勇」與某營之兵丁，應該是太平天國戰爭下所建立的勇營制之軍人，而非八旗或綠營之「兵」。[39]勇營最著名者，莫過湘軍、淮軍二枝，而湘軍下有武字營，同治元年由總兵周達武

35　《巴縣檔案（同治朝）》，案卷號06-05-10567。

36　《巴縣檔案（同治朝）》，案卷號06-05-10555。

37　《巴縣檔案（同治朝）》，案卷號06-05-11461、06-05-11599、06-05-11931。

38　《巴縣檔案（同治朝）》，案卷號06-05-11829。

39　根據學者王爾敏的研究，勇營最初創制之湘軍原始，本由地方團練為基礎，參合綠營招募形式而成，但最初只是綠營的附庸，之後逐漸獨立而成軍。勇營的組織系統中，「營」為之骨幹，而將帥官弁的職位完全配合綠營的防汛制度。然而勇營之餉源全依統帥自籌來源，或辦捐、釐金，或向朝廷奏定協餉，或奏明某類戶部正款，或截用海關洋稅及鹽課。參見王爾敏，〈清代的勇營制度〉，《中央研究院近代史研究所集刊》，第4期上（1973年5月），頁1-52。

（？-1894）統領入川剿賊。[40]上述巴縣司法檔案所記錄的營勇有可能是來自武字營。

　　雖然勇營制下的軍人比起八旗與綠營的紀律要好，然而即使是湘軍亦不免有擾民之行為，至於小奸小惡竊盜者恐怕亦難免。若相較同時期的漢口而言，據羅威廉的研究，當時的湘軍營勇在治安上較綠營更令市民擔心。太平天國戰爭結束後解散的游勇，或是因為籌餉不利導致營勇缺餉，這些因素都可能使「勇」成為社會治安的危險因子。羅氏遂將遣散的兵勇歸類為危險分子。[41]不過，在重慶城雖然也有上述兵勇竊盜犯案的例子，但數量上不算多，就巴縣官府的角度也似乎未將其視為「無賴」之徒。

　　《巴縣檔案》裡被竊事主的狀紙常劍指捕役串通竊賊，然而差役行竊的案例有31例，並不算多。其中最值得注意的是捕役、坊捕與柵夫這類差役，原來職責就是捕盜或是顧守柵欄防盜，卻有11例是捕役、坊捕或他們的親人是竊賊。例如同治六年十月，有孝里八甲監生穆獻廷以夜裡遭竊，後在捕役王申家

---

40 同治元年（1862）駱秉章總督四川時，調遣周達武入川。此後至光緒元年（1875）乞病歸之前，周達武便一直在四川、陝西和貴州等地駐防、剿賊。趙爾巽等撰、啟功等點校，《清史稿》（北京：中華書局，1977），卷430，列傳217，〈周達武傳〉，頁12302-12304。值得注意的是，同治十三年石尼姑在巴中縣關公場起事後，最終仍賴駐防保寧府的武字營「追至破之」。參見〔民國〕張仲孝編，《巴中縣志》（北京中國國家圖書館藏民國十六年石印本），第三編，〈政事志下・紀亂〉，頁40a-b。

41 William T. Rowe, *Hankow: Conflict and Community in a Chinese City, 1796-1895*, pp. 221-226.中譯本參見，羅威廉著、魯西奇、羅杜芳譯，《漢口：一個中國城市的衝突和社區(1796-1895)》，頁267-273。

起出原贓，遂狀告王申等人。[42]有的差役是監守自盜，如同治十三年（1874）五月、六月間，戶房書吏劉啟亨清算派役捐輸的銀兩時發現短少，得知前來應糧差的夏政多次出入煙館，出手闊綽，與其收入不符，因此開始調查，發現夏政乘機透鎖行竊。夏政係該里總役盧欽委派來協助戶房經收，於是劉啟亨將盧欽與夏政二人一併告發。[43]柵夫的例子有4例，其中一例是金紫坊熊德生開設德生京菓鋪遭竊，竊賊是柵夫陳三喜，他的口供聲稱是因無錢用度，探知熊德生鋪內櫃房存放錢文，遂偷竊以度日食。[44]除了上述差役之外，還有一些在衙門服務的書吏與承辦公務的職員等，也有偷竊犯案的例子，不過數量不多，僅見4例。[45]

清代在地方上為維護治安，設有保甲、鄉約與團練等基層社會組織，所謂：「四鄉設立小甲，原為防賊起見。」[46]如同本書第二章所提及的，嘉慶以後團練在地方治安上的功能益加重要，如有團規言明若有游手痞匪結黨擾地方及盜竊搶等事，「應即時放砲鳴鑼，齊集捆拿送究。」若有流丐偷竊，團練應查獲稟究；團內若發生薪材竹木被竊案，也要「憑團理剖」。[47]然而，從竊盜案的司法檔案可以看到這些基層組織的負責人，

---

42 《巴縣檔案（同治朝）》，案卷號06-05-12088。

43 《巴縣檔案（同治朝）》，案卷號06-05-13460。

44 《巴縣檔案（同治朝）》，案卷號06-05-10703。

45 有關「職員」的定義，參見第六章第一節。

46 《巴縣檔案（同治朝）》，案卷號06-05-13481。

47 轉引自梁勇，〈清代中期的團練與鄉村社會──以巴縣為例〉，《中國農史》，2010年第1期，頁112-113。

也有被告行竊的例子，包括保甲組織的小甲與牌首，團練組織的團首、團丁、練丁、團勇等，[48]以及鄉約，這類案例有11例，數量不多，大多發生鄉間。

有些團練成員涉嫌的案例其實是涉及地方財務的問題，而非真正的竊盜案。如同治元年三月有孝里二甲永隆團之糧戶吳青雲稟告，有觀音團的團民趙坤陽串通多人，乘廉里四甲佃戶白玉順等未在家，扭鎖開倉將其穀米全部摟去。然而知縣的批示亦提及：

> 協安團、清正團、江津保境團三處，團費過去俱遵派給。今三月廿四日，因賊擾一品場直到馬鬃場，前因髮匪竄擾，曾經示諭仿照去年璧山辦理章程，團丁口食暫向糧戶票借，軍務平靜，籌款歸還，不准私擅將取在案。[49]

知縣懷疑此案可能並非竊盜案，而是永隆與觀音二團之間因為口糧問題而起的糾紛。團與團之間的糾紛之所以越加頻繁，因為「賊匪擾境，練團修寨，墊費多金，乃向各團催收支給，由此起釁。」[50]蓋自從太平天國戰爭以來，地方不靖，單個團無力防盜，於是有複合團，卻也因此導致團與團之間，往往在團費與團糧的分配上起了糾紛。[51]

48　「團」最高的領導監正通常是由士紳充當，而團首則是由一般百姓充當，從司法案例中幾乎無監正偷竊，而是團首及其以下之團丁等所為。

49　《巴縣檔案（同治朝）》，案卷號06-05-10433。

50　《巴縣檔案（同治朝）》，案卷號06-05-12627。

51　團與團之間因為團費而對簿公堂的例子，參見梁勇，〈團正與鄉村社會的

　　士人是社會地位較高的一群，但是在竊盜案檔案中也有
這類人犯案，估計有7例，並不算多。通常是來渝應試的「無
賴」、「無恥」士子鬧事、偷竊之例。這類案件的被害人通常
是經營店鋪的工商業主，細觀檔案中描述士人的犯罪行為，往
往是生員統領多人蜂擁至被害人的店鋪，強行進入毆人毀物，
扭鎖開箱櫃摟物等行為。[52]如同治九年（1870）五月就有城內
渝中坊民人陳松亭等稟稱：「因值文武考試，每遭無聊假充考
試，動輒聚眾毀摟，倘現拏獲理斥各去，伊顛挾忿，後即冒差
引黨至攤，任意妄指某物為某竊贓，希圖嫁禍，詐嚇勒搕，害
難枚舉。」[53]顯示有士子當試期來重慶城時，到攤販處藉口攤販
所賣貨物是其被竊贓物，以此敲詐。針對此事，知縣有示諭如
下：

> 自示之後，倘有無恥之徒，仍前假充考試，聚眾毀摟
> 貨物，及勾引匪黨冒差，妄指為竊贓，希圖詐搕，一經拏
> 獲，或被告發，定即從嚴懲治，決不姑寬。[54]

其他士子偷竊的案例，如同治九年正月，在城內的渝中坊有係
來渝應試的南川縣童生韋玉藻，於汪炳順開設的銅玉古器鋪
裡，「以買貨為名，私竊墨海匿衣袖內，當被收穫，挾忿統眾

　　權力結構──以清代中期的巴縣為例〉，《中國農史》，2011年第2期，頁
　　95-97。
52　《巴縣檔案（同治朝）》，案卷號06-05-12311。
53　《巴縣檔案（同治朝）》，案卷號06-05-12642。
54　同上註。

來鋪摟捲。」[55]

社會關係

　　在巴縣竊盜案的司法檔案中，有些被捕或被告的嫌犯身分並非記載其職業，而是記錄某種社會關係，最常見的是親屬關係、租佃關係與鄰居關係。以下就此三大類案件分別論述之。

　　有許多竊案的嫌犯，其實與被竊事主是親屬，在檔案中有91例是這類情況。親屬的關係尤以直系親屬或兄弟這樣親近的關係居多數，包括兒子、養子與繼子等，以親兒子犯罪的案例最多，共有19例。再如妻妾與繼室的身分者亦多，尤其是妻子偷竊的行為最多，有9例。遠親的偷竊罪者，較常見的是堂、表兄弟，以及姪、甥，遠房親戚或姻親方面的犯罪者案例相對要少。

　　在竊嫌的身分上有一類人是承租田畝的佃戶或承租房屋的佃居者，以前者占大多數，主要是在鄉村。這類案例共有39例，另有兩例是佃主或其親屬偷竊佃戶的案例。佃戶偷竊的案例中，除了一般性的偷竊外，又有兩類情形較特出，一是佃戶偷竊地主的情形，[56]另一類是佃戶偷竊的被害事主與竊嫌是佃同

55　《巴縣檔案（同治朝）》，案卷號06-05-12533。

56　《巴縣檔案（同治朝）》，案卷號06-05-10705。不過，這種案例也有誣告的情況，如同治十一年（1872）正月，有正里三甲事主蔡仲居之家遭竊，藉故誣扳曾玖佃戶易洪順竊去錫器衣物。參見《巴縣檔案（同治朝）》，案卷號06-05-13007。

一地主之田土。[57]此外，佃居房屋者偷竊之例多發生在城廂。[58]從這些案例也反映出租佃關係的一面。

　　竊盜案的嫌犯裡面還有鄰居這類人共有29件，大多數案例皆只記載其與事主關係是鄰居，僅有其中的6件是還記錄鄰居的職業包括乞丐、木匠、花行店主、錢棹生理與棧房主。在檔案裡面除了「鄰居」之外，又稱「鄰佑」或「連居」，還有少數的情況是居住在同一家客棧者。[59]即使如此，這類案子並沒有集中在城市的傾向，而是城、鄉皆有發生。鄰居偷竊的行為，有的是「端門進內」偷竊，或是「撬毀廂房門扇，轉入內室」，或是「割篾壁進歇房，扭鎖開櫃」；有的是鄉村的鄰居趁事主不在，將池水放掉以竊魚；還有的是鄰居趁火打劫的。[60]

其他

　　除了以上提到身分、職業與社會關係之外，剩下還有一些零星的行業別者，如荒貨、務農、漁夫、戲子、仲介、巫者、拾糞、挖瓢、獸醫等等，案例數量都不多，只有個位數。較特別、也是數量較多的是荒貨業者，也就是收舊貨的業者，在檔

57　《巴縣檔案（同治朝）》，案卷號06-05-12863。

58　《巴縣檔案（同治朝）》，案卷號06-05-13596。

59　《巴縣檔案（同治朝）》，案卷號06-05-13544。類似的例子是同治十三年（1874）十月，有來渝售賣草紙的商人姚恆豐呈報雷王等竊去其銀錢與寧綢皮馬褂，竊嫌雷五即與姚恆豐同寓元陛棧，參見《巴縣檔案（同治朝）》，案卷號06-05-13561。

60　《巴縣檔案（同治朝）》，案卷號06-05-10820、06-05-11980、06-05-12042、06-05-11926、06-05-12647。

案中記錄是「荒貨生理」、「收荒貨度食」、「開設荒貨鋪」等，共有8例。這類業者可能因為是專收舊貨，所以往往也會成為收贓者。從案例中可以發現除了少數案例是業者自己見財起意偷竊之外，有許多都是收贓者，舉凡衣物、木箱家具、錫箔、鐵鍋、煙土等物都有收買。

　　竊盜案例中也有嫌犯是僧道者，在司法檔案中有稱為某僧者，大概都是在寺院修行者；此外還有稱某和尚者，這類人並無固定修行的寺院。這類案例經初步統計有18例，其中只有兩例分別是道士與廟公，其餘皆為和尚、僧人。再細觀可以發現，常見在同一寺院內修行的某僧被指控為竊賊，而且往往是住持指控下屬、師父指控徒弟，或是師兄弟互控這類情況，顯然是寺院內的財務糾紛而起的訴訟。[61]

　　由上述的統計可以發現幾個特點：首先是邊緣分子其實並非是竊犯的主要構成，雖然傳統對這類人的社會印象不佳，官府的告示也常指名這類人是社會治安的毒瘤，視之為「危險階級」，但就竊盜而言除了少數是慣竊之外，他們的犯案數量並不算多。其次，最多案例的身分分類是勞動階層中的「下力活生」者，他們並不屬於運輸業者，生計較無保障，屬於勞動階層的底層，故易成為社會秩序中的「危險分子」。第三，竊嫌身分中還可見大量的工商業主、受雇服務業者，以及社會關係者，這些人有職業或有收入，他們的生活並非是在維生邊緣，說明了貧困或是生計問題並不全然是偷竊的首要或唯一動機。

61　《巴縣檔案（同治朝）》，案卷號06-05-11034、06-05-11542、06-05-12812、06-05-12868、06-05-13437。

第二節　犯罪動機與行為的發生

雖然歷史的大事件往往會影響當時人的行為，例如上一章提到發生在同治朝初期的社會動亂往往可能助長竊案的發生；然而，回到個人的行為而言，人是具有能動性的個體，在探討犯罪行為時仍不能忽略個人的動機。清代地方官甚少討論竊賊犯案的動機，唯獨對賭博與竊盜的關係最為關注。例如《福惠全書》云：「賭博者，盜賊之媒也。始而蕩廢家財，既而潛行偷竊。」[62]許多清代的官箴書都提到類似的觀點，認為賭博是導致行竊的重要原因。地方官還觀察到盜賊和賭徒之間存在相互關係以及相互保護，所以要減少竊盜案件的發生，就要先打擊賭博活動。[63]不過，從《巴縣檔案》中所見盜竊類案件數量遠遠高過賭博類案件的情況，可知犯罪者行竊的動機絕不僅是賭博欠錢而已，而是有更多元的動機。

歷史學者在探討犯罪時，較少研究犯罪學者常注意的動機問題，這是因為史料上的局限。巴縣司法檔案保留了竊盜嫌犯被捕後的口供，讓我們得以一窺當時犯罪者的動機。關於犯罪的動機，過去犯罪學有一派看法係從社會經濟的角度來分析，認為犯罪是對經濟需求的直接反應，或因有各種不平等而造成的結果。但是，現代的犯罪學者發現這個關係或許並不如上述說法所想的那樣清楚。由此角度反思歷史上的犯罪動機，將有

62　〔清〕黃六鴻，《福惠全書》，卷23，保甲部，〈嚴禁賭博〉，頁13b。

63　有關清代地方官對賭博的治理，參考Frédéric Constant, "Gambling and Local Administration of Justice in 19th Century China," (forthcoming).

助我們分析竊案犯罪者之多元動機的可能性。

貧窮原因

　　過去犯罪學者有「理性抉擇論」（rational choice theory），認為犯罪是犯罪者考量了經過成本效益分析的結果，當效益高於成本，犯罪事件容易發生。[64]這樣的看法很容易讓人以為竊盜的犯罪，就是竊嫌因為貧窮缺錢，所以經過理性考量後有計畫地犯案。的確，從巴縣的檔案中犯人的口供，大多數說明自己犯罪的原因，就是貧窮。上一節的分析已顯示許多竊犯的身分背景，最多者是自稱「下力活生」的勞動階層，他們是收入較不穩定的一群，相對而言是容易傾向犯罪的階層。

　　《巴縣檔案》中被逮的竊嫌口供，常是以「下力活生」、「力活為生」，因為「無錢使用」、「無錢使用」、「因無用度」、「日食艱難」、「家貧」等理由而偷竊。例如同治三年（1864）的例子，有一起鄉村正里九甲的竊案，竊賊二人被捕後的口供，一位聲稱平日下力活生，另一位是打草鞋生理，無兄弟父母，皆因貧窮起盜心，夥同行竊，賣贓得錢四千多文。[65]同年四月另一起案子是智里五甲鄉村的文生戴澤家被竊，竊賊

64　Derek B. Cornish and Ronald V. Clarke, eds., *The Reasoning Criminal: Rational Choice Perspectives on Offending* (New York: Springer-Verlag, 1986), pp. 1-18; Derek B. Cornish and Ronald V. Clarke, "Understanding Crime Displacement: An Application of Rational Choice Theory," *Criminology* 25 (1987): 933-948.

65　《巴縣檔案（同治朝）》，案卷號06-05-10972。

李三與其他犯案者「因無鈔用」而起意偷竊。[66]同年正月還有另一起城市馬頭的竊案，嫌犯何雙喜被捕後稱自己「細力活生」，「無錢使用」，遂偷竊船上布匹貨物。[67]

其他幾年如此的案例也相當多，在此僅舉二例，如同治十二年六月節里十甲涼水場發生一起竊案，有潘永和開設的酒飯館與熊復興開設棧房，二家夜裡被賊刁開前面的櫃房入室，竊去銀錢衣物；後來捕役抓到嫌犯李元吉，是本地人，供稱是「平日下力活生，因小的家貧」，所以趁機偷了不少東西。[68]同治十三年五月，在鄉村直里九甲開設染房的店主，夜裡被人撬開地腳石入室與櫃房行竊，捕役於鄉間巡查時捕獲慣竊集團共約三、四人，這些竊賊的身分是「下力活生」者，動機是「無錢使用」。[69]

失業造成的貧困也是使人容易傾向竊盜犯罪的原因，如同治二年十一月，在坊廂有竊嫌鄧癩子、伍占魁二人被差役查獲身上有偷竊的物品（藍色布鞋一雙），竊賊伍占魁供稱是：「本城人，年二十三歲，父母俱在，小的在東水廂，昔年充當勇丁。迨後開除，至今因無用度」，所以才會有竊盜的動機。[70]還有一個較特殊的例子，是同治五年（1866）八月縣裡差房裡遭竊，嫌犯彭俸被捕後供稱是被革的差役，因「日食難度」，

---

66 《巴縣檔案（同治朝）》，案卷號06-05-10932。

67 《巴縣檔案（同治朝）》，案卷號06-05-10881。

68 《巴縣檔案（同治朝）》，案卷號06-05-13262。

69 《巴縣檔案（同治朝）》，案卷號06-05-13439。

70 《巴縣檔案（同治朝）》，案卷號06-05-10555。

見財起意。[71]

集團性的計畫犯罪

在巴縣的案子裡面還可以看到一些有計畫性或集團性的竊盜案。從《巴縣檔案》中大多數實例看到，這類情形通常是由數位嫌犯，因「日食艱難」，遂邀集多人，最多約七至八人，有計畫地選擇目標偷竊分用。[72]這類集團犯罪的情況，與其從理性抉擇的角度來解釋，不如說是群眾聚合的集體心理所致。如同勒龐（Gustaue Lebon）在《烏合之眾》（The Crowd）一書中的主張：群眾現象具有強烈的感染性，會把個人吞沒面，而將參與者同化於其中，形成共同的一致的心理狀況。在這種情況下，個體會覺得道德與法律的約束已經減弱，甚至消失了。[73]

當這類人聚集商議決定偷竊之後，通常會打聽適合偷竊的對象，例如同治三年四月，在正里三甲有一醫生楊協春家被竊，被捕獲的竊嫌周大伍供稱，平日下力活生，與友人說「窮苦難度」，起意夥同行竊，四處探聽，得知醫生居址，聽聞該醫生因為藥王壽誕擺設酒宴收取不少謝銀，因而被竊嫌鎖定。[74]又如同治十二年兵房書吏劉照藜家夜間被竊案，後來捕差抓

71　《巴縣檔案（同治朝）》，案卷號06-05-11687。

72　《巴縣檔案（同治朝）》，案卷號06-05-10914。

73　.Gustave LeBon, *The Crowd: A Study of the Popular Mind* (London: Unwin, 1985). 中譯本參見古斯塔夫·勒龐（Gustave Le Bon）著，戴光年譯，《烏合之眾：大眾心理研究》（臺北：五南圖書公司，2014）。

74　《巴縣檔案（同治朝）》，案卷號06-05-10938。

到嫌犯劉二、陳三；從二人共同的口供自稱：「平日求吃活生」，因夜裡在途中遇見同夥，皆言貧窮無力過日，於是一起約好去偷竊，而且已經鎖定目標劉照藜的房子。口供裡面還詳細地描述他們如何分工合作去偷竊，由一人先行進院，由廚房開門轉入廂房，其他人隨後在外等候，待該名嫌犯入內竊得食穀裝袋後，再交由其他人背負到鄉村場市販賣。[75]

　　除了像上述例子是臨時組成的竊盜集團之外，還可以見早已有組織形成的例子，尤其是搬運勞動者的組織與竊盜犯罪的關聯是最引人注目的，特別是「腳夫」的自發組織此時已然形成。根據周琳的研究，清代重慶的腳夫組織在發展上有三階段：乾隆三十六年（1771）至嘉慶中期為第一階段，僅是鬆散、缺乏自組織能力，易於接受官府管控，仍是初步整合階段。嘉慶中期至嘉慶末期為第二階段，地方官府管控力度漸鬆，自發性的腳夫「幫」出現，以服務特定的商人群體，如西幫與南幫。至道、咸、同時期為第三階段，官府已進一步喪失控馭腳夫組織的決心和能力，使得自發性的腳夫幫派日益坐大，尤其是同鄉腳夫的聯合體，如茶幫與川幫已取代過去的西幫與南幫，並用策略化的毆鬥來維護和拓展其業務空間。[76]正如同治年間有被竊的事主對腳夫組織的指控：「各行內均是茶陵州人守行，扛抬客貨各行所雇茶幫，名則在行服役扛抬貨物，實則在行盤踞。」[77]

---

75 《巴縣檔案（同治朝）》，案卷號06-05-13197。

76 周琳，〈鬥毆的邏輯——乾隆至同治時期重慶的腳夫組織〉，頁91-106。

77 《巴縣檔案（同治朝）》，案卷號06-05-13179。

　　因為他們已有自己的行幫組織，當店鋪商人要雇人搬運貨物時，通常會找上這些幫。有時城市發生的竊案當事主在報案時，總會懷疑這是起有組織的集團性犯罪，如同治三年六月，儲奇坊碼頭發生的船運裝載藥材被竊案，雖然捉到臨時起意的竊賊，但藥材業者上呈狀指稱：「有惡賊設立幫口，串竊分肥」，係有組織的集團犯罪，此舉或可能為了引起官方重視。[78]上一節也可以看到實際的竊盜案例中，搬運勞動者犯案的件數也不算少數，[79]不過，仍未有明顯證據證實這些腳夫的行幫組織就是偷竊集團。

　　其實腳夫這類搬運工人在受雇時，也是有行規的。如同治七年八月二十日有一案是宣化坊的戲班箱子被竊案，據恩翔班活計徐鳳祥稟稱，當天由雇用的陳世發搬運，陳氏歷貿本城各班戲箱腳力生理，搬運中途於千廝坊正街口被竊。徐鳳議口供云其戲班聘雇有成規，「倘箱子在外力夫未能揹回，一被賊竊，惟力夫賠償，以致力夫得勢，各班不敢另雇揹運。如戲箱被賊扭竊，係酌賠；如原鎖未動，箱內失物應問各班管箱賠償。」[80]也就是腳夫在搬運貨物時被竊，是要由腳夫來賠償。如此一來，除非貨物的價值頗高，半途運走後逃之夭夭，否則腳夫一則為了自己未來飯碗，二來還有幫規的制約，是不太可能自盜的。

　　還有許多的例子是所謂的「慣竊」集團，如同治七年正

78　《巴縣檔案（同治朝）》，案卷號06-05-10965。
79　《巴縣檔案（同治朝）》，案卷號06-05-13200。
80　《巴縣檔案（同治朝）》，案卷號06-05-12324。

月，正里三甲鄉村有兩隻牛被偷，價值白銀七十餘兩，事主後來發現是慣竊集團所為，因同夥洩密而找到嫌犯。嫌犯口供說他們這批人聚合的由來，是因為一起在某個人家裡面煮飯，大家說起貧困，於是起意行竊。[81]慣竊集團有其銷贓的管道，如前述同治十三年五月，直里九甲開設染房的店主夜裡被竊案，捕役於鄉間巡查時捕獲慣竊共約三、四人，不但已行竊多戶人家，還有收贓的雜貨鋪參與。[82]

　　值得注意的是，這類竊盜集團的例子中，有相當數量顯示集團成員是來自外縣。如同治五年有一鄉村竊賊王長壽被捕，他供稱年廿五，江北縣人，原在炭廠打工，近日來重慶巡貿會，「遇素識的張老八，向小的說起貧苦難度，邀約小的偷竊，得贓物分用，小的應允，一同走至夏同興屋後，業已二更時候，探聽事主熟睡……」可見這批人都是外地人組成的竊盜集團。[83]又如同治十二年正月，在城內神仙坊的坊捕於巡邏時，逮到行竊張黃氏家嫌犯，並供出主嫌叫李麻子，其實是已經被捕的犯人劉老么。劉老么被逮後的口供指稱自己是外縣金堂縣人，年二十四歲，本來是賣貨的，後來到重慶賭錢輸了，無錢用度而行竊。他曾經和另外一位綦江人張四一起，談起無所用度，所以共同約好行竊張黃氏家。[84]上述的例子顯示這些外來人本來是到重慶找工作或做小生意，但因各自的原因而淪為竊賊。從許多例子顯示，有些竊嫌們刻意到外地縣偷竊，係已知

81　《巴縣檔案（同治朝）》，案卷號06-05-12151。
82　《巴縣檔案（同治朝）》，案卷號06-05-13439。
83　《巴縣檔案（同治朝）》，案卷號06-05-11561。
84　《巴縣檔案（同治朝）》，案卷號06-05-13155。

跨界偷竊較不易被捉。[85]

機會的力量

　　導論中提及犯罪學的「日常活動理論」（routine activity theory），認為犯罪發生需要符合三大要素，即有犯罪傾向者、合適的標的物、監控者不在場。[86]從竊案發生的角度來看，雖然貧窮可能是犯罪者的普遍動機，但並非所有的貧窮人都會偷竊犯案，仍要有合適的標的物出現，同時又沒有警察、鄰居或路人等情境下才可能犯案。

　　上述有計畫的偷竊並非代表巴縣的所有案例，根據《巴縣檔案》中逮捕竊嫌後的口供顯示，許多竊盜案的犯罪過程中，犯罪者的動機並不是已有偷竊的意圖，也不是早已計畫好，而是目標物浮現之後，他才開始有犯的企圖，亦即路見機會，又看到四下無人，才心生歹念。如同治二年十一月，有城內通遠坊的龍陶氏被竊案，拿獲到竊賊唐大順，係與龍陶氏同街居住的鄰居。唐大順的口供稱：「二十六日挨晚時候，小的見龍陶氏攤賣葫蘆未收，小的就見財起意。」[87]

　　再以發生在同治五年的三件城市案件為例，第一例是發

85　《巴縣檔案（同治朝）》，案卷號06-05-13569、案卷號06-05-13593。

86　Lawrence E. Cohen and Marcus Felson, "Social Change and Crime Rate Trends: A Routine Activity Approach," *American Sociological Review* 44.4 (1979): 588-608; Marcus Felson, *Crime and Everyday Life: Insights and Implications for Society* (Thousand Oaks: Pine Forge Press, 1994), pp. 35-36.

87　《巴縣檔案（同治朝）》，案卷號06-05-10820。

生在城內靈壁坊的湯龍氏家被竊案，竊嫌唐玉興被捕後的口供稱：「平日下力活生，這陳大牛與小的素相認識，今六月間，他同小的行往湯龍氏家經過，見四下無人，就乘勢進內竊得贓物逃走，寄放陳大牛家裡。」[88]第二例是發生城廂的藍靛貨被竊案，捉到正賊的口供稱：「小的在朝天門城外，見河埧堆放靛包，小的就見財起意行竊。」[89]第三起案件是職員楊竹山入住居城內太平坊天茂店（客棧）時被竊，竊犯蕭庚壽因伙夫撞見而被捕，另有三人同夥住在花子街劉萬發客棧。蕭庚壽的口供稱：「小的在渝，手藝活生。今年本月廿一日，小的在天茂店閑耍，看見那未到案的楊竹山房圈無人，那時小的見財起意，走進他房圈裡，拏他……。」[90]

　　其他年度的例子也相當多，城市店家與碼頭是常見發生竊案的地點。例如同治二年正月在城內朝天坊發賣藍靛的商人，他的貨品無人看守，被人偷去。嫌犯當場被逮，其口供稱只因四下無人而偷竊。[91]同治七年十二月，城內船運碼頭有藥商發現他的貨運藥材出現短缺，報案後逮捕竊嫌是船夫，船夫供稱因為運送藥材裝載的時候看到包裝藥材已經破損，於是他們就見財起意，私自拿了一些藥材。[92]如前述同治十二年，坊捕在巡查的時逮捕到行竊張黃氏家的嫌犯，該犯又供出主嫌李麻子，即劉老么。劉老么也供出自己從外縣來重慶賣貨，卻因賭錢輸

88　《巴縣檔案（同治朝）》，案卷號06-05-11599。
89　《巴縣檔案（同治朝）》，案卷號06-05-11699。
90　《巴縣檔案（同治朝）》，案卷號06-05-11734。
91　《巴縣檔案（同治朝）》，案卷號06-05-10575。
92　《巴縣檔案（同治朝）》，案卷號06-05-12367。

光，無錢用度，走在太平門河壩得見丁裁縫家裡無人，見財起意行竊。因此次行竊成功，於是胃口越來越大，之後還組成竊盜集團。[93]

　　機會出現而引發行竊的情況即使在鄉村也常見，如同治三年四月，正里八甲土主場的禹王廟正舉行廟會時，廟內無人看首而遭竊走大鍋，犯人被捕後的口供自稱平日「下力活生」，當天見廟內無人看守，遂臨時起意偷竊。[94]同治五年六月，鄉村界石場開設雜糧鋪的李大順被賊竊去食米、衣物，竊犯劉大牛偷竊被逮後口供稱：「平日在煤炭場下力活生，今月廿三日口界石場期，挨晚時見這李大順鋪內無人看守」，遂到櫃房行竊。[95]此外，鄉村常見牛隻被竊的案件，許多情況也是嫌犯看到牛隻在鄉野間放牧，無人看管，於是私自將牛隻牽走。

生活環境與社會關係

　　除了「下力活生」的勞動階層因為貧窮處在維生邊緣，容易受群聚邀引而集體犯罪。然而上述的機會卻提供臨時起意的動機，也可以進一步地說明了違法行為的行動者，並不一定都是貧窮階層，而是有犯罪傾向的人在日常生活中碰到了誘惑，在此情境下發生了違法的結果，所以有些竊盜案是被害者的熟人所為。例如自己家裡的人偷竊（如兒女、妻妾、婢女、僕人

93　《巴縣檔案（同治朝）》，案卷號06-05-13155。
94　《巴縣檔案（同治朝）》，案卷號06-05-10933。
95　《巴縣檔案（同治朝）》，案卷號06-05-11597。

等），或自己的學徒偷竊師父的東西，自己的同行、夥計店員或雇工偷竊老闆的貨物與金錢等等。這類竊嫌的身分或職業，恰恰就是上節表4-1分類中的社會關係者（包括親屬、鄰居與租佃者）、受雇服務業者與工商業者中的學徒。歸類為此動機的案件，在數量上雖不及上述三類，但確可以反映出當時庶民的日常生活。大致上可以血緣、業緣與地緣三類社會關係來觀察之。

　　就血緣關係而言，入室偷竊案件的竊嫌有可能是家人，這類家人偷竊的例子中常見有二類，一是行商家內的妻妾因為丈夫常在外地，常有私自竊賣家當的案件。如同治二年十一月，有一在外地從事商貿的太平廂商人鄒榮發，回到重慶娶妾吳氏，但是妾吳氏卻趁他出去結賬的時候，竊取家中銀錢衣物，而且逃到外地的妓院裡當娼。[96]另一類是事主與竊嫌是父子關係者，是家人偷竊的案例中最突出者。上一節已提到兒子偷竊的案例頗多，但作為事主的父母親在告狀時，常是指控其兒子的友人「糾誘」或教唆偷竊自己家內財物，或因為被誘賭博欠債而起盜心。如同治十三年八月，有鄉村節里十甲的楊榮發上訴其子楊大釗被痞棍之友人引誘「透銀錢衣物」，即偷家中存銀廿九兩等瓜分花用，要求縣官派捕役到鄰縣捉拿一干人等。[97]

　　關於家人偷竊的刑罰，第一章已提及關係越近者刑責越輕。據清律〈親屬相盜〉律：「凡各居親屬，相盜財物者，期親，減凡人五等；大功，減四等；小功，減三等；緦麻，減二

96　《巴縣檔案（同治朝）》，案卷號06-05-10594。
97　《巴縣檔案（同治朝）》，案卷號06-05-13506。

插圖4-1：晚清報刊描繪賭輸者行竊棉衣的故事
資料來源：〈輸急就偷〉，《淺說日日新聞畫報》，
1909年第322期，頁1。

等；無服之親，減一等。並免刺。」[98]如此的話，父子關係乃直
系親屬，係屬於「期親」的範圍，而如前言所云竊盜是計贓論
罪，第六等是四十一兩以上至五十兩，杖六十、徒一年，依律
「期親」要偷竊四十一兩以上才有刑罰，四十兩以下的偷竊等
於免刑。從《巴縣檔案》實際的案例可以看到，當同居未成年
的兒女偷竊父母親財物時，州縣官不會判以嚴重的刑罰，通常

98　〔清〕薛允升著述，黃靜嘉編校，《讀例存疑重刊本》，卷30，〈親屬相
　　盜律〉，頁703。

是要求家長帶回教化。[99]正因為如此，所以當許多案例是父親控告兒子的友人，指控他們引誘或叫唆兒子行竊，這種訴訟多少帶有挾怨報復的心理。

然而當知縣審理家人竊案時的態度如何呢？在此就以同治十二年十月的一起案子為例，當時有某村人黎興亭之次子黎雙桂，年僅十四歲，被鄰居族人之子引誘偷家內錢物後分贓；事主投團鄰理剖，被控之族人願賠償和解。但之後族人又再次引誘其子私竊家裡財物，事主黎興亭氣極敗壞地又再控告。然而，判官對事主並不表同情，反而加以訓斥云：「爾子黎雙桂年僅十四歲，爾竟不能管教，任聽妄為，以致逃走，實屬咎由自取。」判官認為是父親不知管教所致。[100]

此外，家內竊案的例子常見竊嫌是家內婢女或僕人。如同治十二年四月，有孝里八甲職員穆高魁之使女（婢女）二人遭人誘拐，而且帶走了家裡的衣飾銀兩，大約五百多兩，後來差役在綦江縣找到竊嫌。[101]

再就業緣的社會關係而言，首先可以看到是工商業同行

---

99 很可惜的是《巴縣檔案》中雖然有偷竊超過41兩以上的案例，但因未有後續結果的記錄，所以無從得知判刑的結果。又父子的親屬關係一旦發生變化，行竊的刑罰也就不同了。例如父子斷絕關係者，或是養子、繼子歸宗之後回家行竊者，州縣官就以一般人的刑罰懲之。有關《巴縣檔案》中親屬行竊案例州縣官之判決情況，筆者另有專文，參見巫仁恕，〈竊賊身分與親屬關係：以同治朝《巴縣檔案》為例〉，中研院史語所、法國遠東學院臺北中心主辦，「亞洲歷史與文化研究的新方向——法國遠東學院臺北中心與中央研究院合作三十週年慶祝會議」（2023年5月18～19日）會議論文。

100 《巴縣檔案（同治朝）》，案卷號06-05-13318。

101 《巴縣檔案（同治朝）》，案卷號06-05-13204。

偷竊的案件。[102]然而更常見的案子是事主與竊賊是主人與雇傭
關係的情況，上一節已提及雇傭人涉案的例子中有52例，將近
半數是雇傭人偷竊雇主家內財物的案子。一類是商店主與雇工
關係的例子，如同治十三年四月，在鄉村廉里九甲長生場街上
開設乾菜鋪的陳姓小店商，夜裡被賊翻牆撥開門扇進入竊去煙
土銀錢等，之後陳於街上捉到嫌犯金四，金四原為陳氏鋪內雇
工，在捕役嚴刑拷問下承認偷竊。[103]另一類是家庭傭工偷竊的
案例頗多。如同治七年五月的一起城市竊案，在城內金紫坊開
設商鋪的孀康姚氏家裡面，雇用幫工婦女康春香，因為開衣櫃
曬衣服時，看到銀錢放在衣櫃裡面，於是見錢眼開，趁機把衣
櫃內的銀兩偷走。[104]

　　事主與竊賊是師徒關係的案例亦不少，可能因為這樣的
情況頗為常見，所以學徒來店通常立有「投師約」，註明有保
人承擔風險，以防竊騙師父。如同治五年七月，城內太善坊開
設木匠鋪的張洪順上控其徒陳榮趁夜裡私開櫃鎖，竊去銀錢逃
走。事主呈狀云陳榮來鋪學徒立有投師約，註明若「走東去
西，不與他涉，倘陳榮拐帶銀錢貨物逃颺，有吳興發（陳之姊
夫）承擔。」此案附師徒立約的證據，後找到陳榮在吳興發家
躲藏，然又被逃脫，鋪主「投團理講」，由吳興發賠銀錢，但

102　《巴縣檔案（同治朝）》，案卷號06-05-12418。另一類似案例發生在同治
　　八年正月二十六夜，也是在鄉村二聖場開設藥材鋪被同行行竊的案例，見
　　《巴縣檔案（同治朝）》，案卷號06-05-12469。其同行偷竊的類似案件，
　　如案卷號06-05-11929、06-05-12159。
103　《巴縣檔案（同治朝）》，案卷號06-05-13388。
104　《巴縣檔案（同治朝）》，案卷號06-05-12267。

事主不甘而上控。[105]

除了血緣與業緣關係之外，有些竊案明顯地與地緣關係密切。最常見的就是上一節所指出的鄰居與租佃關係。如同治二年二月，城市內的職員梁鴻鈞因辦事外出，被鄰居張二駝子得知潛入其家裡偷竊後，逃逸無蹤。失主回家之後才發現，並從其他鄰居家得知嫌犯已經逃逸。[106]這件案子顯示被竊事主的鄰居可能覬覦該事主家財已久，且觀察事主的日常活動，並已計畫如何行竊與逃逸。

上一節提到在城廂租屋或是在鄉村佃耕者，因為地緣的關係，也可能偷竊其房東或地主的財物。如在太安廂開豆腐鋪的周永鳳，將房棧撥佃給盧得壽寓居，而同治五年八月，房東周永鳳被竊，原來是租屋的盧得壽之外甥彭四十等人「不時來鋪省親」後，盧得壽竟與他們合謀竊走周永鳳財物並一起逃亡。[107]關於鄉村佃戶的偷竊案，上節提到佃戶偷竊地主的案件，以及被竊事主與竊嫌是同地主之佃戶的情況頗多。概因為租佃的關係，主、佃之間或佃戶之間所佃土地相近，也熟悉彼此的經濟情況，由是其中一方見財起意而偷竊。如居住於廉里一甲的封正興，他佃耕廖靄堂田房多年後退耕，地主廖靄堂遂改換招佃秦老二、撥佃楊奇坐房。封正興在廖靄堂處「留有穀草未搬、種薑未挖」，楊奇卻「私見小利，而屢次竊穀草」，封正興自己曾多次撞見楊奇偷竊。[108]

105 《巴縣檔案（同治朝）》，案卷號06-05-11601。
106 《巴縣檔案（同治朝）》，案卷號06-05-10584。
107 《巴縣檔案（同治朝）》，案卷號06-05-11728。
108 《巴縣檔案（同治朝）》，案卷號06-05-12126。

　　由上面的實例說明竊盜犯罪之發生，常肇因於潛在性犯罪人恰巧遭逢可乘之機。犯罪者不一定是貧窮者，反而是與事主關係的親近者。在日常生活中的「情境性機會」（situational opportunity），正好提供潛在性犯罪者便於犯罪的環境。

小結

　　本章主要分析的是偷竊者的面相。什麼樣身分或職業的人容易傾向偷竊犯罪呢？這是一個值得分析的問題。過去的研究受限史料，而本章從《巴縣檔案》裡的實際案例統計出竊賊的身分。現代的犯罪學容易認為偷竊犯罪者有相當程度是某些在社會上的邊緣分子，或者是在社會結構中處於最底層的群體。不過經過本章實際的案例統計發現，所謂的邊緣分子，例如乞丐、不務正業、賊匪、地痞與騙子等等，他們犯罪的案例並不是最多數。此外，外地流民與被遣散的兵勇，在漢口被視為危險分子，但是在巴縣的例子裡面看到這類人所犯偷竊案子者並不多。實際的統計收據顯示，勞動階層裡的下力活生者是犯案最多者，其次是受雇傭者，再次是工商業主。這一方面說明了勞動階層的最底層的確易傾向偷竊犯罪，但另一方面也說明了成為偷竊者不全然是社會底層的人，還有不少是已經有職業的受雇傭者與工商業主，因而貧窮或生計困難並不是構成偷竊的唯一動機。

　　歷史大事件雖然會影響到社會動亂，然而個人的能動性不一定受制於歷史大事件的影響，由是我們仍然要注意的是犯罪行為的個人動機。從巴縣司法檔案裡面保留了許多被捕犯人

的口供，他們陳述了犯罪的動機。大多數的竊盜犯人都說自己犯罪的原因就是貧窮，而這一類身分背景大多是下層的勞動階層，看似從理性抉擇的角度可以理解其動機。然而，有些情況往往貧窮缺錢的同類人聚集在一起之後，因為群聚的社會心理而受鼓勵，形成竊盜集團有計畫地犯案，甚至久而成為慣竊集團。再從實例來看，這類竊盜集團的成員有許多都是來自外地與外縣。這也說明了外來人口與竊盜案發生的關係相當密切。

　　然而在犯罪學裡面也有一派認為，除了要有犯罪傾向者之外，還必須同時有監控者不在場，以及合適的標的物出現，才會構成犯罪。所以從實際的案例看到，並不是所有的貧窮者都可能成為犯罪者，而是要在有合適的標的物出現，同時又沒有其他監控者在場的情境下，才會發生偷竊案件，可見機會出現的重要性。再者，並不是所有偷竊者都是貧窮者，我們可以發現許多竊盜案件的發生，是有犯罪傾向的人在日常生活中碰到了誘惑的情境機會，因而引發偷竊的行為。這些竊盜案是認識被害者的人所為，最常見到的是被竊事主與竊賊其實是主人與雇傭關係或是師徒關係。而家庭內的偷竊案件也不少，嫌犯往往是家裡僕人與親屬。總而言之，日常生活中的情境機會，正好提供潛在性的犯罪者引發犯罪行為的可能性。

第五章

行竊的類型與犯罪的過程

　　過去關於竊盜案件的史料較常見的是《刑案匯覽》這類資料，然而其編纂的目的是為萬變的情案提供適用的法律，遂不著重在犯罪過程的細節描述。[1]至於筆記小說中關於竊盜的故事，如神偷「一枝梅」擅長飛簷走壁、神鬼不知的偷竊手法，動輒竊取官員富人之家的金銀珠寶，往往令人印象深刻。即使小說所述內容有部分真實性，但畢竟是小說家之言，誇大之處頗多。[2]如何還原實際的竊盜過程，司法檔案的資料仍是第一手最完整的史料。

　　從《巴縣檔案》中可以看到，一般日常生活中發生的竊盜案，行竊的手法同小說家之言差異甚大。本章首先將探討《巴

1　楊一凡、尤韶華，〈《刑案匯覽全編》整理說明〉，〔清〕祝慶祺等編、尤韶華等點校，《刑案匯覽全編》（北京：法律出版社，2007），頁1-5。

2　一枝梅的故事在明人小說《二刻拍案驚奇》與《歡喜冤家》皆有出現，之所以號為「一枝梅」，係因其偷盜得手後於失主壁上畫一枝梅花而去。一枝梅確有其人，據明人郭一鶚〈永州府推官郭公淮傳〉記載東安邑中有江湖劇盜，名「一枝梅」者。參見〔明〕郭一鶚，〈永州府推官郭公淮傳〉，收入〔明〕焦竑輯，《焦太史編輯國朝獻徵錄》，收入《四庫全書存目叢書》史部傳記類第105冊（臺南：莊嚴文化事業公司影印《中國史學叢書》影印明萬曆四十四年徐象橒曼山館刻本，1996），卷89，頁71b。

縣檔案》中所呈現的各式偷竊的形態，其中以哪一類偷竊的方式是最大宗？而其他多樣化的偷竊方式又包括了哪些？其次，竊案的發生是否有季節性或特定的時機呢？本章第二節將討論哪些特殊的時節是竊賊容易蠢動？而這些時機通常是什麼原因所造成的？第三，竊賊是如何銷售贓物呢？什麼人接受贓物、販賣贓物呢？第四，在明清時期社會關心的涉及盜竊案件的另一大問題，就是這些竊賊背後是否有資助者？是否有幕後的黑手？檔案裡記錄了窩藏竊賊與接贓的窩家，在筆記小說中鮮有論及，本章的末節將探討分析之。

第一節　偷竊的型態

從《巴縣檔案》中可以看到各式各樣的行竊方式，若大致分類的話，入室行竊是最大宗的一類，而且入室行竊還有各種手法。以下先介紹入室行竊，再論其他類的行竊。

入室行竊的手法

被竊事主在報案時會在呈狀之中敘述竊賊行竊的手法，像是「被賊混入內室，端開棧門三重」或「由屋後挖窬，進歇房，透鎖開箱」等等。[3]這些敘述是被害者在檢視案發現場後自行推敲，如有被害者發覺現場「兩門均有刀痕」，因此推測大

3　《巴縣檔案（同治朝）》，案卷號06-05-10673、06-05-13211。

門是被竊賊「用鐵刀撬開」。[4]縣衙受理之後，也會派遣書役前往現場勘查，並寫立「勘單」，內容除了說明案發現場的地理位置、空間格局之外，也會求證被害者呈狀所述的內容。透過被害者的呈狀與書役的勘單，可知入室竊盜的手法有許多種，其中又以破壞牆壁與破壞門扇為主。至於以往在小說作品之中常見的「飛簷走壁」，這類手法其實是相當鮮見的。

先就破壞牆壁的方法而言，因為建築外牆與室內隔間牆的建材不同，而有不同的破壞手法。從《巴縣檔案》的內容，可以看到當地的住宅建材是以篾壁、板壁、土牆、磚牆為主。通常外牆是土牆或磚牆，偶有篾壁；但內間的隔間牆則多是篾壁。如果土牆與磚牆就必須要用到「鍬」、「撬」、「鑿」等用力較多的動詞，包括檔案中常見的「撬地腳石」、「撬洞鑽入」等形容。相對於土牆與磚牆，篾壁可能是較容易突破的材質，因此多以「割」、「剪」、「拆」等動詞，包括「割毀篾壁」、「剪穿篾壁」、「拆開篾壁」這種破壞以竹製結構牆壁的方式，如「由宅後小漕門翻垣牆，割篾壁入內，始抽門閂三道，進臥室」。[5]巴縣地區之建築所以多篾壁，係因當初建造房屋時就地取材所致。[6]由是外牆與內壁的破壞手法有異，如「由

4　《巴縣檔案（同治朝）》，案卷號06-05-11509。

5　《巴縣檔案（同治朝）》，案卷號06-05-10914。

6　〔民國〕《巴縣志》所列舉的慈竹、黃竹、桃竹、琴絲竹等十三種竹類植物，每一種竹類都有不同的用途，舉凡析篾、編箪、造篷、製扇等方面，都有相應適合的竹類，其中慈竹因為「性柔軟而堅韌」，被稱為「縣產最多，利用最大」的竹類。參見〔民國〕羅國鈞修，向楚等纂，〔民國〕《巴縣志》，卷19，〈物產下‧竹之類〉，頁2291-2297。雖然在〔民國〕《巴縣志》所提到的竹類各種用途，並未提及建造房屋隔間與外牆的功

插圖5-1：晚清報刊中「穿窬之賊」
的圖繪（1）
資料來源：〈張夫人智驅偷兒〉，
《輿論時事報圖畫》，1910年第29
期，二月二十九日，頁2。

插圖5-2：晚清報刊中「穿窬之賊」的
圖繪（2）
資料來源：〈小竊受創〉，《點石齋
畫報大全》，1910年，竹9，頁15。

宅後土壁下坎撬毀廚房地腳石進內，割毀臥室篾壁，抽開門閂
入室」；[7]又如「被賊來家鍬牆割壁，直入內室，啟櫃開箱」的
敘述，[8]便是「鍬外牆」與「割內壁」最好的對照。

　　能，但按照地方志對於慈竹的敘述，各類案件之中出現的「篾壁」，可能
　　取材自慈竹。
7　《巴縣檔案（同治朝）》，案卷號06-05-13309。
8　《巴縣檔案（同治朝）》，案卷號06-05-12864。

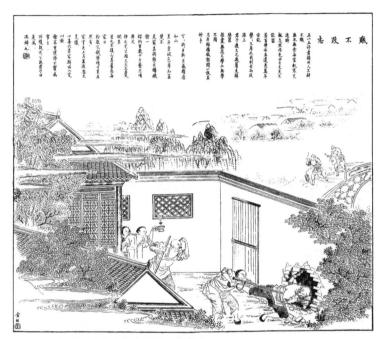

插圖5-3：晚清報刊中「穿窬之賊」的圖繪（3）
資料來源：〈賊不改志〉，《點石齋畫報大全》，1910年，戊11，頁14-15。

　　再就破壞門扇而言，可以分為破壞門鎖與破壞窗戶二類。
此處所指的破壞門鎖是以開啟門鎖、門閂的方式進入住宅，如
「被賊端廚房門進屋，撥開門閂，直進內室」、「被賊刁廂房
門進內」、「被賊由鋪門兩次撥門閂入內」、「被賊由後邊火
牆扒上，扭鎖，轉進堆貨房圈」、「被賊撬門入室扭開箱櫃」
等。[9]而撥開門閂的方式除了可以用順刀、鐵針，或通關鑰匙之

9　《巴縣檔案（同治朝）》，案卷號06-05-10476、06-05-11391、06-05-
　　11873、06-05-11373、06-05-10467。

外，還有「用火硝燒燬門閂」。[10]至於有從窗戶下手的情況，像是學政試院一度被竊賊「雕毀窗門入內，拆篾壁，撥門，直進臥室」，或是直里的龍臺山廟「被賊由廟側廚房撥開窗門進內，撬土牆，入櫃房」，都是先從窗戶進入房屋，再破壞屋內隔間行竊。[11]

從竊賊被捕後身上搜出的器具，也可以窺知竊賊破壞牆壁的方法。如竊賊劉馬兒於同治十一年（1872）被捕時，身上搜出「割壁刀一把」，顧名思義即是用來割開篾壁的稱手工具。[12]但並非所有竊賊都只會用單一工具與手法行竊，如竊賊劉合興於同治十二年（1873）被捕時，身上共搜出了「夾剪、攢尺、鑽子、通關鑰匙、一仔雙刀、順刀」等工具，這些工具看起來是與割開篾壁不太相同的竊盜手法。[13]

上述是最常見的入室行竊的手法，除此之外，還有如同飛賊般從天而降的手法，有竊賊曾經「由鋪左邊柵欄上房揭瓦拘桶，進櫃房」，或是「由樓上屋瓦撬開一竅，鑽下樓屋，扭開櫃鎖」，都是從屋頂鋪設的瓦片下手，不過這類案例並不多見。[14]有的竊賊是翻越圍牆，如「由店後矮垣，用竹竿一根、木料一根作梯」，不僅是有計畫地自備工具，也有就地取材的本

---

10 《巴縣檔案（同治朝）》，案卷號06-05-13383、06-05-12440、06-05-11575。

11 《巴縣檔案（同治朝）》，案卷號06-05-10589、06-05-10689。

12 《巴縣檔案（同治朝）》，案卷號06-05-13227。

13 《巴縣檔案（同治朝）》，案卷號06-05-13005。

14 《巴縣檔案（同治朝）》，案卷號06-05-10946、06-05-11321。

事。[15]又如有賊是「由宅外端鄰居門板作梯，扒上院牆，直踩涼棚」，看似一切順利，卻意外將「欄杆踩毀，響聲振動」，因此被當場逮捕。[16]另有少數例子是竊賊趁隙混入的手法。

插圖5-4：晚清報刊中的飛賊圖繪
資料來源：〈巨竊上屋驚逃〉，《時事報圖畫》，1909年二月初三日，頁6。

15　《巴縣檔案（同治朝）》，案卷號06-05-12019。

16　《巴縣檔案（同治朝）》，案卷號06-05-11101。

其他類型的偷竊

　　扒竊案件也相當多，大多發生在人多的公共場合，而且是趁著人多擁擠時，刻意近身扒竊。在檔案中用「綹竊」一詞，指的是剪斷人家繫錢包的帶子，或剪破人家衣袋，以竊人錢財的竊賊，也就是扒竊。這類案件通常發生在人多的場所，廟會或戲場公開演戲之處就是其一。例如同治四年（1865）八月，有事主金茂興來重慶的集祥藥鋪取票，在下午時行經新鼓樓，「時值演戲，人多擁擠，忽有一人凶擠一下，不及防，已將銀兩竊去。」[17]又如同治五年（1866）六月，有太平坊職員顏詠，「行至陝西街戲場，被賊乘其人多擁擠，綹竊銀一□並金手鐲一支。」[18]又如同治八年（1869）二月，忠六甲務農的汪國祥，「來城繳濟穀，行至東華觀廟內尋友，正值演戲，民在廟壩與友暫立言語，陡有數人擁過，不料惡賊即將民胸掛銀牙籤及囊內穀銀，一並綹竊去。」[19]鄉村的場市也是其一，例如同治七年（1868）六月，唐君銀等人趕集迎龍場，「至米市，不知何人擁擠，就把小的、唐君銀銀兩綹竊去了」，當即喊抓，捕獲一人陳五具送案。[20]有時在錢市這樣的金融交易市場，交易者也容易成為扒手盯上的對象，如同治二年（1863）八月，榮昌縣武童生潘肇平來城應試，「換錢未成，仍放身邊，各自走了，不

17　《巴縣檔案（同治朝）》，案卷號06-05-11340。

18　《巴縣檔案（同治朝）》，案卷號06-05-11606。

19　《巴縣檔案（同治朝）》，案卷號06-05-12401，類似的案例，還有06-05-10944、06-05-11884。

20　《巴縣檔案（同治朝）》，案卷號06-05-12295。

插圖5-5：晚清報刊中描繪僧人用迷煙行竊的案例
資料來源：〈僧人用藥粉迷人竊物案〉，《輿論時事報圖畫》，1910年
第15期，六月十五日，無頁碼。

一時摸銀不見」，顯然就是被扒竊了。[21]

　　過去常見於小說中的迷魂大盜，在實際的案例上也有不少，其中以利用迷藥迷昏人後行竊的例子最多。如同治二年六月，有本城蓮花坊文生杜廷澤家被無名賊竊其家銀兩器物衣飾案，文生指稱：「被賊用藥迷惑，開門入室，扭去箱鎖，早見家人猶口閉難言，用水解救。」[22]看來這迷藥的效力頗強，可以

21　《巴縣檔案（同治朝）》，案卷號06-05-10736。
22　《巴縣檔案（同治朝）》，案卷號06-05-10701。

到隔日還令人無法開口說話。另一種常見的是用迷煙使人昏迷
後行竊，如同治七年四月，有本城文童王吉六被竊銀兩一案，
事主是文童，在渝教讀，當日行經臨江坊時，「突有素不相識
之人，呼入梁匯川茶館代寫文字，將煙袋遞與，殊煙內藏悶
藥，以致中毒昏迷。」[23]又如同治六年（1867）十一月，有朝天
坊蕭鴻春被竊銀一案，事主蕭鴻春原在城內天上館居住，向在
朝天門外左側擺設錢桌生理。當天夜裡被賊將門割毀後，暗中
施用悶煙，迷昏事主家人，再將櫃鎖扭開行竊。[24]還有被法術迷
昏而被竊者，如南紀坊綦邑文南紀坊大河公所在同治年間屢屢
被竊，至光緒元年（1875）二月又發生竊案，「被賊來公所，
剝門入內，用術昏迷。」[25]

　　有案例呈現的是竊賊假冒某些特殊身分者，在事主鬆懈時
下手行竊，甚至行為近如搶劫。如同治四年，在湖北埔昌開設
客寓的周復隆，攜眷來渝佃西水坊劉和順房居住，卻在四月與
七月時晚，分別被假冒童生與兵勇者進屋摟去被單、白綢衫等
件。[26]最常見的例子是竊賊假冒差役的身分，如同治十年七月，
住江北居鄉在太善坊開設寫鋪兌換銀錢買賣煙土的尹炳章，指
稱涂占元等人假冒捕役傳喚證人，乘鋪內無人時開櫃竊銀。[27]附

23　《巴縣檔案（同治朝）》，案卷號06-05-12235。
24　《巴縣檔案（同治朝）》，案卷號06-05-12124。類似的例子另見06-05-
　　10431、06-05-13445。
25　《巴縣檔案（同治朝）》，案卷號06-05-13505。類似的案例見06-05-
　　13647。
26　《巴縣檔案（同治朝）》，案卷號06-05-11309。
27　《巴縣檔案（同治朝）》，案卷號06-05-12844。

帶一提的是，巴縣盜竊類的檔案中還有一些案例看來比較像是詐騙案，也被歸於此類。

　　另外較次要的偷竊類型，有順手牽羊的案例。例如同治五年五月，有千廝坊文童鞠敘欽二人，在玄天宮會飲時將綢衫脫放欄杆，被賊乘間竊走。[28]也有竊嫌自稱是路上撿拾到的，如同治十年七月太平坊捕役唐福拿獲竊賊楊老大，竊嫌則稱是拾得穀草內藍布包袱，然後自行變賣。[29]

插圖5-6：晚清報刊中假冒官府衙役行竊的圖例
資料來源：〈竊賦冒充公役之大膽〉，《輿論日報圖畫》，1909年第7期，十月初七日，無頁碼。

28　《巴縣檔案（同治朝）》，案卷號06-05-11595。
29　《巴縣檔案（同治朝）》，案卷號06-05-12927。類似的案例見06-05-13634。

第二節　特殊的時節

　　有些特殊的時節最容易遭到小偷光顧，從檔案資料來看，至少有三類時節小偷容易蠢動，第一是士子赴城內考試時期，二是鄉村市場趕集時，三是婚禮節慶時。

士子赴考試期

　　士子來重慶應試的時節常遭到竊賊的光顧，因為巴縣是重慶府的附郭，重慶府內定期有文武童生試，此際府轄下之縣童生皆赴重慶城內應試。此外像廩生、貢生、監生這類較高一級的士人，也常帶其童生子弟「來渝送考」。也有士子赴省城成都趕考時，途中路過重慶遭竊。而考棚本身也是被竊風險很高之處，如同治十三年五月，有涪州武生文光斗等人，來渝聽候考試，無奈試期太久，城裡生活費用昂貴，以致盤費欠缺，於是寫信寄回家，要求家人送銀兩來城。武生家人得知後，遣陳仕紅送來銀錢十餘兩給武生，陳仕紅在考棚中尋事主時卻被賊從其懷中竊去，這案子一方面說明在重慶城內住宿生活要價不菲，另一方面也反映試期時的考棚也不全然是安全之處。[30] 又如城內有攤販吳興合，以辦賣零紙營生，每歷府院考試時期，都會在考棚外租看司房擺攤發賣卷紙，卻分別在咸豐七年（1857）、同治二年八月、三年三月經歷三次遭竊，尤其最後

30　《巴縣檔案（同治朝）》，案卷號06-05-13413。

一次被竊卷紙寬窄共六十九刀，「值血本錢七千餘」。[31]

　　從司法檔案裡看到許多發生於此際的竊案，通常有幾種情況，第一種情況是最常見的，就是士子在其城內租屋處被竊。從檔案看到，當試期時士子到城內通常會落腳在客棧、客店、學館、書院、廟宇、公所等處。客棧客店是最常見的例子，如同治二年八月，有大足縣廩生李瑛與文童劉子衡，皆來渝聽候考試，租屋在渝中坊的雙發店，卻被無名惡賊竊去其銀錢衣服綾綢等。[32]同治六年六月，有涪州童生陳訓典因為赴省城應試，路經渝城，寄行李於陳仁之蓮花坊住館，但卻被人偷去。[33]同年也是六月，另有文生王文淵來渝應試，住米花街余和泰棧內，被賊竊去銀等一案。[34]同治十三年十月，有合州武童生潘用賓來渝應試，住在全悅來家棧時，夜裡被賊端門入室竊去衣銀物。[35]除了客棧、客店之外，士子住宿其他場合而遭竊的例子，如寺廟內、[36]公所、[37]學館、[38]書院[39]等地與私人房廳者。[40]

　　第二種情況是有些士子趁考期到重慶城內採辦或做生意時被竊。這些士子來重慶城內除了應試與送考之外，同時也會趁

31　《巴縣檔案（同治朝）》，案卷號06-05-10638。

32　《巴縣檔案（同治朝）》，案卷號06-05-10741。

33　《巴縣檔案（同治朝）》，案卷號06-05-12008。

34　《巴縣檔案（同治朝）》，案卷號06-05-12263。

35　《巴縣檔案（同治朝）》，案卷號06-05-13536。

36　《巴縣檔案（同治朝）》，案卷號06-05-12251。

37　《巴縣檔案（同治朝）》，案卷號06-05-12935。

38　《巴縣檔案（同治朝）》，案卷號06-05-13127。

39　《巴縣檔案（同治朝）》，案卷號06-05-13534。

40　《巴縣檔案（同治朝）》，案卷號06-05-11670、06-05-12879、06-05-13073、06-05-13566。

機在城內採買貨品。如前述同治二年八月榮昌縣武童生潘肇平
被竊案，事主是來城應試時，在錢市被賊絡竊銀兩，顯示事主
可能在錢市兌換貨幣。[41]又同治四年四月，有綦江縣武生趙興
隆原，在綦江縣教棚徒眾數人學習武藝，來渝採辦弓箭應試，
卻在渝中坊杜玉太裁縫店內，遭賊竊去各色布銅錢等物。[42]又如
同治五年十一月，有童生鍾雲等人「來渝應試，隨帶小白布一
綑，共二十七疋，放在魏復興布店櫃上寄賣」，卻被推船活生
的黃興順、張萬發竊去，二賊在江北被獲。[43]同治六年正月，有
文生王文淵被竊後稟稱：「來渝科試，寓余和泰茶店，所帶買
貨銀錢等物，概存和泰店手，和泰出具紅票五張交生，存放房
中靴葉子內，以便各號買貨支用。」[44]此顯示事主文生來重慶應
試時，也攜帶銀錢來採買貨品。

　　第三種情況是士子在往省城的途中雇用轎夫、腳夫而被
竊。如同治三年七月，有住南紀坊之監生譚騰雲因趕赴省試，
僱用張三挑運行李，卻半途被竊。[45]同治三年八月，有武生張倬
廷赴省鄉試，透過巴縣轅門開設轎鋪生理的萬回春，雇用了轎
夫傅老么，但控告萬回春等私竊銀兩潛逃一案。[46]又同治六年十
月，有廩生盧某赴省鄉試，於重慶城內東水坊王長生轎鋪，雇

41　《巴縣檔案（同治朝）》，案卷號06-05-10736。

42　《巴縣檔案（同治朝）》，案卷號06-05-11225。

43　《巴縣檔案（同治朝）》，案卷號06-05-11770。

44　《巴縣檔案（同治朝）》，案卷號06-05-11805。

45　《巴縣檔案（同治朝）》，案卷號06-05-11056。

46　《巴縣檔案（同治朝）》，案卷號06-05-11176。

用轎夫王麻子抬轎，王麻子卻於中途偷走盧廩生的錢財。[47]

第四種情況是士子離家赴渝時，其家中被竊。如同治二年八月，有節九甲的武童生羅國安因武考來渝應試，家裡被郭嘏齋、周麻二、吳老么等竊其樹十餘根。[48]又如同治四年二月，有武生田春芳來渝送考，家中卻遭之前在其家幫工，但積欠工錢的龍狗兒由宅後撬開門閂入內行竊衣物。[49]同治五年七月，也發生正八甲廩生李顯棟來渝送考，其家遭無名賊將廚房後土牆挖穿一孔進內，撬開內室門閂，竊去存銀兩衣飾等物。[50]又如同治十三年九月，有正里三甲張玉堂告陳老三等竊去伊家銀兩衣物鴨子等一案，事主張玉堂係貢生，「奉示送考來渝」，住在城內太平坊和興店，其家被陳老三於夜裡竊去鴨子六百隻。[51]

趕集、趕場之時

四川的農村的場市相當發達，巴縣亦不例外。通常在竊盜的司法檔案裡提及「趕集」或「趕場」一詞，即指赴農村場市貿易之時。巴縣各場為定期市，集期即開場時間，或為三、六、九，或為四、七、十，時間錯開以便於人們到不同的場趕集。巴縣的場上有不少店鋪，或開鋪屠豬並買賣零星米糧鹽斤，或開設酒飯店，在重慶開絲線鋪的商人會到各場發賣各類

47　《巴縣檔案（同治朝）》，案卷號06-05-11896。

48　《巴縣檔案（同治朝）》，案卷號06-05-10782。

49　《巴縣檔案（同治朝）》，案卷號06-05-11152。

50　《巴縣檔案（同治朝）》，案卷號06-05-11690。

51　《巴縣檔案（同治朝）》，案卷號06-05-13502。

貨品。場市的人口職業構成，絕大多數經商為生，最多的是從事茶館、飯店、酒館等餐飲業，其次是開設米房、布店、旅館等衣食住行日常所需，藥鋪、木匠也較多。趕場離不開衣食用品，場也是人們看戲、吃茶、喝酒休閒、娛樂的地方。乾隆《巴縣檔案》揭示出，場的興建需要縣衙門審批。場市由場頭、客長與鄉約共同治理，三者係場民公議產生，不但要辦理場內公事，還有維護地方治安的職責。場上人多事繁，兼有人行竊，有必要派人維護秩序與安全，於是縣衙也會派遣差役到場巡查。[52]

　　場市在特定的集期時會有來擺攤的商販，早在乾隆朝的《巴縣檔案》中就已反映出許多竊盜案件都發生在場市集期交易時，或往返場市的途中。乾隆二十八年（1763）四月，有智里十甲陶家場的民人劉碩甫等上呈縣府懇請設立鄉約，就是因為治安的問題：

　　　蟻等甲內地名陶家場，鋪戶約二百餘家，只有場頭客長，缺少鄉約，每逢場期趕場民集，又兼大路要道，東通南川、綦江，西達江津、璧山，往來客商絡繹不絕，屢次凶鬧，無有鄉約，理難化奸。今蟻等場眾公舉熊孔文為人老成，家道頗殷，言談如似蘇秦之舌，逢事排解，心存拆絲改網之念，堪充鄉約。懇□給照，給與熊孔文，以便約

52　參見常建華，〈清代乾嘉時期的四川趕場──以刑科題本、巴縣檔案為基本資料〉，《四川大學學報》，2016年第5期，頁62-75。

束斯地頑民。[53]

由上引文可知在乾隆朝前期該陶家場已發展成相當規模的場市，當趕集時人眾容易誘發犯罪，而需要鄉約協助治理。根據王大綱蒐集乾隆朝巴縣場市的竊案後顯示，乾隆四十五年（1780）以後，在場市當集期時被竊的案件數量逐漸增加。[54]例如乾隆六十年有廉里四甲石龍場的客長稟稱，該場市每逢場期，就有賊匪潛入場內絡竊，待事主驚覺，犯嫌早已颺去。[55]

　　為了維持場市的治安，官府下令設立柵欄，並要求團練負責捕盜。嘉慶年間巴縣有告示奉上級官府之飭令，在各鄉場市鎮設立柵欄，置備高腳虎頭牌與虎皮木棍。大場設牌四面、棍八根，中場立牌三面、棍六根，小場則是牌三面、棍四根。虎頭牌上大書「奉憲明文嚴拿匪徒，如敢拒捕，格殺勿論」字樣。虎皮棍上大書「專打匪徒」四字。每場置備梆鑼，雇請誠實更夫輪流值更，以防盜賊竊發。往後無論黑夜白日，遇有偷竊搶奪等匪人入場，即將柵欄關閉，敲梆鳴鑼，齊集團練協力擒拿送縣，按律究辦。倘犯嫌膽敢拒捕，即用「專打匪徒」虎皮木棍毆打，仍以格殺勿論。[56]這樣的防盜機制到了道光年間，

53　四川檔案館編，《清代巴縣檔案匯編・乾隆卷》（北京：檔案出版社，1991），頁199。

54　王大綱，〈從竊案來看清代四川重慶的社會變遷（1757-1795）〉，頁113-116。

55　〈乾隆六十年十一月十四日巴縣廉里四甲石龍場客長曹在貴稟〉，四川大學歷史系、四川省檔案館主編，《清代乾嘉道巴縣檔案選編》下冊，頁360。

56　〈嘉慶十一年十二月巴縣告示〉，四川大學歷史系、四川省檔案館主編，

就有團首反映：「無奈年久，人心難齊，兼之柵欄朽壞，以致賊匪乘勢來場，日則估拿絡竊，夜則偷盜。」[57]

　　同樣情況持續至同治朝，許多鄉村場市仍是治安隱憂之地。從各地場市的負責人客長、鄉約的上呈，就可以看到不少例子。如同治五年十月直里九甲虎溪場發生竊案，該場的客長甘遇龍就指陳：「該場路當孔道，現值隆冬，常被絡竊，若不稟究，地方難安。」[58]在集期交易時擺攤的貨品也往往會遭竊賊覬覦，正如同治十二年六月，忠里五甲界石場客約盧萬順所稟稱：

　　　　本場路當孔道，上通雲貴、下達渝涪，三、六、九場
　　　　期甚是擁擠，沿街擺攤人每遭啯匪絡竊布疋等物，受害者
　　　　眾，均未拿獲。[59]

其它的實例如同治六年四月，有正八甲人馮明軒與姪等人夥伴綢緞發賣，來渝趕貨採買，當過土主場趕場時，在李煥章店口暫歇，轉瞬間其包袱貨物悉被賊乘間竊去。[60]又如同治十一年十一月，有事主蔣海山、葉生理、嚴恆豐等人具稟，其皆在場

　　　《清代乾嘉道巴縣檔案選編》下冊，頁362。

57　〈道光三年二月十九日廉里九甲場約萬民高團首陳復生等稟〉，四川大學
　　歷史系、四川省檔案館主編，《清代乾嘉道巴縣檔案選編》下冊，頁370。

58　《巴縣檔案（同治朝）》，案卷號06-05-11675。

59　《巴縣檔案（同治朝）》，案卷號06-05-13234。

60　《巴縣檔案（同治朝）》，案卷號06-05-11882。

開布攤，當趕集之期，遭慣竊徐五等夥竊布攤。[61]

　　趕場時有租攤位的小販，每當集期交易結束後，會將貨物銀兩寄放在場市內的店鋪，因而成為宵小的獵物。如同治六年八月，在曾家場有杜恆川等以趕場，收會銀寄放在柳德川銀鋪櫃裡卻被竊。[62]同治七年十一月，孝里八甲舒啟東稟伊鋪被賊竊去貨物一案，事主舒啟發指稱：「民居鄉，在附近石馬場佃武廟會房，直進四間，民在鋪口擺乾菜糖食攤生理。今八月有鄰居油蠟鋪任永順，鑲佃民鋪內房一間住家。民每逢場期擺賣，挨晚收□，將貨鎖放鋪內各歸，托永順照守。」但夜裡任永順鋪內被竊，之後於同治八年二月初四日捕獲嫌犯廖貴。[63]又如同治十年十一月，有石里快役姚元懷稟稱被賊劫去襟貨、衣物、錢文等，事主指稱：「役向在一品場鋪住，來渝在衙辦公，鋪面、櫃臺均佃雜貨、糖、食鹽□攤，每逢一、四、七各客設攤擺賣，晚收，櫃鎖回家。」前次被賊剪穿篾壁進內時，因贓微未上稟；第二次賊於夜裡由原路篾壁剪穿進內再次行竊。[64]又如同治十二年六月，有慈里六甲民人涂芳玉等以被無名賊刁門入家竊去各種物件一案，事主涂義春是專門在福壽場擺攤販賣雜貨的小販，場期結束後他將貨擔寄放在涂芳玉鋪內卻被竊。[65]

　　還有的是事主趕場不在家，而家中被竊的案子。如同治七年八月，有節里六甲民人李占元因出外趕場，不料賊混入臥室

61　《巴縣檔案（同治朝）》，案卷號06-05-13139。

62　《巴縣檔案（同治朝）》，案卷號06-05-12062。

63　《巴縣檔案（同治朝）》，案卷號06-05-12370。

64　《巴縣檔案（同治朝）》，案卷號06-05-13023。

65　《巴縣檔案（同治朝）》，案卷號06-05-13264。

竊去銀子等。事主李占元係巴縣二聖場人，務農為業，而之後被捕竊嫌之一譚有，係在五渡場開茶棧生理。[66]又如同治五年十一月，有正里三甲伍興和遭竊案，事主伍興和因趕集蔡家場擺設貨攤，被其鄰居萬李氏之子趁機行竊。[67]

　　從被捕竊賊的口供中，可見到他們已知趕集時場市人多，是適合偷竊的時機。如同治四年閏五月，在陶家場有慈里八甲捕差湯順等拿獲賊李二等人，而竊賊李大、李二、周二等人，皆下力活生，住鷂子岩劉麻五家，他們的口供稱：「今年米價昂貴，小的們大家商議夥同偷得衣物銀錢分用，就是到五月初四日陶家場趕集場時，小的們那日拏有蕭三幅的白布一件，謝德順的錢一千四百文。小的們拏起出場，就被公差楊復、劉忠們向小的盤問」，遂被捕在案。[68]

　　除了偷竊案之外，在趕集或趕場時還常見有途中搶劫的案子，如同治七年五月在土主場，有事主費一元因趕場人多，被賊劫去白契綢衫等。[69]實則在趕場或趕集時屢屢發生的竊盜犯罪，早在嘉慶年間已如是。嘉慶十年八月二十六日正里四甲興隆場場約周聯章等稟稱：「近有不法啯匪，往往在於各場肆行擢竊，受害難言。」可見啯嚕經常於場市搶竊。嘉慶二十四年八月二十三日巴縣諭示中，也提到：「更有一等痞棍勾引外來匪賊，每遇場期來場絟竊，甚至奪搶客貨。」[70]即使嘉慶年間官

66　《巴縣檔案（同治朝）》，案卷號06-05-12565。

67　《巴縣檔案（同治朝）》，案卷號06-05-11705。

68　《巴縣檔案（同治朝）》，案卷號06-05-11281。

69　《巴縣檔案（同治朝）》，案卷號06-05-12269。

70　四川大學歷史系、四川省檔案館主編：《清代乾嘉道巴縣檔案選編》下冊

府已有強化場市的管理，設置柵欄、虎頭牌、虎皮棍、梆鑼、更夫，以防盜賊。嘉慶年間又推行團練，改造了場市的組織與治理。[71]不過，從同治年間巴縣的司法檔案看來，場市的竊盜案仍是頻傳，顯示這類機制的效能恐怕有限。

婚禮、節慶與火災之際

有事主被竊時正是婚禮的場合，例如同治十二年在仁里十甲有鄉民李興懷與其胞弟家被竊案，這件案子有兩個特點，第一個特點是被竊事主家裡連續被偷了三次，前面兩次雖然報案卻未逮住竊賊，這次才抓到嫌疑犯。這顯示事主在鄉村當地應該有一定的經濟地位，所以成為竊賊的對象。第二個特點是竊案發生時間，是在李興懷胞弟之女的婚禮之後，客人來其家住宿而被偷，顯然婚禮場合是一個提供偷竊的很好情境。[72]另舉一例是發生在同治十三年五月，在城內金湯坊開設銅煙袋鋪主人，當兒娶媳舉辦婚禮的前一晚遭竊。[73]大概是因為能舉辦隆重婚禮之家，大多有一定的財力，而婚禮過程中主家又必定積聚許多嫁妝、禮金等，於是容易吸引竊賊的注意。

此外，每當廟會與慶典時節也是竊賊蠢動的時機，上一節已提到廟會演戲時遭賊扒竊的例子。再從類被捕的竊犯口供，

（成都：四川大學出版社，1989），頁348、398。

71 常建華，〈清代乾嘉時期的四川趕場——以刑科題本、巴縣檔案為基本資料〉，頁73-74。

72 《巴縣檔案（同治朝）》，案卷號06-05-13296。

73 《巴縣檔案（同治朝）》，案卷號06-05-13410。

插圖5-7：晚清報刊描繪婚奩遭竊以致
新娘輕生之案例
資料來源：〈遭竊輕生〉，《戊申全年
畫報》，1909年第22期，頁42。

可知其動機有的是臨時起意。例如同治二年三月，有宣化坊
捕役李太稟拿獲慣賊李三乘機行竊一案，竊賊李三係巴縣本地
人，他的口供辯稱當日宣化坊水符宮正舉行酬神演戲，他見無
人看守，就起意行竊，透鎖開門，尚未得贓時就被公差拿獲。[74]
同治三年四月，土祖場禹王廟正在舉辦廟會時，村廟內的大鍋
被竊，捉到犯人後的口供聲稱是「下力活生」，見無人看守，

---

74 《巴縣檔案（同治朝）》，案卷號06-05-10621。

插圖5-8：晚清報刊描繪竊賊趁婦女觀野臺戲時行竊鞋子
資料來源：〈浪子偷鞋〉，《圖畫日報》，1910年第386
期，八月十一日，頁12。

遂臨時起意偷竊。[75]

　　上述二例的口供看似竊賊並無計畫行竊，但以下的例子
顯示此時節有許多竊案更可能是有計畫行竊。例如同治五年四
月，城內翠微坊的監生翁澤厚稟稱：「因為月初六夜間有同院
劉姓祀神，被賊混入伊父臥室樓上，將門鎖透脫進內，復扭開
皮箱二口，竊去衣箱二個，自漏鬁窗眼跳下，由伊夫婦臥室負
贓逃逸。」[76]同年七月另有一起正里一甲玉成團監生唐廷安與段

75　《巴縣檔案（同治朝）》，案卷號06-05-10933。

76　《巴縣檔案（同治朝）》，案卷號06-05-11551。

三海等稟狀，指該村當廟祀神演戲時，有四個陌生人入住周仁和所開設的棧房，被其查獲仍欲乘演戲時絡竊。[77]同治十三年十二月，適逢皇太后萬壽盛典，鄉間的二聖場市有萬天宮舉辦的皇會，夜間被二賊偷走布匹。之後，捕役在其他場市設關卡抓到竊賊。[78]

　　此外，我們還可以看到「趁火」行竊的例子，如同治二年七月初七夜，有楊柳坊洪錫祺具稟無名惡賊竊去伊家金銀衣物等一案，事主洪錫祺原籍成都，來重慶較場錢行買賣二十餘年，當天夜裡因為楊柳坊關廟街遭受回祿之災，事主攜女避災外處，卻有人乘勢翻牆入屋行竊。[79]這類的案子大多發生在城市內，因傳統中國城市的建築空間與結構，導致火災發生的機率相當高（參見第八章第二節）。又如同治十年（1871）正月初六夜，東水坊有合州人文生程景伊在渝陝西街開綢緞鋪，夜裡因街上的大十字油蠟鋪失火，延燒甚廣，有痞匪以上房救火為名，乘勢撬柵入鋪內行竊。[80]這類例子頗多，在此不再贅述。[81]

77　《巴縣檔案（同治朝）》，案卷號06-05-11617。

78　《巴縣檔案（同治朝）》，案卷號06-05-13584。

79　《巴縣檔案（同治朝）》，案卷號06-05-10735。

80　《巴縣檔案（同治朝）》，案卷號06-05-12754。

81　其他案例參見《巴縣檔案（同治朝）》，案卷號06-05-11461、06-05-11944、06-05-12331、06-05-12647、06-05-12657、06-05-12744、06-05-12773。

第三節　銷贓與接贓的管道

　　通常竊賊在偷竊時，一則要注意物品的價值性與可攜帶性之外，多少還會考量哪些物品比較好銷贓。竊賊偷竊的贓物要如何變賣呢？從巴縣的例子看到，如果是慣竊，通常不會馬上將所有贓物立刻變賣銷贓，而是將一小部分銷贓，多數留存在自家裡或在接贓者家裡收藏。例如同治七年十二月，居住在鄉村正里二甲的監生伍紹先等家裡被竊，公差抓到了嫌犯謝麻子、謝黑二兩人供稱，二人係兄弟，下力活生，先後夥同偷竊多起，他們把贓物存放在自己家裡，尚未變賣。[82]

　　竊賊如何銷贓呢？贓物都在哪些地方變賣呢？從現有的檔案史料看到，巴縣竊案的贓物變賣的管道有幾種，其一是到當鋪典當。例如同治五年城內靈壁坊的湯龍氏家被竊，竊嫌唐玉興被逮後的口供聲稱：「平日下力活生，這陳大牛與小的素相認識。今六月間，他同小的行往湯龍氏家經過，見四下無人，就乘勢進內竊得贓物逃走，寄放陳大牛家裡。」又供稱已有部分贓物已入當鋪。[83]若在本縣變賣則可能被捕役查獲的機率高、風險大，所以也有到外縣當鋪典當的例子。如同治七年五月，在鄉村廉里偷竊的竊賊劉三、何二，因為在銷贓的過程中被捕役盤問捉住，因而供出其罪行。他們將偷竊來的物品，帶到鄰縣——長壽縣的當鋪當錢。[84]

82　《巴縣檔案（同治朝）》，案卷號06-05-12358。
83　《巴縣檔案（同治朝）》，案卷號06-05-11599。
84　《巴縣檔案（同治朝）》，案卷號06-05-12249。

　　另一個銷贓的管道是竊賊直接將少量的贓物帶到市場或店鋪變賣，在巴縣城內可以看到某些地方是銷贓者常去之地，也成了捕役破案的關鍵。首先是巴縣城內的商業中心——較場一帶的攤販與店鋪是常見的銷贓地點。[85]如同治十二年三月，在府轅任差役的任玉之家，當其上班時家裡常遭偷竊，屢次未獲。這次而是由捕差蘇玉在較場中衣攤上發現贓物，再從收贓者吳順祥口中查知賊犯為慣竊田麻子。[86]又如前述發生在同治十三年五月，城內金湯坊開設銅煙袋鋪的主人於娶媳前晚遭竊案，之後坊捕也是在較場查獲銷售贓物的嫌犯簡五，但該犯聲稱乃為其雇主代銷，本人並不知該物為贓。[87]

　　除了較場以外，重慶城內的另一處商業中心——朝天坊，也是銷贓的熱點。如同治五年五月，在鄉村直里一甲行竊的賊犯王長壽等人，即是在朝天坊銷贓時被捕役查獲。[88]這個例子也可以讓我們知道，在鄉村行竊者也會想辦法將贓物帶到城市變

85　較場原為軍事用地的大教場，後來出租作為臨時的商鋪用地，到十九世紀中葉已成為固定的商店密集區，商業功能更加明顯。這可以從晚清繪製的《渝城圖》看到「較場壩」一區都是店鋪房子，該圖還有文字註解說該地有錢市、米市、炭市、肉市、磁器街、木貨街、荒市、號貨街、布市街、草藥街等。另外，《增廣重慶地輿全圖》也繪有十數條商業街道，除了上述《渝城圖》所有的街市外，還有鐵市、魚市街、騾馬店、牛肉街、衣服街、鐵貨街、磨坊街等。參見〔清〕艾仕元，《渝城圖》（法國國家圖書館藏清同治光緒間繪本）；〔清〕劉子如，《增廣重慶地輿全圖》（三峽博物館藏清光緒十七年刻本）。有關《渝城圖》、《增廣重慶地輿全圖》二圖之背景說明，參見本書第八章第一節。

86　《巴縣檔案（同治朝）》，案卷號06-05-13181。

87　《巴縣檔案（同治朝）》，案卷號06-05-13410。

88　《巴縣檔案（同治朝）》，案卷號06-05-11561。

賣，畢竟城內的市場較大，可能購買贓物的消費者較多。

　　至於在鄉村裡竊得的贓物，一般的情況是竊賊會將贓物帶到鄉村的定期市交易。如同治五年四月，在鄉村節里十甲有農民江如山家被竊，幸運的是捕差李貴查獲竊賊吳喜沅，且供出自己「因貧苦難度，行竊江如山家衣物十六件，拏八件寄郭老四往南川觀音橋變賣，餘贓寄存劉麻二家。」[89]

　　其實上述的銷贓的管道在當時的官役也很清楚，例如十八世紀的名宦陳弘謀（1696-1771）就指出：「但若輩行踪究難盡掩，得贓到手入市當賣，亦必露人耳目。文武各官若能巡防嚴密緝捕，有方盜賊何難綏靖！」[90]再從《巴縣檔案》的實例中，可看到捕班同失竊的事主到城內當鋪清查時發現竊嫌，如同治元年五月，在本城監生杜允泰開棧店內寓居的歸師爺、鄭太爺與陳二爺等人，夜裡被竊衣物，知縣下令捕班協同店裡灶工速即清查賊跡，當即於清查城內當鋪與小押處時，發現有府衙大班廳子張麻子、楊三耶之弟三人押有布匹綢衫小衣等件，他們因連日在廳子賭博輸錢數千文，拿這些衣服來當。而這些人常在陳二耶房內進出往來不絕，可能就是竊犯。[91]另一個實例是立德夫人（Alicia Little）於光緒二十四年（1898）在重慶鄉間租屋時曾遭竊，房東去報案之後，先是當差的來調查案情，接著縣衙門裡來人拜訪，他們詳細記錄一份失物清單，並告訴立德夫

89　《巴縣檔案（同治朝）》，案卷號06-05-11554。

90　〔清〕陳宏謀著、陳鍾珂與陳蘭森編，《培遠堂偶存稿》，文檄，卷12，
　　〈嚴飭水路巡查盜賊檄·乾隆六年十月〉，頁3a-3b。

91　《巴縣檔案（同治朝）》，案卷號06-05-10446。

人說，他們會去搜查當鋪。[92]這也說明當時官役也知道被竊的贓
物很可能流向當鋪，這也是捕役在查緝竊盜案件時往往能在市
場或當鋪找到嫌犯的原因。

　　竊犯的口供顯示贓物變賣的所得通常都不算高，多數的例
子只是幾百文到幾千文而已。例如同治十三年八月，在鄉村有
多人邀約偷竊貢生黃允中家一案，而被逮捕後的竊賊陳爹鬍子
口供有銷贓的紀錄，以及賣得多少錢的物價資料。其云多人行
竊之後，「把金簪一支賣錢十一千文，馬褂衫子賣錢四千二百
文，小的用錢五千文，那張三與這張二板主用錢十一千二百
文，其物並那楊五、楊冬分去各散。」[93]這批竊賊各分約五千
文，算是竊賊分到贓物價值比較多的例子，再舉一例，同治
十二年正月，神仙坊坊捕於巡查時捕獲的嫌犯，並供出主嫌劉
老么。劉老么又供出他把獲得的衣物賣給了較場叫錢老六的，
分得了一千文左右。[94]

　　上述的情況除了是客觀現象之外，還可能是竊犯避免獲得
重罰的策略，又可能涉及官府審案壓力。如本書第一章所提到
的竊盜律的量刑方式之一，就是根據贓物的價值為標準。正因
當時竊盜論罪係依其贓物之價值高低來論輕重，於是經驗豐富
的慣竊在分批銷贓的過程中若被逮捕，常會刻意只承認變賣小

92　其夫為英國商人阿綺波德‧立德（Archibald Little）。Mrs. Archibald Little,
　　The Land of the Blue Gown [China](London: T. F. Unwin, 1902), p. 174. 中譯本
　　參見阿綺波德‧立德著，劉雲浩、王成東譯，《穿藍色長袍的國度》（北
　　京：時事出版社，1998），頁175。
93　《巴縣檔案（同治朝）》，案卷號06-05-13569。
94　《巴縣檔案（同治朝）》，案卷號06-05-13155。

額所得的贓物，藉此便可獲得輕刑。另一方面，縣衙也有可能刻意壓低贓物價值，以便讓這起竊案維持在州縣自理的層級，不僅可以免於支出審轉程序的行政成本，也能盡速結案，紓解積案的壓力。

　　關於收贓者，有的是不知情者，如同治十三年四月，鄉村慈里十里鄭興發之家被竊案，慣竊雷大被逮捕後，其口供細緻地描述在哪些地方銷贓，有時竊嫌會到城內新牌坊的棧房住宿，並託棧房主人楊洪發幫他銷售贓物。棧房主人再將物賣給場市之人，但棧房主人並不知道該物品是贓物。[95]但也有專門接受贓物的買家，即所謂的接贓者。例如同治十二年二月，在重慶做小生意的伍興發，因外出之後未回家，夜裡三更時其家被賊由廚房後窗門入室竊取衣物、首飾等件，次早事主知覺才趕赴頭團鄰報案；捕役洪順捉到竊賊馮丑，馮供稱張二為收贓者。之後，捕役數十人包圍張二家，並在張二家查獲與失單相符合的物品，顯然張二就是接贓者無誤。[96]收贓或接贓者於受審時往往辯稱不知情，如同治十二年有孝里三甲之團首報案，說明該地區時常被竊，後來小甲在地方上巡查的時候，發現二人行蹤慌張，經過盤查之後抓到嫌犯唐彪與接贓者劉二，進而逮捕窩戶李永發。接贓者劉二供稱：「平日小貿活生」，以錢二千文買這舊識唐彪的錫茶壺、錫酒壺、麻布衫、葛布汗衣、藍布衫等件來渝變賣，雖自稱不知為贓物，但最後仍被判枷示

95　《巴縣檔案（同治朝）》，案卷號06-05-13354。

96　《巴縣檔案（同治朝）》，案卷號06-05-13169。

一個月。[97]

　　接贓者是有刑責的，據《大清律例》〈盜賊窩主〉律的規定：

> 　　若知強、竊盜贓，而故買者，計所買物，坐贓論。知而寄藏者，減故買一等。各罪止杖五百，其不知情誤買及受寄者，俱不坐。[98]

而「坐贓」的處罰是依贓物價值來量刑，最低是一兩以下笞二十，最高則是五百兩以上徒三年、杖一百。[99]接贓者無論是有心或無知，官員在審理這類案子時，都會判定接贓者需要理賠原事主。如前述同治十二年兵房書吏劉照藜家裡，在夜間被賊到院裡面把堂屋門倒扣入內，竊取了糧食以及錫器等件。後來知縣下令捕差捉拿，捕差逮可疑的嫌犯盤問，並因此抓到其他同夥。這些嫌犯自稱他們有偷糧食，賣給唐老三得兩千餘文，個人分了五百餘文。縣官員審判接贓的唐老三應該要退還贓物給事主。[100]

97　《巴縣檔案（同治朝）》，案卷號06-05-13295。

98　〔清〕薛允升著述，黃靜嘉編校，《讀例存疑重刊本》，卷31，〈盜賊窩主律〉，頁752-753。

99　〔清〕徐本等纂，田濤、鄭秦點校，《大清律例》，卷2，〈諸圖・六贓圖〉，頁42-43。

100　《巴縣檔案（同治朝）》，案卷號06-05-13197。

第四節　窩戶：竊賊背後的黑手

　　從《巴縣檔案》中可以看到慣竊與集團偷竊的案子中，常見有窩藏嫌犯者，也就是所謂的「窩戶」或「窩家」。歷任巴縣知縣與重慶知府都曾注意窩家的問題。乾隆年間的知縣告示即曾指出窩賭窩娼之即是賊盜聚集之處，這些地方因為匪類糾眾結夥、銷贓滅跡多在於此。故要嚴申保甲，將窩娼窩賭之家查拿盡淨，使匪類無容身之處。[101]嘉慶時有重慶知府指示：「弭盜之法，首在除窩」，於是要求選撥合適的捕役嚴密查拿窩戶，因為在地方上日則逢場絡竊、夜則糾夥穿窬的賊盜，其實背後應有窩家寄頓，否則此輩贓物難銷，也就不敢橫行肆竊：

> 　　乃察訪重屬地方，多有窩賊之家，憑恃險阻，聯絡聲勢，事主莫敢誰何。捕役互相容隱，日久月長，窩主習為生涯，盜賊視為逋藪，捕役貪為利途，均不自知身罹法網，遂使賊風日熾，民難安枕。[102]

同治九年三月有一起竊案，事主的呈文云：「竊賊必有夥，非夥無以應援；盜必有窩，無窩曷以藏口。」[103]這句話頗能反映

---

101 〈乾隆三十九年七月巴縣正堂告示〉，四川大學歷史系、四川省檔案館主編，《清代乾嘉道巴縣檔案選編》下冊，頁345。

102 〈嘉慶二十一年十一月十六日重慶府札〉，四川大學歷史系、四川省檔案館主編，《清代乾嘉道巴縣檔案選編》下冊，頁363。

103 《巴縣檔案（同治朝）》，案卷號06-05-12566。

當時對竊盜案的看法，特是窩戶、窩家是使竊賊盛行的原因之一。於是發生竊案時逮捕窩家也是重要的防制手段，例如同治十二年五月，鄉村節里九甲某團發生了竊案，有七、八人各執刀棒聚集，於是團練集合多人將竊賊王大順、陳大川以及窩戶等人一次起捉拿到案。[104]

　　清人文集、法律文書與官箴書曾論及這類窩家與竊盜的關係，顯示當時官員非常重視窩家的問題。陳弘謀就曾針對江蘇地方竊盜案盛行的情況，非常深刻地指出窩家的重要角色：

> 　　江蘇地方賊案頗多，皆由到處皆有積慣窩家。未竊之先，糾夥於此，既竊之後，寄贓於此。先期為之引線，事後為之變贓。贓之多少，如何分給，亦係窩家主持。此等慣窩，房屋深廣，有身家、有妻妾，衣冠出入，儼同殷實，所以當賣賊贓、賊黨出入，人不之疑。捕役暗得陋規，不肯獲破。[105]

亦即窩家乃竊賊背後的主使者，同時也是接贓、藏贓與銷贓的獲益者。甚至貢獻不少陋規給捕役，以致捕役不認真查緝竊案。所以有官員就強調治窩是防制竊賊，甚至是彊盜的首要工作，如道光年間任職四川按察使的張集馨（1800-1878）即指出：「緝匪首在緝窩，去一窩則數賊無所匿；治盜先宜治賊，

---

104 《巴縣檔案（同治朝）》，案卷號06-05-13199。

105 〔清〕陳宏謀著、陳鍾珂與陳蘭森編，《培遠堂偶存稿》，文檄，卷40，〈查究積賊慣窩檄〉，頁24a。

懲小竊則大盜不能成，蓋盜未有不自竊而來，賊未有不以窩為藪者也。」[106]

　　至於要防制窩家的最好方法，通常認為就是要嚴格地施行保甲制。如陳璸（1656-1718）所云：「自來欲禦強盜，必嚴夜巡。欲防竊盜，必究窩家。總不過於實行保甲之法而已。」[107]何耿繩（1788-？）輯《學治一得編》亦載久慣窩盜之人，往往藏匿於鄉村，其耳目必多，只要官府一有獲賊到案，窩家隨即聞風遠颺、寄贓滅跡。以至於不但窩家無法查拏，已獲賊犯的真贓確證亦不可得，反致犯人可以翻供，使案情難定。因此，「竊盜之根，總在窩家，而與其拏窩家於破案之後，不如慎用鄉保，嚴查保甲，除窩家於無案之先。」[108]

　　法律上也有關於窩家的刑罰，除了第一章提及的〈共謀為盜〉律論其首從之別外，另有〈盜賊窩主〉律，規定這類窩藏竊賊者所應受之刑罰：

　　　　竊盜窩主造意，身雖不行，但分贓者，為首論。若不
　　　　行又不分贓者，為從論。減一等。以臨時主意上盜者為
　　　　首。其窩主若不造意，而但為從者，行而不分贓，及分贓

---

106 〔清〕張集馨，《道咸宦海見聞錄》（北京：中華書局，1981），頁36。類似之說亦見於該書之頁38-39、92-93。

107 〔清〕陳璸，《陳清端公文集》，收入《清代詩文集彙編》第196冊（上海：上海古籍出版社影印清同治六年刻本，2010），卷2，〈條陳·古田縣·詳稿附·古田縣條陳八事〉，頁5a。

108 〔清〕何耿繩，《學治一得編》，收入《官箴書集成》冊6（合肥：黃山書社據清道光二十一年眉壽堂刊本影印，1997），不分卷，〈整飭捕務並擬弭盜清盜棍〉，頁20b。

　　　　而不行，減造意一等，仍為從論。若不行又不分贓，笞
　　　　四十。[109]

在分首、從論時的關鍵，在於是否「有造意共謀」？再依「竊
盜律」之法計贓論刑。

　　張集馨以道光時期的四川省城成都為例，認為窩家之魁
為營兵、縣役，他們在城內開設歇店，藏污納垢。[110]從巴縣司
法檔案的實際案例看到，窩戶的身分的確以開設客棧者為多。
如前述同治五年七月正里一甲正當村廟祀神演戲之際，有四個
陌生人入住周仁和的客棧，欲乘演戲時扒竊。團練段海三等即
指該棧房棧主周仁和是慣於窩藏痞匪，擾害地方的窩戶。但周
仁和則指稱此四人為無辜，二造遂對簿公堂。此案件複雜，尚
無法定誰是誰非？然此案可見客棧主人往往被視為窩戶的可能
性。[111]而經營客棧的商人不但可能是窩戶，如同陳弘謀所言，還
可能同時是接贓者，甚至是主使者。例如同治十三年九月，城
內金沙坊開設棉花行的業主，夜裡被人竊走棉花，遂向坊捕投
案。之後，坊差查獲開設客棧之劉大興主使多人行竊，而夥竊
的贓物也藏匿於劉大興的客棧內。[112]

　　當然，也有窩戶並非客棧主，而是一般的職業者。如同
治十三年六月，直里一甲文生監正孫芳壎就狀告開設瓦廠的鍾

109　〔清〕薛允升著述，黃靜嘉編校，《讀例存疑重刊本》，卷31，〈盜賊窩
　　　主律〉，頁752-753。此處所謂的「不行」，指是「不一同行竊」。
110　〔清〕張集馨，《道咸宦海見聞錄》，頁92-93。
111　《巴縣檔案（同治朝）》，案卷號06-05-11617。
112　《巴縣檔案（同治朝）》，案卷號06-05-13493。

井保乃窩戶,其指控:「治屬井口地方偏僻,逼近三峽,往來宵小非白日搶奪,即賁夜私竊。有開瓦廠鍾井保,慣窩匪類,所倩工匠,盡屬峽匪,晝則做瓦,夜則行竊。」[113]又如同治四年五月與冬月,發生在城內紅岩坊棉花鋪院口多鋪遭竊案,捕役在窩戶周雙喜家拿獲竊賊廖春明。這案中詳細記錄了窩戶周雙喜的身家背景,據紅岩坊職員稟稱:周氏族內設立敦倫祠堂,雇有看司周興發經理焚獻,後興發病故,交由其子周雙喜經理,「詎雙喜不法,屢次隱匿竊賊廖春明行竊祠堂衣物、錢文,因未獲贓,不敢指稟。」但廖春明又再次偷祠堂錫香爐、花瓶而被坊捕盤獲,遂吐出窩戶周雙喜。周雙喜口供稱是南川人,平日裝煙活生,卻自說不知廖行竊事。廖春明為江津人,平日小貿活生,已竊多次。[114]

有的窩戶與嫌犯的關係其實是親友,如同治十三年六月,仁里十甲的鄉村某團內常遭竊,之後因有陳天順家之耕牛被竊,捉到竊嫌黎四;黎四供出同竊者王平。此竊案中有窩戶王裕山,為王平之父,最初還積極上訴其子王平無辜,隨後則畏罪潛逃。因為王平的同夥有蔣二,供出他是外地人(涪州人),才來巴縣討生,同他人一起行竊,就住在窩戶王裕山家中。[115]有的窩戶的確是地方的惡霸,當被搜出窩賊的證據後,還會挾怨報復。如同治十三年六月,發生一起駭人聽聞的案子,緣由某捕役破獲嫌犯與窩戶之後,窩戶挾怨,至捕役家毆

---

113 《巴縣檔案(同治朝)》,案卷號06-05-13451。
114 《巴縣檔案(同治朝)》,案卷號06-05-11644。
115 《巴縣檔案(同治朝)》,案卷號06-05-13513。

人、搶物品，且將捕役之父挾制投河淹死。[116]

　　但並非嫌犯所聲稱的窩戶都屬實，因為嫌犯往往會誣攀一些無辜者。《巴縣檔案》的資料顯示，嫌犯誣攀無辜者為窩戶的例子頗為常見。例如同治十三年二月發生在鄉村節里九甲的一起竊案，竊賊當場被逮，失主投鳴團練，有監正、團首私拷犯人，犯人誣連他團開設飯館主係窩贓者；團監正等遂至飯館家搜捕，後經憑團理剖，失主也知飯館主人並非窩主，憑團請還搜捕之物。但飯館主人不滿遂控告該團監生、團首，知縣得知後對於團監略有小懲。[117]同年另一起鄉村農家的竊案，捕役下鄉捕賊時，逮捕窩戶的黃銅匠，但黃銅匠口供則喊冤，稱是被嫌犯誣攀。[118]尤其是被捕嫌犯曾住宿過的客棧，棧主常被誣攀為窩戶。例如同治五年十二月，城內定遠坊文生顧民甯家被竊衣一案，逮捕到嫌犯何道人與冉忠，他們從外縣到重慶城內的陳老五棧住寓。因為欠房錢，二人就商約一起偷竊，得贓分用。至於他們居住的客棧主人陳老五是否為窩戶成了審案的焦點之一，最後知縣雖認定陳老五並非窩戶，但要他墊賠給事主。[119]

　　有時被竊的事主會告狀指稱某人為窩戶，可能也是一種訴訟策略。如同治十三年六月，發生在鄉村仁里十甲內的廖太和家，夜裡被竊錫塊之後，團鄰捕獲有一趕集之錫匠張五，但有監生楊敬之與其房東彭國良為錫匠張五抱不平，認為所查到

---

116 《巴縣檔案（同治朝）》，案卷號06-05-13436。
117 《巴縣檔案（同治朝）》，案卷號06-05-13361。
118 《巴縣檔案（同治朝）》，案卷號06-05-13463。
119 《巴縣檔案（同治朝）》，案卷號06-05-11748。

者非原贓；而失主則狀告監生與房東是窩戶，指其慣於窩賊分肥。[120]這顯然是針對監生等人維護錫匠而控告的訴訟策略。

　　值得一提的，重慶城內的各行業有些已成立行會，立有行規。因為接贓與窩賊都是違法之事，所以有的也立規嚴禁。例如渝城內的銅錫器具鋪戶有行會，年終祀神議規，指明如有接買賊贓、窩留竊賊，悉革逐行外。同治三年十一月就有一起竊案，事因行內張恆興縱其弟張老五行竊另一同行張光儀的銅錫器物，於是行會領袖以「內竊外接」、張光儀以「夜竊接贓」分別控告張恆興。到該月初四，捕差在張恆興鋪內捉獲竊賊詹老二。行會諸領袖邀張恆興集理，眾斥恆興不應違規窩賊，玷幫聲名，並上稟縣府請究逐張恆興窩賊之罪。[121]此案也顯示當時重慶城內各行業有相當的自制力，禁止行內成員有接贓窩賊之違法行為。

小結

　　本章從實際的司法檔案來看竊盜犯罪的類型與過程。過去因為這類實際的司法案件檔案留下的不多，我們對於竊盜案總是有一些刻板的印象，如今確實可以更全面地、客觀地呈現竊盜行為的樣貌。例如最大宗的偷竊類型是入室偷竊，而偷竊的方式並沒有想像中那麼多所謂的「飛賊」，大部分都是由破壞牆壁或門窗的方法進入偷竊。除了入室偷竊之外，「綹竊」，

---

120 《巴縣檔案（同治朝）》，案卷號06-05-13448。
121 《巴縣檔案（同治朝）》，案卷號06-05-11115。

也就是扒竊的案例數量也不少；其他還有使用迷煙、迷藥，乘勢攫去、假冒差役兵勇趁隙行竊等等。

　　的確有一些特殊的時節，有利於渾水摸魚，偷雞摸狗。如每當考期士子來重慶應試時常遭竊賊光顧，每當鄉村場市開市時前往趕集的攤商或客人也常會遭竊，又例如廟會節慶與婚禮的時候也是竊賊蠢動的時機。這三種情況都是人群或貨物聚集之時，混雜之際正好提供竊賊行竊的時機。

　　銷贓有幾種管道，一種是到當鋪變賣，一種則是到地方的市場變賣，如城市裡的商業中心地攤或是鄉村的定期市集；還有專門收購贓物的接贓者，他們被逮後也會遭受法律制裁。又即使是無心收購贓物者，在法律的實際判案裡面仍然會被判要求賠償原事主損失。

　　在清人文集、法律文書與官箴書裡面，往往會提到窩藏竊賊的「窩戶」、「窩家」在竊盜案中所扮演的重要角色。從《巴縣檔案》的實例看到，窩戶大概是竊賊背後最重要的黑手，他們有時候不但窩藏竊賊，幫助銷贓，甚至很有可能就是竊盜集團的主使者。這類窩戶以開設客棧者為多，當然也有一般職業者如開設瓦廠主人，有的窩戶與嫌犯的關係是親友。有的窩戶在地方勢力擴大，甚至會報復捕役。也有一些窩戶是被誣攀的無辜者。

第六章

被竊事主的身分與報案選擇

　　犯罪學對於被害人的研究，是到二次世界大戰結束後才開始受到較大的重視。犯罪學的學者認知到被害人在刑事司法上的地位，並瞭解到犯罪事件的發生若無被害人的視角，恐怕無法一窺全貌。如今以犯罪被害人為主要研究對象的被害者學（Victimology）已經成為一門新興的學科，且發展出許多不同的被害者理論，企圖解釋被害的原因。[1]

　　從被害者的視角可以提供歷史學者分析犯罪史的新角度，然而過去中國犯罪史的研究裡，涉及被害者相關的研究卻付之闕如。本章將處理三個問題，第一個就是被竊事主的身分，其次被竊事主在社會結構中的地位，再次是討論作為失主如何選擇報案與否。

　　首先，關於被竊的事主通常都具有一定的資財，否則不會成為竊賊的目標。本章第一節將透過被竊事主身分與職業的分類統計，分析出什麼樣的人容易成為小偷的覬覦目標？什麼樣職業與身分的人是最頻繁被竊者？而從事主身分或職業的統計

1　有關「被害者學」可以參考林山田、林東茂、林燦璋等，《犯罪學》（臺北：三民書局，2002），第六章。

結果，也相當程度反當時的映社會結構。本節透過比較乾隆與同治時期，不同類別的身分與職業被竊者所占的比重變化，來呈現兩個時代社會結構的變遷。

第二節則是透過被竊者損失的資產價值，來推測大多數被竊事主在社會結構中的地位。有錢有勢的官紳會是竊賊最為頻繁的目標嗎？若否，那又是哪類階層的人最易成為竊賊的目標呢？這些問題都很值得探討，但是過去的研究甚少觸及此議題，事實上，在明清時期的士大夫也曾注意到這類問題。本章的第二節將透過分析來回答上述問題。

被竊事主的「能動性」（agency）也是一個值得考慮的問題。他們是否會主動報官呢？從許多案例看來，許多事主雖曾多次被竊，但並沒有立即報官。現代犯罪學預設一般人失竊後會報案，如果未能報案的情況，則會稱之為犯罪黑數（dark figure of crime）。既有研究歸納現代犯罪黑數形成的原因，包括被害人不知有犯罪發生、當事人為庇護犯罪人或出於投鼠忌器的心理不願提告、被害人擔心遭到報復或難堪、被害人對司法機關缺乏信心、社會大眾缺乏正義感等五項因素，以致不會舉發犯罪。[2]那麼傳統的時期人們選擇不報官的原因又是什麼呢？這是本章第三節要探討的主要議題。

2　林山田、林東茂、林燦彰等，《犯罪學》（臺北：三民書局，2002），頁161。另外，黃富源綜合既有研究，認為犯罪黑數不僅來自行為人與被害人，而是自執法機關、社會大眾、加害人、被害人，乃至犯罪事件本身，都帶有產生犯罪黑數的要素，詳見黃富源，〈犯罪黑數之研究〉，《警政學報》，期1（1982年6月），頁1-19。

第一節　被竊事主的身分統計

從被竊者事主身分的變化，相當程度反映社會結構的變遷。王大綱統計十八世紀乾隆朝巴縣竊案中，可以認出被竊者身分的235件案例，依士、農、工、商與官方公務人員為五大類，顯示從事商業與農業的事主占整體數量的主軸。有趣的是到乾隆四十年（1775）之後，從事商業者的數量明顯增多，且首次超越從事農業身分類別的狀況。又從事手工業者身分的事主數量，由一開始相對最少，到乾隆晚期呈現與有功名身分的士人幾乎並駕齊驅的狀況。可見乾隆晚期巴縣的人口職業結構已經有轉變的跡象，從事工商業的數量增加，成為被覬覦的目標。從事農業的數量下降雖不一定是農業人口大幅減少，卻是因竊犯選擇偷竊的對象增多，偷竊從事農業活動者不再是比較有利的選擇對象，相對的針對從商或手工業的人，反而比較有利可圖。[3]

關於同治朝被竊事主的身分分類與數量的估計，筆者列出如下表6-1。其中被竊數量案件最多的事主是商人，其次是士人階層，第三位是公務職員，再次是務農者與經營工業者。這樣的數量反映了社會結構的變化，尤其說明重慶城市化與商業化的過程，從乾隆朝後期開始，到了同治朝已經達到高峰（參見第八章），所以從這裡可以看到商人被竊的案例數量居高不下。此外士人階層中也有不少經營工商業者。以下根據被竊案件數量多寡依序介紹之。

3　王大綱，〈從竊案來看清代四川重慶的社會變遷（1757-1795）〉，頁128-137。

表6-1：同治朝巴縣被竊事主身分分類案件數量

分類	案件數量	細類	案件數量
商人	428	店鋪商號業主	214
		其他	214
士人階層	380	監生	159
		其他	221
公務人員	369	職員	158
		書吏	110
		其他	101
務農	195		
工業	92	作坊工廠業主	78
		工匠與其他	14
婦女	91		
官員	62		
運輸業	39	船運業	23
		搬運業	16
宗教場所	39		
鄉紳舉人	35		
兵勇	27		
服務娛樂	25		
基層社會組織負責人	20		
其他		受雇	19
		勞動	6
		手藝	12

商人

　　王大綱統計乾隆朝遭竊的商人有72例，所從事的商業活動大體偏向小型的商業經營模式，例如店鋪、販賣商人或經營飯

店之類。到了乾隆晚期，外地來到重慶商貿的客商被竊的案例增多，而且他們的資本額規模也相對地較大。[4]到了同治朝被竊最頻繁、案例最多的事主是從事商業活動者，估計有428例，數量遠超過乾隆朝的同類案例。他們的經商型態較乾隆時期更加多元化，包括經營商號店鋪、外來客商、遠貿行商、外出小貿、擺攤貨郎等等，其中又以經營商號店鋪的業主失竊的案例最多。就犯案地點而言，並非全是集中在城市裡，鄉村里甲與鄉村場市也常見這類經商被竊的事主。

從事主的狀紙內容也反映被竊之頻繁，如同治十二年（1873）九月初五日夜，有直里八甲鄧逢州被賊習開窗門，鑽入櫃房，竊去存櫃及客寄銀並衣物等件，事主自陳：「在虎溪場開設酒飯館棧房生理，連年屢遭賊竊，以失贓無多，忍未稟緝。」[5]又如在太平坊開設棧房客店的東昇店主、積玉店主、合興店主等，曾共同上稟指稱：「在魚市口上首文華街開設棧房生理，屢遭賊裝作貿民，留宿竊盜。」[6]又如在儲奇坊開設藥行的周福臨屢遭竊，事主自陳：「藥包堆集出入，屢次被賊行竊，奈未拿獲，不敢指稟。」[7]

最常見被竊的是商業主，估計有214例，占這類人總數的一半。商業主多是開設藥材藥店、棧房、雜貨鋪、乾菜鋪、衣鋪、錢鋪、酒飯館與油行等。從這些店鋪發生竊案的分布情況

4 王大綱，〈從竊案來看清代四川重慶的社會變遷（1757-1795）〉，頁130-131。
5 《巴縣檔案（同治朝）》，案卷號06-05-13284。
6 《巴縣檔案（同治朝）》，案卷號06-05-11860。
7 《巴縣檔案（同治朝）》，案卷號06-05-12326。

來看，也反映了巴縣縣內城／鄉產業的區隔。商業主被竊的案例發生在城廂者較鄉村為多，而且多是金融業如錢鋪、典當鋪，以及較昂貴的藥材鋪、綢緞鋪、古玩與裱背店等；而鄉村的商業主被竊者多是在場市開設棧房、米鋪、乾菜鋪與雜貨鋪之類，比較偏向日常生活所需。

至於從事外貿行商的本地商人與來渝經商的客商，在商人被竊的案件數量居其次，遠遠不及店鋪業主被竊數量，但也有39例。從事外貿的行商不僅是在城市，亦有居鄉者。他們被竊的狀紙內常提到因為「外貿未歸」，因而家裡屢次被竊。也有的是到外地行商時被竊，如同治十二年四月，有多位木料商各在黔省採辦木料，再運來渝城發售，卻連年疊被賊竊，無奈未拿獲賊，以致未呈稟。[8]至於來渝客商主要販售買賣的有麝香、料、皮貨、紙、乾菜、棉煙、牛隻、綢緞、雜貨、藍靛等，他們往往是在下榻的棧店被竊。

從事小貿營生、擺攤與貨郎之類被竊的案例較少，擺攤販售包括零紙、葫蘆、乾菜糖食、燒臘、布、荒貨、銀錢、雜貨等，城鄉皆有。

士階層

關於士階層被竊的案子也相當多，這類的士人包括有文童生、武童生、廩膳生、增廣生、貢生與監生，初步估計至少有380例。常見的三種被竊情況，第一種情況是前面章節提到的赴

8　《巴縣檔案（同治朝）》，案卷號06-05-13212。

考或送考時被竊。第二種就是家裡或所開設的店鋪作坊被竊。
巴縣在乾隆晚期無論是士人或是差役，兼有經營商業活動的情
況越來越多。這種情況反映了十八世紀後半葉巴縣逐漸商業化
的過程中，已漸次發生社會結構的變化。[9]至同治朝這種現象更
加明顯，檔案中就有不少記錄顯示士階層經營工商業的例子，
筆者估計有53例。第三種是在他們教讀的書院或學館裡被竊。
在巴縣有三個書院被竊的記錄，分別是東川書院、字水書院
與鵬雲書院。如同治六年（1867）十月十五日夜，主講鵬雲書
院的廩生劉雲峯上稟被竊，竊賊由講堂鍬竅上暗樓，復進文昌
殿，拆毀左右廂房篾壁，入學生房圈行竊。[10]

　　在鄉村裡面因為貧多富少，所以少數的士階層就往往成為
宵小覬覦的目標。例如正里二甲的文生周慶堂家族屢屢被竊，
分別在同治五年三月十二日夜、二十日夜，五月間、十八日
夜、二十二日夜，十月間都被竊，可見被竊之頻繁。[11]又如孝里
五甲文童何鏡清自稱在鄉舌耕為業，曾遭賊竊多次，因贓微而
未稟。直到同治六年正月初一日夜，被賊刁壁入內而報官。[12]書
院亦不乏多次被竊者，如東川書院就發生過至少七次的竊案。

　　其中監生身分被竊的數量頗為醒目，估計有159件竊案的
事主是監生，筆者推測他們大多數都是捐納監生。監生之始係
明朝建立的國子監學所收的學生，在法律與制度上具有任官資
格，但是到了清朝，監生的地位發生劇烈的改變。清代的國子

9　王大綱，〈從竊案來看清代四川重慶的社會變遷（1757-1795）〉，頁135。

10　《巴縣檔案（同治朝）》，案卷號06-05-12098。

11　《巴縣檔案（同治朝）》，案卷號06-05-11539。

12　《巴縣檔案（同治朝）》，案卷號06-05-11789。

監名存實亡，入學生很少超過三百人，遠不及明代動輒上萬人的情況。但捐納監生的人數持續增加，根據何炳棣的研究指出道光朝的三十年間，除直隸省外，全國捐納監生共三十一萬餘人。只要拿得出百餘兩銀子，便可買得監生銜。雖然清代監生的法律地位與權利已退化，不過仍享有在科舉與任官的雙重特權，一方面可以直接參加鄉試，免去童生試等的競爭，另一方面可獲得其他較高職位官員的銓選資格。此外，還可以享受到禮儀和司法等方面的特權，例如他們可以免勞役，在地方官面前不必下跪，在審判中不用出庭等等。《巴縣檔案》裡這類人自稱「生」而不用庶民自稱的「蟻」，人們又敬稱之為「老爺」，相較於一般平民，捐納監生自成一個特殊集團。[13]

再從案件的描述可知，有相當數量的監生是經營工商業。上述士人身分者同時經營工商業而被竊的53例中，就有37例的身分是監生，這也可以說明這些監生裡有相當數量是捐納監生的理由。他們以經營商鋪者最多，包括開設藥行、麵館、酒房、棉字號、棉花鋪、花鋪、花店、乾菜行、藥號藥材鋪、雜貨鋪、米鋪、鐵鋪、墨店、衣鋪等等。還有的是行商，如監生

13　有關清代捐納監生的研究，參見何炳棣著、徐泓譯，《明清社會史論》（北京：中華書局，2019），頁37-40；伍躍，《中國的捐納制度與社會》（南京：江蘇人民出版社，2013）。有關其稱謂的研究，參見岸本美緒，〈「老爺」と「相公」——呼称から見た地方社会の階層感覚——〉，收入氏著，《風俗と時代観・明清史論集1》（東京：研文出版，2012），頁218-260，中譯本參見〈「老爺」和「相公」——由稱呼所見之地方社會中的階層感〉，收入常建華主編，《中國日常生活史讀本》（北京：北京大學出版社，2017），頁128-150。

陳香亭，即是從綦江縣來重慶採買竹料造紙的商人。[14]此外，也有經營運輸的船幫業者，如監生鄭春亭，又寫作鄭壽亭、鄭壽廷，係以歸州幫船隻營生。[15]開設工廠業的監生，包括有開煤炭廠、房料木廠、漕房、紙坊、機房、染房、碾房等等。還有的是在鄉間經營山林業與蓄桑養蠶為業者。只有少數的例子是聲稱以「舌耕」為生者，也就是教讀為業者。

公務人員被竊

有關公務身分的被竊事主，包括職員、書吏、衙役、師爺、幕友等等，數量相當多，約有363個案例。這些公務人員除了是家裡被偷之外，有時候是他們辦公的處所被偷，例如川東道的衙門裡的各兵房、吏房與刑房分別在同治元年（1862）八月初三日午後、同治四年（1865）八月二十三日夜、同治十年（1871）十月十八日夜被竊。[16]又如巴縣所屬差役的差房被竊者，從檔案來看至少有西城里差房、居義里差房、懷石里差房與道轅差房等都曾被竊。

職員被竊的案例共有158例，清代衙門之知縣、縣丞、巡檢、典史、河泊所、驛丞等係正式入流的有品級、俸祿之官員，到晚清州縣衙門下的「職員」是具有功名身分或捐納官銜，又同時承辦公務的一種虛銜。在當時人們的意識中，職員

---

14 《巴縣檔案（同治朝）》，案卷號06-05-11323。

15 《巴縣檔案（同治朝）》，案卷號06-05-11335。

16 《巴縣檔案（同治朝）》，案卷號06-05-10465、06-05-11345、06-05-12910。

的地位低於舉人、貢生，又往往高於武生員與監生，毫無疑問地是地方上的實力擁有者。[17]被竊的職員中最常見的是辦理團練最高職級的職員監正，監正往往具有監生之銜，如太善坊胡暄同時是監生，也是團的監正。[18]又如廉里九甲的蔡瑞五，身分是監生，同時也是白沙團監正。[19]除了團的監正之外，大多數職員辦理的業務，在檔案裡記載不詳。

案件數量居次的是書吏，計有110例。被竊事主大多數是本縣各房的書吏，除此之外，還有重慶府轅、川東道轅與藩轅（布政使衙門）的書吏，也都有被偷的記錄。值得注意的是，這類公務人員被偷之後，書吏與職員身分的事主在訴狀裡往往會針對當時的治安問題提出許多批判，特別是關於負責治安的捕役、柵夫與更夫的問題（詳見第八章）。這類人相對其他百姓而言，更瞭解官府運作與治安的負責人，所以他們在寫狀的時候也會針對當時負責人。

衙役被偷的情況有77例，這些差役在上稟的時候往往已經知道竊賊是誰，所以也會指名控告，甚至他們已經逮捕了竊賊一併送究；有的案例還拿獲窩戶，所以相對而言這類人被竊之後的破案率相對較高。如同治二年（1863）九月，有住臨江

---

17 在清中葉以後有的職員可以升任巡檢、河泊所等官。參見〔清〕戴肇辰等修，史澄、李光廷纂，〔光緒〕《廣州府志》，收入《廣州大典》第三十五輯史部方志類第30冊（廣州：廣州出版社影印清光緒五年廣州粵秀書院刻本，2015），卷25，〈職官表九〉，頁15a、17a-b。有關職員的定義問題，參考夫馬進，〈清末巴縣「健訟棍徒」何輝山與裁判式調解「憑團理剖」〉一文。

18 《巴縣檔案（同治朝）》，案卷號06-05-11439。

19 《巴縣檔案（同治朝）》，案卷號06-05-11650。

廟，在衙辦公的西城里快役周斌，因其家迭遭慣賊行劫，後拏獲窩戶鄒麻子而送案訊究。窩戶鄒麻子，名鄒洪發，係周斌鄰居，在臨江廟開設棧房生理，行竊方式即是由鄒麻子室內刁開板壁，潛入隔壁周斌家行竊。[20]

務農與工業者

單純務農而被竊的事主，初估有195例。這類身分被竊的案例清一色地都集中在農村，幾乎未見城居務農者被竊的案例。大部分的檔案記錄只知事主為務農者，較詳細的記錄還有說明其為佃耕者，或是養鴨、種植橘柑的果農。不過，務農者經營的情況並不複雜，有的是自耕農、有的是佃農，少部分是招佃的地主。務農者被竊的情況除了是被小偷入室偷竊包括了銀錢衣物之外，還可以看到許多案子是穀物蔬菜、家禽家畜、果樹薪柴被竊的情形。如同治十三年（1874）七月，仁里十甲文生彭自厚具稟該處菜蔬田穀屢被無名惡賊竊取，其云：「蟻地方山多田少，人煙綢密，各處蓄有柴竹木及菜蔬等項，屢被賊竊，四查不獲，地方受害不淺。」[21]

果農被竊者主要是種植柑橘者，事主常自陳當地因山多田少，遂靠蓄柑橘以資事蓄；或是說團內土多田少，故蓄橘柑樹成林，以此為業，靠此活家。[22]穀物被竊的案子，如同治二年有

20　《巴縣檔案（同治朝）》，案卷號06-05-10790。

21　《巴縣檔案（同治朝）》，案卷號06-05-13467。

22　《巴縣檔案（同治朝）》，案卷號06-05-10616、06-05-10755、06-05-11668。

正里八甲的事主彭永慶，自陳住處附近土主場，稻穀糧食菜蔬屢次被竊。[23]還有的案子是竊賊夜裡偷割田穀麥子，如同治十年六月，有慈里三甲的事主余乾陞自云由父授房業自耕多載，卻被余身疤於十六日夜裡，統率多人在民田內竊割去田穀。[24]同治十二年閏六月，廉里二甲的刑書吳春山，狀告彭正儒乘穀熟時統多人夜裏將其弟的黃豆摟割一空。[25]池塘養魚被竊的例子，如同治十二年七月，有慈里二甲吳雙合等控告孫長發等乘其未歸家時來塘竊魚一案。事主吳雙合指稱該地的公共堰塘，一為積水防旱，二來也可蓄魚取利，卻有竊賊孫長義等多人執網牽獺來塘，挖毀塘坎放水竊魚。[26]

在農村被竊的家禽家畜中，以耕牛被竊的情況最為普遍，因為耕牛是農業最重要的獸力，而且耕牛的價值頗高（插圖6-1、6-2）。如同治三年（1864）八月，忠里七甲孀婦彭曹氏具稟無名惡賊竊去其家耕牛案，「被賊由宅後土溝，用刀撬拆板倉板子一幅，拆開牛欄寸枋」。[27]尤其在春耕時節被竊風險更高，如同治四年有孝二甲的文生盧湛然家被無名竊賊盜走銀錢衣飾與肥豬一案，事主就指出：「近日賊風甚熾，況春耕在邇，四鄉竊去牛隻甚多。」[28]此外，農家的雞鴨豬隻被竊案，如同治十三（1874）年六月，有節二甲劉寬成等拏獲慣賊馮大本

23　《巴縣檔案（同治朝）》，案卷號06-05-10722。

24　《巴縣檔案（同治朝）》，案卷號06-05-12842。

25　《巴縣檔案（同治朝）》，案卷號06-05-10799。

26　《巴縣檔案（同治朝）》，案卷號06-05-10727。

27　《巴縣檔案（同治朝）》，案卷號06-05-11039。

28　《巴縣檔案（同治朝）》，案卷號06-05-11194。

插圖6-1：晚清報刊描繪偷牛的案例（1）
資料來源：〈笨賊竊耕牛〉，《輿論時
事報圖畫》，1910年五月初三日，頁1。

一案，因該地有吳能齋等多位失主，均餵有雞鴨，當其出外田
放時，「連年被賊偷竊，受害不少，四查未獲，俱忍未較。」[29]
又如同治四年十二月，直里七甲冉義和稟其家被竊，「被賊由
宅後轉入豬圈，竊去肥豬二隻，入開豬圈房門，負贓逃逸。」[30]
　　其中有28例是事主家附近山林的樹木被竊，這類案件的呈
狀內容時常說該地區山多田少，每靠「山糧」，以作納糧衣食

<hr />

29　《巴縣檔案（同治朝）》，案卷號06-05-10996。
30　《巴縣檔案（同治朝）》，案卷號06-05-11476。

插圖6-2：晚清報刊描繪偷牛的案例（2）
資料來源：〈又有竊牛賊出現〉，《圖畫報》，1911年第39
期，頁7。

之需。山林有的是事主家的遺產，例如同治七年（1868）四月
中旬，直里一甲陳仰章被竊案，事主指陳：「祖父遺業，山多
田少，每年護蓄杉松雜木椶竹等項，以為生計，屢被竊樹，四
處查失無影，不敢稟明。」[31]有的檔案內容提到該事主「團」內
因為山多田少，各家都栽種了「松椶竹筍」以度活，並以此作
為繳納稅糧衣食之需，而一旦遭竊，往往是多家受害。

　　有些鄉村的團因為被竊太過頻繁，於是自組蔡倫會來守
護。例如節里一甲曾組織「桑麻蔡倫會」，用意在於「遇有私

31　《巴縣檔案（同治朝）》，案卷號06-05-12242。

竊牲生、擾害地方良善，各團□舉，即將此項稟送□治」，亦即透過組織力量緝捕盜賊。[32]再者因為當鄉村發生上述竊案時，事主每每有「獨力難於送究」的難題，即指在進城告官緝捕犯人上，個別民眾無以承擔訴訟的費用。於是當地民眾自發性的蔡倫會組織，還會以基金生息的方式來共同負擔訴訟的開支。如同治九年（1870）孝里七甲監生劉炳輝等協告本地屢被賊盜，其云：「團內山多田少，居民全靠護蓄竹木柴薪，以資事蓄。因被賊竊為害，始興蔡倫會，作為獲賊追究之資。」[33]同治十二年廉里四甲王禮南等稟團內柴薪竹料疊被竊賊竊，也提到：「團內田少山多，悉冀種蓄竹樹柴薪，以度生活，向被竊害，獨立難於送究，始興蔡倫會，各捐底金生息，作送賊費用。」[34]

　　關於工業方面初估總共大約有92例，其中大部分事主並不是工匠或工人被竊，而是作坊業主或是其他工業相關業主被偷，約有78例。相關的業別中，以染坊、染房業主被竊的案例最多，其次是炭廠，開設槽房、機房的業主再次，這四類大概是數量最多的。其他還包括了大箋作坊、木匠鋪、銀匠鋪、木料場、紙場、鐵廠、毡房等等。

32　《巴縣檔案（同治朝）》，案卷號06-05-11927。此文書為同治六年
　　（1867）由職員余受百、梁三級，團首余益三、馬□德等人領銜，朱邦
　　朝、蔣立生等大約七、八人同稟的稟狀，意在向時任知縣霍為棻呈報組織
　　「桑麻蔡倫會」的計畫，並且請求衙門的認可，而霍為棻也同意「候如稟
　　示禁」。因原件稍有毀損，原文「各團□舉，即將此項稟送□治」可能是
　　「各團公舉，即將此項稟送究治」。

33　《巴縣檔案（同治朝）》，案卷號06-05-12692。

34　《巴縣檔案（同治朝）》，案卷號06-05-13358。

寡婦被竊

　　在被竊的事主裡有一類身分是非常特殊，就是婦女被竊而報官的案例，幾乎清一色都是「孀婦」，也就是寡婦。這類人被竊的案件數量很多，有91例。這些寡婦在報官被竊的狀子內容裡面，有時候會刻意地陳述她撫養兒子的辛苦過程。如同治三年（1864）二月被竊衣服米肉的通遠坊孀婦趙黃氏，她聲稱：「夫故，苦撫兩子，餘年有賴。長子在外學貿，尚未滿師，次子年幼，佃通遠坊存心堂坎下唐家院住居。」[35]但在這些報官被竊的案子中，也常有寡婦控告他不孝兒子偷竊，或是兒子被外人引誘偷竊。如同治七年四月，有節里七甲孀婦石林氏控告獨子石長生，因被誘而行竊家中財物。[36]

　　雖然寡婦事主在狀紙中稱其生活清苦，不過再從被竊損失來看，似乎又非真得如此。如同治四年九月渝中坊孀婦張潘氏具稟伊妾被賊刁門入室扭開箱櫃一案，事主張潘氏自稱全靠紡絲度日，雖說日子「苦不可言」，但失單所列的物品內容不少，包括各類服飾15件，銀飾品7件，水煙袋一根。[37]也有寡婦事主頻頻被竊，但以贓微而未報官，顯然所失之物對其而言損失不大。如孝里六甲的孀婦宋其華屢被賊乘竊物，因贓微又未獲而不敢指稟。[38]

　　有的檔案內容涉及到寡婦的過世丈夫留有許多遺產，足以

35　《巴縣檔案（同治朝）》，案卷號06-05-10870。

36　《巴縣檔案（同治朝）》，案卷號06-05-12198，又類似案如06-05-13216。

37　《巴縣檔案（同治朝）》，案卷號06-05-11376。

38　《巴縣檔案（同治朝）》，案卷號06-05-12327。

插圖6-3：晚清報刊中富有寡婦家遇竊的圖繪
資料來源：〈幼娃退賊〉，《點石齋畫報大全》，1910年，信12，頁7-8。

讓寡婦可以自行開業，或者他留有房屋田產可以招佃或出租，
而且有的收入頗豐。如金紫坊孀婦康姚氏，收有萬利行佃租銀
七十兩，卻於同治七年五月被其幫工丁玉興竊走。[39]又如同治
六年正月，定遠坊有李羅氏稟呈其家之房約、租約、金環布衣
等被竊一案，事主李羅氏稱其丈夫遺有院房二間，藉以出租收
入。[40]同治七年七月有仁和坊孀婦余李氏，其夫余隆茂前開金

39　《巴縣檔案（同治朝）》，案卷號06-05-12267。

40　《巴縣檔案（同治朝）》，案卷號06-05-11791。

鋪，該年三月病故之後，其家被雇工徐芝軒行竊金鋪內的存貨銀兩。[41]渝中坊孀婦李周氏，以自宅招佃活生，同治九年十二月十三日夜被賊由前撬門入室行竊。[42]有的孀婦有不少財產供其未分家之子生活無虞，如同治五年十一月，智里四甲孀婦李賴氏稱：「生遺三子，尚未分產，均各炊居，憑族酌議，與三人每年每人照丁口派給穀四石，註簿審呈」；她控告其子嘉樂，素行不法、竊賣食穀。[43]

從性別的角度來觀察，上述寡婦被竊的現象中所見寡婦繼承亡夫的遺產，間接證明過去有學者認為，寡婦不改嫁而守寡是理性抉擇，此說有其一定的道理。蓋因元代在婚姻制度上的改變，使得之前已婚婦女所能保有的財產繼承權、婦女人身與子女方面的權利，完全轉移到夫家手中。由是寡婦若再嫁將失去上述諸利益，守節反而成為最適的選擇。[44]

鄉紳、官員被竊者

從社會結構的角度來觀察在被竊的事主，其中有一類是社會結構中的上階層，即所謂的「鄉紳」身分者，他們的數量並不算多，卻引人注目。從筆者整理的同治朝竊盜檔案案件資料裡，只有35個案例被竊的事主比較確定是鄉紳階層。在此被歸

41　《巴縣檔案（同治朝）》，案卷號06-05-12461。
42　《巴縣檔案（同治朝）》，案卷號06-05-12542。
43　《巴縣檔案（同治朝）》，案卷號06-05-11718。
44　張彬村，〈明清時期寡婦守節的風氣──理性選擇（Rational Choice）的問題〉，《新史學》，10卷2期（1999），頁29-76。

類為鄉紳者採較廣的定義，包括候補、退休的官員，以及舉人以上的功名者。在檔案文獻裡面，通常會稱退休的官員為某某「大老爺」、「老爺」；至於舉人通常會直接稱呼他們的功名身分。這類人有時是來到重慶辦公，在寓居處被偷。也有的是退休之後在重慶購置房產，而城中的公館被竊。

又其中還有一個情況比較常見的是舉人例子，舉人雖然具有任官的資格，但是在清代舉人的地位已遠遠不如明代，要能補到官位的機會頗為渺小。有些舉人被偷竊的案例裡面，舉人居然是以開設書院為生。例如舉人李居仁，係字水書院山長。該書院於同治四年七月間、五年十二月十八日夜裡分別遭竊，舉人遂呈狀指稱該書院屢遭竊，而捕役卻坐視不理。[45]

至於擁有官職或候補官職而被竊的案例有62例，甚至比鄉紳被竊的案例還多。關於官員被竊的案子，文官、武官皆有，但是這些官員的品級其實大多不會太高，而且有許多是候補的官銜。文官方面包括有巡檢、通判、州判、府學、訓導、知縣、都司、同知、經歷等，以及候選、候補、補用的縣丞、知縣、通判、同知、知州等。武職官員包括提督軍門、把總、千總、都同、守備、都尉、參將、遊擊，以及儘先補用遊擊、都司等。通常他們是在家裡被竊，或是到了重慶洽公時在客棧或者在船上被竊。

官員之中雖有兼營工商業者，但是並不算很普遍，而且幾乎都是武職的官員。如同治四年二月花翎參將盧光廷家遭竊案，事主盧光廷本係湖南省瀏陽縣人，居城內翠微坊陝西街，

45　《巴縣檔案（同治朝）》，案卷號06-05-11841。

開設洋煙鋪生理，夜裡被賊入室行竊。[46]又如同治五年十一月，有貴州留甘補用遊擊狄朝忠被竊，事主不但開福隆棧生理，又與熊萬順夥開煙館。[47]同治五年正月，有宣化坊武官傅誠齊家被竊案，事主傅誠齋與傅春田夥開天和公廣貨生理，因雇工回鄉未歸，貨物存鋪鎖櫃，被賊扭鎖入室。[48]上述這些武職官員是否為捐納的虛銜？因為史料記錄有限，尚無法確知。

　　地位越高的鄉紳與官員一旦遭竊，當赴縣署呈狀時，為了顧及自己的身分，通常不會親自列名，而是由他的家丁來列名呈狀。例如蒲江人解璜，曾在江西兩縣任職。同治二年七月間，他來重慶住在元泰店內，曾請掌櫃幫他兌換金葉；但回家後發現短少，遂命家丁李瀛來城查核，李瀛就控告該店櫃工偷竊主人的金葉。不過，巴縣知縣認為家丁並無證據。[49]

　　鄉紳與官員因為家裡的財產豐富，所以在某些例子可見其被竊損失慘重。例如候選知縣蕭某來重慶時，其馬匹在冉家巷被竊。蕭某家人劉升稟報該馬價值銀五十兩。[50]又例如江北廳舉人段士恂與其子舉人段槐堂，在金沙崗開設同泰亨號，於同治五年十月初間被竊高達百兩。但金沙坊捕差承緝不力，坊捕則稱並無盜跡，舉人怒而狀告坊捕。[51]有時候他們時常遭到多次的偷竊入侵，如「紳糧」永發公，在千廝門外碼頭開設鹽店，同

46　《巴縣檔案（同治朝）》，案卷號06-05-11153。
47　《巴縣檔案（同治朝）》，案卷號06-05-11777。
48　《巴縣檔案（同治朝）》，案卷號06-05-11487。
49　《巴縣檔案（同治朝）》，案卷號06-05-10709。
50　《巴縣檔案（同治朝）》，案卷號06-05-10794。
51　《巴縣檔案（同治朝）》，案卷號06-05-11850。

治三年三月初一日夜二更，被賊挖洞進店鑽入櫃房行竊。他呈狀指稱被賊屢竊數次未經入室故未稟。[52]候補官員被竊有資產記錄的例子，如同治七年三月，有江西臨江府職員聶錦昌至貴州省補缺，由貴州練丁周貴護送聶錦昌使女回籍，但卻中途截走使女與錢財，包括銀一百四十餘兩與南土一百餘兩。[53]這樣的資本規模遠非一般的商業主所能及。

　　當鄉紳與官員家裡被竊時，除了公差之外，他們的家丁也會到地方上去巡訪。有時候竊賊就在販賣贓物的過程之中，被這些大老爺的家丁或公差遇見而遭逮捕，甚至審訊都是交由大老爺私自審訊，之後才將這些竊賊「帖送」到縣衙門。例如同治元年二月，有江津縣人張二與李二，原以架船活生，在停靠岸邊時，偷竊了姚璉大老爺家之被蓋。當他們被公差查獲後，二人交由大老爺審訊後才帖送縣衙。[54]又如同治元年二月，城內羅大老公館遭竊，竊賊張清和當時見大門無人看守而入內竊物，當銷贓物時被大老爺家丁看到而逮捕，同時一併帖送收贓的賀太順（開花鋪），賀太順聲稱不知情，知縣仍令其賠銀了

52　《巴縣檔案（同治朝）》，案卷號06-05-10899。又的確06-05-10642案有永
　　發公遭竊案，說明永發公曾二度被竊。清朝末年四川的地方精英的勢力逐
　　漸抬頭，當地稱之為「紳糧」。這些紳糧是州縣政府要決定重要地方行政
　　問題時所延請商議的成員，同時他們也參與了地方「公局」的營運。道光
　　年間以降，四川各州縣都設立了「公局」，紳糧受到州縣衙門的委託，藉
　　公局以參與地方社會秩序的維持，以及教育、社會慈善、附加稅的徵收等
　　公共事務。關於「紳糧」，參見山田賢，〈「紳糧」考：清代四川の地域
　　エリート〉，《東洋史研究》，第50卷第2號（1991），頁256-280。

53　《巴縣檔案（同治朝）》，案卷號06-05-12200。

54　《巴縣檔案（同治朝）》，案卷號06-05-10400。

事。[55]

　　像鄉紳這類有財勢者其實被入室行竊的案例很少，因其家防備較嚴，除了有家丁之外，甚至在蘇州還有延聘鑣師防盜的例子（參見插圖6-4）。若有竊案，通常是多人竊盜集團分工合作，有計畫地入室行竊，以降低其風險。

　　鄉紳與官員因為身分地位較高，所以通常發生的竊盜案會引起知縣較大的注意力，捕役也會因此面臨較大的壓力。許多案子呈現當鄉紳被竊之後，若久久無法逮到無名竊賊的話，他們會再度向縣衙呈控，指責捕役的不是，於是知縣下令對捕役稍加警懲之後，要求限期破案。例如前述紳糧永發公因為同治元年十二月初六日夜、二年三月初九日夜分別遭竊，但坊捕毛貴等久未獲賊，永發公於是控告本地捕差縱賊私盜他衣物，知縣要求捕役限期破案。[56]此外，又如臨江門何大爺的公館於同治二年五月、七月間，屢被無名賊竊去衣物等，而捕役不獲竊賊，事主遂要求將捕役帖送責懲。[57]又如寓居通遠坊的候選從九品官員沈廷均，於同治三年二月具稟伊家被竊去神龕內香爐等件事一案，事主稱一連多日喚捕役董升不至，於是被迫赴捕役聚集處才尋獲董升，董升不但不理還凶辱事主，事主遂怒而控告捕役「縱賊行竊，彼此分肥」、「縱竊反凶」。[58]

　　正是因為知縣較注意這類的案件，捕役在破案壓力下看似更積極，這類竊案的破獲率也相對較高，尤其是鄉紳被竊的35

55　《巴縣檔案（同治朝）》，案卷號06-05-10410。

56　《巴縣檔案（同治朝）》，案卷號06-05-10642。

57　《巴縣檔案（同治朝）》，案卷號06-05-10737。

58　《巴縣檔案（同治朝）》，案卷號06-05-10864。

插圖6-4：晚清報刊中描繪蘇州有財勢者延聘鏢師防竊賊
資料來源：〈鏢師退賊〉，《點石齋畫報大全》，1910年，亨2，頁4-5。

例中，就有12例是捕獲竊嫌破案者，如此超過三成的破案率遠高於平均28%的破案率。實例如同治元年五月，本城監生杜允泰所開客店內，有寓居的陳二爺等人之衣物被竊，杜老闆具稟此案，並懇請嚴審究追。捕班同店工到城內當鋪清查時，發現適有府衙大班多人到當鋪當物，疑即為嫌犯銷贓之物而逮捕之。[59]又如有原大足知縣饒老爺，卸任後搬來城內神仙坊居住，於同治二年四月間遭竊，由家丁劉炳呈狀。但捕役李貴受命勘查現地後卻查無盜跡，知縣令捕役李貴限三日破案，否則將責以枷

59　《巴縣檔案（同治朝）》，案卷號06-05-10446。

示。李貴懷疑是對面桶作坊工匠胡有順為嫌疑，而將之拘捕。[60]
暫且不論其所逮捕之疑犯否為真賊，但捕役的確受到壓力而更
積極地查緝竊賊。

其他

　　除了上述士、農、商、公四大類，以及工業、婦女、官紳
之外，其他被竊事主身分或職業的類別在案件數量上就相對少
數。

　　運輸業者被竊的例子初估有39例，其中屬於船運業者的案
件占其中的23例，其餘的是屬於搬運業者的案件。而船運業者
的被竊情況其實並非船家自己的家當或錢財被竊，大多數的情
況是他們裝運的客貨被竊，成運輸者極大的困擾。如同治七年
七月初七，有孝里七甲架船營生的胡春山上稟其草紙十石被竊
一案，他指出其所裝運的紙時常被竊，以致賠償難支。[61]至於搬
運勞動業者與上述的情況很類似，大多的案件並非腳夫自己的
家財被竊，而是他們承包搬運的貨物被偷竊，其中包括了承當
差役的夫頭會報案，另外開設轎鋪、轎行的業主也有因為被竊
而出來報官的案例。

　　基層社會組織負責人被竊的案子不多，僅有20例，相對數
量並不算是突出。這些基層社會組織的負責人，包括甲長、團
首、團鄉、客長與鄉約。關於團首報案的案子雖然是其中最多

60　《巴縣檔案（同治朝）》，案卷號06-05-10663。
61　《巴縣檔案（同治朝）》，案卷號06-05-12314。

者，有些團首在報官時特別強調除了家財被竊之外，還有團練的公物被竊，特別是關於火藥。蓋火藥乃民間應禁之軍器，論刑與一般竊盜罪仍有差異，故團首特別謹慎報官。[62]例如智里五甲的監生楊慎知同辦團練，之前因賊匪過擾，練團禦賊，剩有火藥一罈，寄放監生慎知倉內。同治三年五月初二日夜，被竊賊趙狗兒等刁倉進內竊食穀，並開火藥燒毀板倉二間逃跑。[63]

　　關於服務娛樂業被偷竊的例子案例並不多，祇有25例，其中包括了戲班、戲子的12例最多，其他還有醫師、算命者等。至於手藝為生者被竊的例子更少，包括了裁縫業、剃頭業等，僅有12筆記錄。兵勇被竊的案子數量也不算太多，約27例，其中營兵被竊的數量多過練勇。還有的是受雇的職業，如幫工、伙夫、雇工、傭工、櫃工、跟班等，數量也不多，共約19例。勞動階層中所謂「下力活生」的案例最少，僅有六例。

　　還有一類是宗教場所的寺廟宮觀被竊的案例，有39例，其中又以寺院被竊的案例最多，有些例子顯示就是在前述廟會節慶的時節行竊。通常是由住持或首事報官，被竊的財物除了銀

62　清律刑律的〈賊盜律〉有〈盜軍器〉律：「凡盜（人關領在家）軍器者（如衣甲、鎗刀、弓箭之類），計贓，以凡盜論。若盜民間應禁軍器者（如人馬甲、傍牌、火筒、火礮、旗纛、號帶之類），與（事主已得）私有之罪同。若行軍之所，及宿衛軍人相盜入己者，准凡盜論。（若不入己）還充官用者，各減二等。」故偷竊團練火藥，仍依〈私藏應禁軍器〉律論刑：「一件，杖八十，每一件加一等。私造者，加私有罪一等。各罪止杖一百，流三千里。」以上見〔清〕薛允升著述，黃靜嘉編校，《讀例存疑重刊本》，卷25，〈盜軍器律〉，頁571；卷21，〈私藏應禁軍器律〉，頁476。

63　《巴縣檔案（同治朝）》，案卷號06-05-10953，其他例子如06-05-10689、06-05-11198。

錢衣物外，還有寺廟的穀米、樹木、煙土與法器等，而行竊者大多是下力活生或幫工之類的勞動階層。

第二節　被竊事主與中人之家

　　上述各類被竊事主的案件中，有的記錄事主被竊的銀錢數量或物品價值，由此可以大略看出事主的資本大小。首先就士階層的例子而言，從一些案子裡可看到他們被竊的物品或家產的價值。例如同治三年四月，有智里五甲的江津文生戴澤，以教讀餬口，囤積有煙土值五百餘兩，夜裡其家遭賊穿牆入室行竊。[64]又如同治五年十一月二十五夜，住洪岩坊的監生夏澤鴻稟伊家衣物等件被竊一案，損失有首飾值200兩。[65]這兩個士階層的例子顯示其資產皆超過百兩以上。根據學者張仲禮的估計，十九世紀下半葉，大量下層紳士（占紳士總數的86%）的主要謀生方式，就是提供紳士服務與教學服務，這些方式得到收入要高於從土地與經商之所得。以教學服務而言，在書院教學的紳士一年收入約為350兩，若是自己教授學生的私塾收入則是100兩左右。這類紳士雖然不可能日進斗金，但也足以過小康的生活。[66]上述的例子與張仲禮的研究結果相符，說明了士階層的年收入與家產應該都在百兩以上。

　　務農者被竊的案例中，僅能從牛隻被竊的價格記錄來估

64　《巴縣檔案（同治朝）》，案卷號06-05-10932。

65　《巴縣檔案（同治朝）》，案卷號06-05-11721。

66　張仲禮著，費成康、王寅通譯，《中國紳士的收入》（上海：上海社會科學院出版社，2001），頁195-197。

計其資產規模。如同治五年十月，有仁里里民陳正發具稟被竊去耕牛一案，事主聲稱係「務農樸民」，買耕牛二隻，值銀60兩，但被賊由宅前進內，端開倉房照壁牽走牛隻。[67]此案顯示耕牛兩隻值銀60兩，平均一隻有30兩，所以購買耕牛也需要非常充分的資本才行。不過從一些案子也看到耕牛被竊時，事主卻以「贓微」而未稟報（見下一節）。此外，有的案例事主在狀上還提及山林裡被竊木材的價值，如同治三年六月，有節里四甲農民周輔廷具稟其業內被竊樹木一案，事主指出：「田業係在樵坪山腳，因田少山多，專靠護蓄樹木柴薪賣錢□兼度。自去臘起，大小柏樹柴薪約值銀數十兩，均屢被賊疊竊，但未拏獲，不敢遽稟。」[68]從此案可以看到被竊木材有高達價值銀數十兩。由以上山林與耕牛被竊的兩個例子，擁有價值數十兩的木材與耕牛的農家，可以看到有些務農者的資本。

關於工商業者被竊的案例中，記錄事主被竊錢財與物品價值者較多，特別是工商業主與行商、客商在報官時常記有其損失。如同治六年四月，有金沙坊蘇全盛等為串謀竊銀等具告王木匠等人一案，事主蘇全盛係在木匠街開設乾菜鋪生理，往敘府辦買筍子，帶有300兩，卻在永川縣城外瀘州街的天泰店住居時被下藥迷昏而被竊。[69]又如同治三年有仁和坊開店之楊長春稟送行竊店客棉煙宋癩子一案，事主為劉德茂、楊敬信皆為敬信合棉煙鋪主，而力夫宋癩子所竊其棉菸一箱，值銀30餘兩。[70]以

67　《巴縣檔案（同治朝）》，案卷號06-05-11693。

68　《巴縣檔案（同治朝）》，案卷號06-05-10985。

69　《巴縣檔案（同治朝）》，案卷號06-05-11891。

70　《巴縣檔案（同治朝）》，案卷號06-05-11040。

上是店鋪業主的案例。

關於行商與客商的案例，如同治五年五月，有來自陝西固縣的客商李含芳買麝香來渝，寓楊柳坊雷興隆棧內，被竊麝香值銀一兩一錢三分，即1.13兩，還有水煙袋一根值銀10餘兩。[71]又如同治五年七月初八日夜，有販綢緞來渝發賣的客商何其誠被張香圃、汪壽亭等用藥酒醉迷，乘勢掣去銀兩有147兩之多。[72]又同治七年九月金湯坊劉龍氏之夫在外商貿，寄銀11兩回家買木器，被廖木匠等乘劉龍氏往鄉赴飲時，將其家門鎖扭開，統率痞棍多人竊取木器與衣飾。[73]此案顯示在外商貿者擁有數十兩資本並不算是稀有。又同治十一年（1872）八月二十五日，有夏恆豐、桃定興、葉雙盛、袁金順等人，皆江津人，在江津白沙開雜貨鋪生貿，來渝買貨，住太平坊和義棧內被竊衣物，值銀36兩餘。[74]

擺攤與貨郎的資本應該不多，但也有個案例頗為特別，即同治六年五月，有慈里三甲胡泰順被無名賊於夜裡由宅後撬竅鑽入中堂，竊去貨擔一案；事主胡泰順自稱係「赤貧守樸，販買雜貨，挑鄉售賣，毫不妄為」，被竊貨擔值銀170餘兩，此或有誇大之嫌。[75]另一個小貿營生的案子可能更接近事實，同治九年三月，有蓮花坊熊萬順告後妻之子鍾子剛於夜間竊去銀衣等物一案，事主熊萬順娶繼室吳氏，鍾子剛為吳氏前夫之子，夜

71　《巴縣檔案（同治朝）》，案卷號06-05-11587。
72　《巴縣檔案（同治朝）》，案卷號06-05-11631。
73　《巴縣檔案（同治朝）》，案卷號06-05-12336。
74　《巴縣檔案（同治朝）》，案卷號06-05-13081。
75　《巴縣檔案（同治朝）》，案卷號06-05-11934。

裡他將熊萬順積存之銀60兩與衣物一併捲逃。[76]看來小賈擺攤的
資本也近數十兩。

　　上述的工商業主被竊的財物價值大概落在數十兩至數百兩
之間，少有千兩以上者，下段提到的姚永聚與傅美豐擁銀3400
兩是極少數的例子。據學者吳承明的估計，明代的大商人資
本是銀50萬兩級，最高百萬兩水平。但是到清代，數百萬兩已
屬常見，大商人的資本已進入千萬兩級，如淮鹽商人、山西巨
賈、廣州行商等都有這樣規模的財力。[77]相對地，巴縣檔案中看
到的被竊工商業主，大概只是中、小商人的等級。

　　關於船運業或運輸業者的資本都很難看到相關的記錄，
較特別的案例是同治四年十月，在渝城大樑子開設轎鋪的劉義
美，他因為外出未歸，由楊萬順經管轎鋪。當時楊萬順經手顧
客姚永聚與傅美豐的銀兩共3400兩，雇用腳夫傅洪順等三人挑
運到合州，途中在吳聯陞棧住宿時被竊，失去銀600兩。[78]雖然
這些銀兩並非轎鋪的資本而是客人所有，但上述提到運輸業者
若有被竊，需要賠償顧客，而轎鋪既然敢承攬此業務，其資本
應該不致差距太大。其他的業者恐怕沒有那麼高的資本。

　　關於公務人員的資產，可以透過幾個被竊損失的記錄來
觀察。如南紀坊職員丁錫三分別在同治六年二月初三日挨晚、
十月初八日午刻，於十八梯煙鋪、十八梯何炳順茶館被竊，他
狀告王倖竊去他的錢和布，聲稱：「疊遭竊害，值銀三十餘

76　《巴縣檔案（同治朝）》，案卷號06-05-12577。

77　吳承明，〈論清代前期我國國內市場〉，收入氏著，《中國資本主義與國
　　內市場》（北京：中國社會科學出版社，1985），頁250。

78　《巴縣檔案（同治朝）》，案卷號06-05-11479。

兩。」[79]又如同治七年七月，有原籍華陽的職員馬兆盧，控告
賀藎臣等暗串趙松林統領多人攎去衣箱四口，內裝銀物等事。
事主與賊賀藎臣本係一同赴黔省造理軍器，卻被設計，損失有
250兩銀以及南土值200兩。[80]關於衙役被竊有一案記錄其損失錢
文，同治五年三月，有本城居義里散役陳祥在龍隱鎮碼頭候船
時，被竊去錢文1900文。[81]大致上可知，職員的家產資本較豐
厚，書吏與衙役則不如遠甚。

　　寡婦被竊的案件中也有一些記錄提及她們開業的資本，如
忠里七甲的孀婦彭曹氏，以銀80兩佃耕地主傅煥亭之田，每年
租穀50石，存倉發賣。[82]或有被偷竊的物品價值，或論及其被竊
損失的銀兩。如同治五年五月，有西水坊孀婦李祝氏被竊，她
指稱：「夫存日，開設米鋪，苦積銀三百餘，交氏生息。本月
初二日午後，氏往麻柳灣腳力輪子算帳未家，不料房被回祿，
不知何人趁勢攎去木箱一口，內裝養老銀三百餘。」[83]又如同治
六年七月，神仙坊董廖氏稟其弟存廖志學竊銀金飾逃跑，事主
董廖氏稱其有存銀50兩。[84]同治六年十一月東水坊孀婦夏劉氏具
告其收養的乞孩范長壽私竊其衣飾潛逃，事主夏劉氏稱其故夫
留有資產，以銀20兩，得當坐屋一向。[85]這樣大略也可以看出這

79　《巴縣檔案（同治朝）》，案卷號06-05-12101。
80　《巴縣檔案（同治朝）》，案卷號06-05-12287。
81　《巴縣檔案（同治朝）》，案卷號06-05-11553。
82　《巴縣檔案（同治朝）》，案卷號06-05-11039。
83　《巴縣檔案（同治朝）》，案卷號06-05-11941。
84　《巴縣檔案（同治朝）》，案卷號06-05-12011。
85　《巴縣檔案（同治朝）》，案卷號06-05-12174。

類寡婦所有的身家資產。

　　其他類被竊事主的案例中，有的特例顯示其職業與貲財不太相襯。例如武字營兵丁莫漢斌、楊應榮二人，於同治五年二月入住太平坊阮聯陞客棧時，被賊竊去銀70餘兩。[86]此例看到收入不高的兵丁，卻有驚人的家產。

　　由上述的記錄看來，大多數被竊事主的家產資財，估計大概有數十兩至數百兩，但應該不超過千兩。這些事主大多算不上是社會的上階層人士，大部分的案件中遭竊的事主可以算是傳統所謂「中人之產」者或「中人之家」的社會中間階層。中國的歷史上對社會中間階層的認知很早就出現，從漢朝開始就已經有「中人」、「中家」、「中人之產」等表述中間階層的名詞。到了明代之後在定義上更為清楚，最常見是以田產的數量作為中間階層的估計，也就是以擁有千畝以內、百畝以上，作為中間階層的代表，而有田千畝以上就算是富人階層了。到了明代中期之後，也有以貨幣資本來代表中間階層的財產規模，這反映白銀使用的日漸普及。通常的定義是以數十兩到數百兩為中人之產，而超過千兩以上資產者就屬於富人階層。[87]

　　清代文獻中提到中人之產者，有的也是依田畝的數量，有的是由資本來估計。以田畝的數量來計者，如屈大均（1630-1696）《廣東新語》提到當地的葵田：「歲之租，每畝十四五兩，中人之產，得葵田十畝，亦可以足衣食矣。」[88]雖然並未

86　《巴縣檔案（同治朝）》，案卷號06-05-11510。

87　巫仁恕，〈明代社會的中間階層及其相關論述〉，待刊稿。

88　〔清〕屈大均，《廣東新語》（北京：中華書局，1985），卷16，〈器語‧蒲葵扇〉，頁454。

提及葵田每畝的價格，只說租金每年14兩至15兩，擁有10畝，每年就可得140兩至150兩的租金收入。又浙江蕭山人汪輝祖（1730-1807），出生於雍正八年，為乾隆四十年（1775）進士，在其年譜中憶及其年少時事：

> 余少聞故老言，中人之家有田百畝，便可度日。爾時上田不過直畝銀十三、四兩，每兩作制錢七百文或七百四、五十文，計田一畝，止錢十千餘文。[89]

上引的史料是乾隆時期江南的情況，可見當時認為擁有田百畝，可算是「中人之家」，折合銀1,300至1,400兩，或制錢100萬文。江南是中國經濟的核心地區，以常理推斷，當地的田價理當比處於開發中且地廣人稀的四川地區要來得昂貴。若以田產百畝作為中人之產，根據筆者的估計，乾隆時期四川的上田價格約在10兩至12兩之間，[90]所以擁有百畝的中人之家，大約有1,000兩至1,200兩的資產。不過，這樣的資產可能已是中人之家的上限了。

　　以田產來數量來計者，至十九世紀已難見到，反而是另

89　〔清〕汪輝祖，《夢痕錄餘》，收入《續修四庫全書》史部傳記類第555冊（上海：上海古籍出版社影印南京圖書館藏清道光三十年龔裕刻本，1997），頁37a。

90　乾隆時期四川土地價格的資料至今尚未有較明確的記載，但是《巴縣檔案》中有不少田土交易的契約，雖未載明土地面積，但因載有徵稅的條糧金額，再據《巴縣志‧賦役志》裡有關上、中、下田每畝徵條糧的金額，由是可以大致推算出契約中交易土地的面積與每畝的價格。下表是從既有例子中所作的估計：

外一類以資本來估計中人之產漸成為主流。如陳廷敬（1639-1712）《午亭文編》則云：「百金，中人之產」；《（道光）廣東通志》云：「五十金，中人產也。」[91]由這些文字描述，大概可以知道當時人認為擁有50兩到數百兩資本的家庭，應該都算是廣義的「中人之家」。又如張羲年（1737-1778）《噉蔗全集》提清代燒山之害，可能傷害數十餘里的林木，統計約損

時間	契約名稱	折合上田畝數	總價	每畝價格
乾隆29年	文天舉賣田地文約	24	九七紋銀　412.5兩	17.2兩
乾隆31年	何盧氏賣田地文約	42.9	足色紋銀　120兩	2.8兩
乾隆33年	費仁先賣田地文約	21	340.5兩	16.2兩
乾隆39年	吳南山等賣田地文約	70	制錢　480,000文	6,857.1文
乾隆40年	陳嘉謀等賣田地文約	77	九五色銀　937兩	12.2兩
乾隆46年	彭榮章等賣田地文約	14.3	制錢　182,000文	12,727.3文
乾隆58年	李仲選等賣田地文約	65	九七色銀　664兩	10.2兩

資料來源：四川大學歷史系、四川省檔案館主編，《清代乾嘉道巴縣檔案選編》，上冊，頁86-94。

上述的這些例子中有些價格出奇地高或過低，可能涉及幾個方面，諸如因為欠債而出脫田產，故價格可能較市價便宜；又許多例子中所售除田地之外，還包括房產，故而價格較高；再者計價的標準有的是銀，有的是制錢，有的又是不同成色的銀兩，比兌漲跌不一，以致價格落差頗大。如果去除掉過高與過低的例子，再考慮與江南上田約13兩至14兩的價差，大致上的價格應該落在上田每畝10兩至12兩之間是較合理的。

91 〔清〕陳廷敬，《午亭文編》，收入《清代詩文集彙編》第153冊（上海：上海古籍出版社影印清康熙四十七年林佶寫刻本，2010），卷30，〈勸廉袪弊請勅詳議定制疏〉，頁319。〔清〕阮元修、陳昌齊等纂，〔道光〕《廣東通志》，收入《續修四庫全書》史部地理類第674冊（上海：上海古籍出版社影印商務印書館民國二十三年影印清道光二年刻本，1997），卷257，〈宦績錄二十七・徐勣〉，頁368。

失有「累百千金，不特中人之產也。」[92]出生於乾隆四十一年（1776），又在道光年間曾任職於四川的劉衡（1776-1847），著有《蜀僚問答》一書，其中就提到：

> 古人有言曰：「百金者，十家中人之產也；千金十倍於百金，近乎富矣。」然千金之家，其每年產業所得子息，不過三、五十金，多亦不過七十、八十金。[93]

如此看來，在四川的中人之家或中人之產大概少有超過千兩者；而擁有千兩以上資本的家庭，幾乎可以算是富人之家。另外道光年間刊刻的小說《林蘭香》，也提及：「至年終，需有孚稟，稱算明冬季三個月內，共節剩雜費銀五百餘兩，此中人之產也。」其所指的中人之產是500餘兩左右。[94]

---

92 〔清〕張羲年，《噉蔗全集》，收入《清代詩文集彙編》第315冊（上海：上海古籍出版社影印清光緒十九年上海著易堂鉛印本，2010），卷7，〈治潛政要〉，頁6a。

93 〔清〕劉衡，《蜀僚問答》，收入《中國律學文獻》第3輯第5冊（哈爾濱：黑龍江出版社影印清咸豐十年刻本，2006），卷1，〈富民涉訟必致破家之故〉，頁649。

94 〔清〕無名氏撰、〔清〕隨緣下士編輯、〔清〕寄旅散人批點，《林蘭香》（臺北：天一出版社影印清道光刻本，1985），卷3，第17回，〈三公子大鬧勾闌　二秀才浪遊燈市〉，頁1b。附帶一提的是，越到後來，中人之產的規模在某些地可能已達千兩以上，如朱秉鑑（1758-1822）在其文集提及其家鄉福建浦城嫁女習俗之奢華，婚嫁費用之高昂，「富家費踰萬，少亦四、五千金。中人之家費一二千，最下亦五、六百。」到了清末光緒年間，在經濟繁榮的江南恐怕中人之產已超過千兩。參見〔清〕朱秉鑑，《茹古堂文集》，收入《清代詩文集彙編》第453冊（上海：上海古籍出版社影印清道光五年冰玉軒刻本，2010），卷1，〈溺女說一〉，頁26a。

從上述各類被竊事主的資本來看，也確實符合中人之產的
規模。也就是說大多數被竊的事主，其實並非富有階層。其實
明人金聲（1589-1645）在一封與其家鄉紳討論夜鑼諸禁以防竊
盜的信裡，已提及：

今盜，何必盡攫富人，且入富牆垣頗艱，往往乃中家及
下家受之，盜害遍民間也。[95]

此語也反映了歷史事實，亦即竊賊大多以中人之家為首要目
標，豪紳富戶其實因為行竊的難度大、風險高，所以不盡然會
是竊賊的首選。

第三節　被害事主的報案選擇

現代社會報案的機制相當便利，報案成為一件理所當然
的反應。但在傳統中國的社會環境之中，報案對於一般人而
言，是否仍能視為理所當然？以下就以同治四年仁里十甲民盧
濟生遭竊案為例，說明影響竊案被害人在事發後決定是否報案
的因素，並分析其選擇不報案的原因究竟是不願報案、不能報
案，抑或是不必報案。在忠興場以醫藥為生的盧濟生於同治四

〔清〕潘綸恩，《道聽塗說》（傅斯年圖書館藏光緒元年申報館倣聚珍版
活字排印本），卷9，〈彭意之〉，頁15a。

95 〔明〕金聲，《金正希先生燕詒閣集》，收入《四庫禁燬書叢刊》集部第
85冊（北京：北京出版社影印北京圖書館藏明末刻本，2000），卷三，
〈復鄰族某氏　戊寅〉，頁13b。

年十二月十九日當晚，被竊賊從住家後面廚房的土牆挖洞闖
入，竊去衣物數量不等，盧濟生當時「因歲暮、贓微，隱忍未
稟」。此一姑息之舉反而使盧濟生於同治五年三月十六日夜，
再度被竊賊循著同樣的方式行竊得手。盧濟生隔天早上發覺之
後，認為「似此賊竊不休，實難防範」，便決心於三月二十二
日報案。[96]盧濟生在告狀之中聲稱第一次遭竊卻未報案的原因是
「歲暮」與「贓微」，正好反映了當時許多竊案被害人在事發
當下所考量的問題，另外述及其他因素。

「贓微」：成本考量

　　以「贓微」為理由而不選擇報案的例子不少，早在乾隆
年間巴縣竊盜的司法案件中已見此情況。筆者發現在乾隆朝的
竊案中，共有10件事主曾提及「事微」或「贓微」，也就是認
為被竊的物品沒有多少價值，而不願勞師動眾興起緝捕的行
動，所以未稟明官府的案例，且幾乎都是發生在乾隆五十年
（1785）以後。[97]而同治朝這樣的例子更多，無論在城或在鄉，
都有事主被竊呈案時指出其曾經被竊，但因「贓微」而隱忍不
報。如同治二年五月有總役高俸以家內被竊一事具稟，事主住
神仙坊大檯子到灌井院內，雖是左班總役，其家卻曾在同治元
年二月時被竊銅磬一口、錫福字燭臺二對，「役見贓微隱忍未

96　《巴縣檔案（同治朝）》，案卷號06-05-11512。

97　巫仁恕、王大綱，〈乾隆朝地方物品消費與收藏的初步研究：以四川省巴
　　縣為例〉，頁21。

較」，直到第二次被竊才上報。[98]又如同治五年四月有太平坊職員朱錦雲稟其家遭賊刁門入內竊，而之前已被竊一次，其云：「今二月初五夜，職家被賊刁門進內，竊去布衣、錫壺、臘肉等物，因贓微未稟」，如今竊賊又來其家撬毀槽門側土牆竅，入內割毀箆壁，進內室扭毀樓門銅鎖，鑽入樓上竊。[99]同治五年十月，有住在崇因坊興隆巷口開設經濟堂藥鋪的監生吳樹猷，以白日被賊竊去衣物而報案，指出：「近日本坊內屢失微物，皆含忍未較。茲白日乘間絡竊，該坊差咎不容辭。」[100]

以上是城市的例子，鄉村的例子如同治三年有正里八甲的「佃耕農樸」熊廷元以家遭賊竊上稟，其指出在四、五兩月屢次遭賊竊去糊麥、包穀、菜蔬等物，「蟻念細故，隱忍未較。」[101]又如同治十三年六月，有節里二甲的監生劉寬成等挐獲慣賊馮大本，並要他負賠償，馮大本則抗橫不賠，於是劉寬成等上控。劉寬成指出該甲被竊事主還包括吳能齋等多人，且多次被竊：「生等均餵有雞鴨，出外田放，連年被賊偷竊，受害不少，四查未獲，俱忍未較。」[102]

至於什麼樣的東西被事主認定是「贓微」呢？從前述的例子看到多是數量少的器皿服飾或農作物等等，不過因為個別財力的差異，有些被竊的贓物其實價值不菲，例如同治五年八月，有仁里十甲的錢振坤稟稱有賊竊去他家衣物錢飾布疋等件

98　《巴縣檔案（同治朝）》，案卷號06-05-10693。

99　《巴縣檔案（同治朝）》，案卷號06-05-11555。

100 《巴縣檔案（同治朝）》，案卷號06-05-11698。

101 《巴縣檔案（同治朝）》，案卷號06-05-10970。

102 《巴縣檔案（同治朝）》，案卷號06-05-10996。

一案，事主狀內又稱：「去冬蟻家被竊去耕牛一隻，贓微未稟。」這次又被偷，而且失物更多，於是才上稟。[103]但耕牛一隻的價格頗昂，絕非一般小農輕易可擁有的。

　　以「贓微」為理由而不選擇報案，似乎是指被竊的物品價值，還不如訴訟費用的成本來得高。若就訴訟成本而言，訴訟的花費著實不少。早期研究對於訴訟陋規的認識，皆來自於方大湜《平平言》。[104]方大湜向官箴書的讀者提倡「為百姓省錢」，指出訴訟過程的六點注意事項，若能做到這些事項，百姓在參與訴訟時將能省去不少麻煩。其中在「裁規費」的部分，列舉了各種訴訟過程常見的規費，包括戳記費、掛號費、傳呈費、取保費、紙筆費、鞋襪費、夫馬費、鋪班費、出結費、和息費。[105]學者吳佩林在既有研究的基礎上，透過清末《廣西調查訴訟習慣報告書》、《調查川省訴訟習慣報告

---

103 《巴縣檔案（同治朝）》，案卷號06-05-11640。

104 夫馬進對於訟師的研究之中，認為訟師的興起是基於對全民開放且貫徹文書主義的訴訟制度，這樣「便利」的制度除了形成大量的訴訟案件，也使得各種費用相形而來。瞿同祖所觀察到清代地方政府書役的經濟待遇之中，看到各種對上對下的陋規問題，書役為了要支付「對上」的陋規費，便必須要「對下」索取一定程度的費用，包括原告、被告、相關人等的訴訟當事人。夫馬進，〈明清時代的訟師與訴訟制度〉，《明清時期的民事審判與民間契約》，頁401；瞿同祖著、范忠信譯，《清代地方政府》（北京：法律出版社，2003），頁82-83。

105 各項規費的解釋，見〔清〕方大湜，《平平言》，收入《官箴書集成》冊7（合肥：黃山書社影印清光緒十八年資州官廨刻本，1997），卷2，〈為百姓省錢〉，頁33b-34a。方大湜所提到的六點為百姓省錢的注意事項為禁教唆、杜歧控、裁規費、慎株連、少標差、快結案，詳細內容見〈為百姓省錢〉該條頁33a-35a。

書》，以及地方檔案的記載，將清代訴訟成本分為顯性與隱性
成本，其中顯性成本即指各種訴訟費用與時間消耗。清末的廣
西訴訟費用大概有呈狀、傳提、審判、抄卷等費用，而四川名
目更多，紙狀、代書、傳呈等費、差費、房費、堂禮費、具結
完案、上控費。[106]從這些琳瑯滿目的規費項目，足以說明一般
訴訟的所費不貲。

此外，也有可能在耗費大量金錢之後，還得到「吃案」
的結果。巴縣仁里九甲的居民張漢倫，於同治十年九月底遭彭
興順偷竊，隔天就準備好呈狀進城告官，將呈狀以及「傳呈錢
四百八十文」交給捕役周太，周太不久回報已將呈狀傳上，張
漢倫隔天便回鄉，等待衙門派遣胥吏來家勘查。數天後，張漢
倫發覺不對勁而再度進城，才發現原本「廳號及戳記簿可查」
的呈詞並未如實呈遞，還有謠傳彭興順已事先賄賂周太，先進
呈彭興順的呈狀，並押後張漢倫的呈狀。[107]總之，若一旦報案
走向訴訟的流程，勢必會花費鉅款，事主必須得好好衡量成本
的問題。

根據盧濟生前例告狀中由盧氏自行開列的被竊物品清單，
第一次被竊去「藍布被條一床、綿絮一床、藍布女衫二件、藍
布圍腰二件、藍布中衣二條、鍋大小二口、□豬一隻」等物，
第二次則是被竊去「舊藍布男衫二件、藍布中衣二條、青布過
山龍一件」，這些失竊物品主要是衣物為主。根據被害人在告

---

106 吳佩林，《清代縣域民事糾紛與法律秩序考察》，頁132-142。另外，吳佩
　　林所謂「隱性成本」指的是涉訟者在精神與心理上的負擔。
107 《巴縣檔案（同治朝）》，案卷號06-05-12916。

狀的陳述可知，很多時候遭竊卻未告官的原因，便是如同盧濟生所言的「贓微」，也就是損失不多的「細故」，在衡量成本之後便決定不告官，但多次遭竊之後，實在忍無可忍，才會挺身而出。又如住在城外正里八甲的農民熊廷元於同治三年六月初四日、初五日接連兩夜遭竊，「蟻（熊廷元）念細故，隱忍未較」，隱忍的結果就是在同月十三日當夜第三度遭竊，而且「賊愈為得勢」，於二十三日的夜晚第四度遭竊，因此報案。[108]

　　有些情況下則是可以從失竊的歷程感覺出，被害人心中的憤怒與恐懼大過於損失，因而下定決心報案。如川東道刑書鄒鏡堂在直里一甲的住家於同治元年三次遭竊，報案時附上三次被竊的物品清單如下：

> 計開三月間竊去：大小雞鴨十二隻。
> 八月間竊去：葉子菸五十斤、黃豆三斗。
> 十月十八夜竊去：赤金環子一對重參錢五分、赤金簪子一對重伍錢、銀手圈一對重一兩二錢、銀一錠重玖兩捌錢五分、銅錢五千文、棉絮四床、紅嗶嘰被蓋一床、洋布印花被蓋一床、硃紅大呢裙一條、大泥女套一件、玉色湖縐女衫一件。

前兩次被竊去的只是「雞鴨、葉菸等項」，「因贓細微，未經稟案」。在第三度遭竊之後，鄒鏡堂反思「在家日少，屢次遭

---

108 《巴縣檔案（同治朝）》，案卷號06-05-10970

竊，心實難甘」，因此報官。[109]

　　從上例的清單來看，前兩次鄒鏡堂損失的只是家禽與農作物，第三次的損失甚是慘重，不僅是衣物寢具，還有許多貴重的金銀首飾，也無怪乎鄒鏡堂必須要報官止血。再從另外一個角度來看，鄒鏡堂第一次遭竊的是飼養在家門外的雞鴨，第二次遭竊的是儲藏在倉庫裡的葉菸、黃豆，可見竊賊已經準備進入住家的空間之內。而第三次遭竊的不只是衣物及高價飾品，更重要的是代表著竊賊已經深入房屋內部的起居空間，面對竊賊的步步進逼，可以想像鄒鏡堂內心的恐懼與憤怒。又如上一章曾提及的紳糧永發公所開設的鹽店被竊案，其云：「去歲被賊屢竊數次，未經入室，故未稟案。……本月初一日夜二更，被賊挖洞進店，鑽入櫃房，將存錢竊去九包，計一百八十吊，並衣物等件」，由是報案。[110]此案顯示事主可能也是因為竊賊已登堂入室，又偷走貴重的金錢衣物，才心生恐懼而報案。

　　這些案件反映出被竊次數、贓物價值，以及入侵事主室內等要素，都是催促被害人告官的動力，同時也是做為獲取縣官關注的方式。更重要的是，綜合上引盧、鄒兩案的情況來看，即使贓物價值不高，但被竊次數過多，仍會使被害人放棄「贓輕」而不報官的念頭，因為屢竊未獲的遭遇可能讓被害人產生憤怒與恐懼的情緒，即使現階段只是幾次小幅度的損失，但是住家能讓竊賊多次得手的環境與條件，可能也會在下一次大失血。

---

109 《巴縣檔案（同治朝）》，案卷號06-05-10403。
110 《巴縣檔案（同治朝）》，案卷號06-05-10899。

「歲暮」：時間考量

　　如果從盧濟生前後兩次被竊的損失來看，第一次損失可能遠比第二次高，為何第二次遭竊反而堅定其報案的決心？其因大概在於第一次事發時間是在十二月十九日，正逢衙門的歲暮封篆時期。結果上述因正值「歲暮」、「歲畢」而打消報案念頭的盧濟生並非孤例，還有其他的案例也顯示事主在歲暮遭竊時會選擇不報官。如同治二年十二月有正里八甲職員陶致中家被竊，事主口供稱：「因辦局公冗，兼之歲畢賦微，未稟」。[111] 又如在洪崖坊開設花舖的姚正興於同治三年十一月初十日、十二月二十八日兩度遭竊，其狀云：「去冬月初十，被賊竊去布花包十個，至臘月廿二，又被賊竊去紅錢二千。蟻因歲暮，俱忍未較。」但到了同治四年正月二十六日第三度遭竊，損失大白布二十八件，值銀三十兩，損失慘重而報官。[112]

　　巴縣居民會因為顧慮到歲暮而打消報官的念頭，可能是因為即使盜行發生的同時，也是衙門封篆的時期，再加上許多盜案並未牽涉到人命或大型強盜行為，無法被歸類為重案，也就使衙門不會因此受理被竊一頭牛或三件白布衫的輕案。如在土主場挑賣土碗的梁興順，於同治三年十一月二十四日趕集時，遭小甲王林等人乘著人潮擁擠時，竊去他人寄賣的氈帽。梁興順發現後前往理論，反遭王林等人勒索，因此於同年十二月初二日告官。呈狀之後，知縣王臣福批示稱「據呈情節支離，恐

111　《巴縣檔案（同治朝）》，案卷號06-05-10972。
112　《巴縣檔案（同治朝）》，案卷號06-05-11157。

未盡實。現值封篆，著俟開期簽差查喚訊究」，雖然知縣認為
梁興順呈控的內容有所隱瞞，並以封篆為由拖延處置，但仍在
隔年同治四年正月二十二日開出傳票，傳喚梁興順、王林等人
前來應訊。[113]除非被害人等到衙門開印之後再上門呈狀，否則
有些情況可能是在成案之前，就由約保捕獲犯人，並透過團眾
公議後結案；不然就是被害人因為贓微隱忍，直到忍無可忍。[114]

　　此外，如同吳佩林所言，訴訟所耗費的冗長程序與時間。
根據那思陸所整理的清代州縣衙門刑事案件承審限期，按照案
情內容與案件審轉的層級，約在二十天至三個月左右，而且還
有展限的規定。[115]因此如果是一個贓物只有三件麻布衫的普通
竊盜案件，順利的話可能只需要二十天就能完成報案、緝捕、
審理、判決的程序，由州縣層級審結。但是如果竊賊身分為外
縣或外省人，並且已經回籍，則可能會因為要透過關文移送犯
人來縣受審，而這個部分因為符合展限規定，因此可以再展限
兩個月。另外，若適逢知縣交接、犯人在監獄羈押時患病，甚
至是遲遲未獲贓物，都可能使得結案期限繼續延長。即使是贓
物價值如此輕微的竊盜案件，都可能按照規定獲得展延。若是
出現各種誣告行為，也都可能使案件審理更加曠時日久。

　　在巴縣民眾口中，歲暮是社會治安的空窗期。咸豐時期的
巴縣已有「時值冬令，渝郡水陸交衝，五方雜處，最易藏奸」

---

113 《巴縣檔案（同治朝）》，案卷號06-05-11428。

114 可惜筆者目前尚未發現當事者為了在封篆期間讓衙門受理而誇大其詞，或
　　是以竊做強的案件。

115 那思陸，《清代州縣衙門審判制度》（臺北：文史哲出版社，1982），頁
　　156-160。

及「現近冬令，匪徒尤易竊發」等說法。[116]同治五年十一月十四日夜遭竊的仁里監生田煥章在告狀中聲稱：「時值隆冬，將近歲暮，誠恐賊風愈熾。」同治十三年十一月十五夜遭竊的武生何濟川也提到：「現屆隆冬，宵小易生，不稟嚴究，盜風愈熾。」在城內金湯坊開設氈房的陝西人雷德盛，於同治十二年十一月二十一日夜遭竊後，更痛斥：「現值隆冬之際，賊更愈熾，賀樸何以安生？」[117]

　　同治六年時任巴縣知縣的霍為棻，在仁里文生的請求之下發布告示，其中提及「時屆冬令，宵小易生」，可見時令與竊案之間的關係已為官方所注意到。[118]隨後接任的知縣王臣福曾轉發重慶府知府頒布的告示，說明城內封篆期間的犯罪行為。其告示稱：「渝城八方雜處，宵小每易潛蹤。現在封印在邇，本府風聞向於每逢封篆後，街市孩童買攜物件，往往有不宵棍徒硬行強奪之事。」隨後王臣福也發布告示稱：「渝城五方雜處，水陸交衝，□□遼闊，良莠不齊。時值歲暮封篆之際，誠恐流痞宵小結黨成群，□□絡竊、搖錢賭博、酗酒發瘋、打娼鬧妓、敲搕訛詐，滋釀禍端」，因此要求捕役嚴格查訪。[119]種種官民的說法皆顯示了年終歲暮正是犯罪行為的好發期。

　　這些印象是否能反映在實際統計數據上？附表6-2為根據

---

116 四川省檔案館編，《清代四川巴縣衙門咸豐朝檔案選編》冊1（上海：上海古籍出版社，2011），頁379；冊2，頁358。

117 《巴縣檔案（同治朝）》，案卷號06-05-11711、06-05-13572、06-05-13646。

118 《巴縣檔案（同治朝）》，案卷號06-05-12029。

119 《巴縣檔案（同治朝）》，案卷號06-05-12148。

同治朝《巴縣檔案》盜竊類按照年月進行的案件數量統計，從這些統計結果可以看到，歲暮或冬令所包含的十一月至隔年一月，這段時間並非每年案件數量的高峰期，有時甚至還會成為離峰期。為何巴縣居民的印象與實際統計數據之間，會產生這種差距？其實這正說明了官府在歲暮封篆時期不接案件的結果，以致司法檔案中的報案案件不多。

交通的風險

除了「贓微」與「歲暮」這兩個原因使得巴縣縣民在遭竊後不願報案，另外也須考慮到赴縣府報官的交通成本與意外風險，尤其是在鄉村發生竊案時事主多有這樣的考量。早在乾隆朝的《巴縣檔案》已經反映出鄉村竊案發生的地點與距離縣城的距離有微妙的關係。根據王大綱統計乾隆朝巴縣的185件鄉村竊案發生的地點，結果顯示多數案件離縣城有一定的距離，表明鄉村竊犯在犯案時並不會靠近縣城犯案。大多數的鄉村竊案發生在離城80到120里，而超過120里以上的竊案數量瞬間減少，除了在180里有較多的15件之外，其他都只有一至五件，而這些案件是有報官而登記有案的例子。由是推測地形較多山而距離縣城又遠的里甲，一旦竊案發生事主若採取入城報官，將耗費較長的時間，對於需要即時性的緝盜流程而言是不便利的，也因此事主可能會考量交通成本而打消赴縣署報官的念頭。[120]

除了交通距離之外，路程中也有風險。如上述本節開頭的

---

120 王大綱，〈從竊案來看清代四川重慶的社會變遷（1757-1795）〉，頁117-119。

表6-2：清代同治朝巴縣竊盜案件月份數量統計

	元年		二年		三年		四年		五年		六年		七年		八年		九年		十年		十一年		十二年		十三年	
	城	鄉	城	鄉	城	鄉	城	鄉	城	鄉	城	鄉	城	鄉	城	鄉	城	鄉	城	鄉	城	鄉	城	鄉	城	鄉
正月	4	6	8	10	8	7	7	24	5	18	11	28	2	9	2	9	5	14	4	10	3	10	4	6	2	8
二月	4	11	13	22	9	12	8	17	9	25	14	17	7	10	8	5	6	9	3	12	6	11	3	7	8	13
三月	6	41	8	8	10	34	5	9	7	20	14	10	3	16	4	6	10	25	7	5	4	15	9	6	4	4
四月	1	5	11	14	14	16	13	10	7	8	10	13	6	9	3	5	5	18	2	14	2	10	9	5	4	12
閏四月									1	1			3	2												
五月	3	3	6	9	10	20	12	7	8	20	13	20	10	8	2	3	1	13	4	10	1	12	7	7	10	10
閏五月							15	18																		
六月	1	5	8	19	2	14	8	10	11	13	13	12	2	7	9	6	7	9	5	14	3	11	0	20	4	14
閏六月																							1	2		
七月	4	1	7	12	4	15	7	12	10	11	10	8	5	4	2	5	4	8	8	12	3	19	2	5	4	15
八月	10	11	15	15	6	15	9	6	8	24	11	23	7	11	2	11	2	10	6	9	4	9	3	13	5	11
閏八月	3	4																								
九月	3	14	12	7	5	16	9	12	6	12	10	13	5	8	1	5	2	8	9	13	5	11	5	10	10	9
十月	9	15	12	11	2	10	6	14	7	25	12	25	3	7	4	9	6	9	8	9	5	13	2	7	11	8
閏十月																	1	5								
十一月	13	10	9	8	7	30	13	20	17	18	11	9	7	11	8	15	11	7	5	11	3	9	5	3	8	11
十二月	11	14	14	16	8	22	8	27	19	22	9	13	5	9	1	14	3	12	1	14	3	9	3	7	2	5
小計	72	140	123	144	85	211	120	186	115	217	138	173	70	111	46	83	63	147	62	133	42	139	53	98	72	120
合計	212		267		296		306		332		311		181		129		210		195		181		151		192	

盧濟生案例，事主居住在仁里十甲忠興場，位處重慶城東方，彼此之間相隔一條江水，若要報案則必須要渡江進城，此一行為往往有其困難。同治《巴縣志》稱：

> 嘉陵江，每夏水泛漲，居民因事赴城，每多稽延覆溺之患，始詳請以十二里中分義、禮二里，並仁里上六甲歸江北廳管轄，又以祥里之一甲至八甲歸璧山縣管轄。[121]

正因為兩條大江江面寬廣，水流湍急，時常發生船難，此一問題嚴重到必須要重新劃分行政區，以減少民眾渡江赴城的風險，但商貿往來的行為卻無法禁止。

現存最早的《巴縣檔案》始自乾隆朝，從乾隆朝命案中死於落水溺斃的案件數量，多少也反映了渡江的風險。在乾隆朝《巴縣檔案》總計416件人命類的案件之中，光是這種落水溺斃的案件就多達43件，而嘉慶時期的部分，則是769件案件之中，佔90件左右，足見當時自外地或鄉村渡江進入重慶城需要擔負的風險之高。[122]

在乾隆朝《巴縣檔案》裡，因落水溺斃的案件時有所見，如乾隆二十六年（1761）正月，舡戶湖廣人蕭翠山報稱鍵為縣鹽商江西人彭客駕舟載鹽，與廣東人劉姓、何姓兩人於觀音灘

---

121 〔清〕霍為棻，〔同治〕《巴縣志》，卷1，〈疆域志〉，頁1358。
122 在現代對於巴縣檔案的分類之中，被收入「人命類」的案件，除了凶殺案之外，也有很大一部分是落水淹斃、自縊身亡，或是無名路屍，以及看役報告在監犯人病斃的報告，就乾隆與嘉慶時期的部分來看，凶殺案以外的案件數量將近人命類案件總數之半。

雞心石覆舟，劉姓與何姓兩人身亡。縣衙要求打撈兩人屍身，並傳喚觀音灘的地主牟高遷、地鄰王俊安前來應訊說明。[123]或如乾隆二十六年二月，江津縣板主何玉相駕船於五瓜舡下攤翻覆，船客江津人林飛中淹斃，救生舡水手陳廷壁與林飛中之兄林松麟合作打撈屍身未果。陳廷壁報官後仍未撈到屍體，後林松麟返回江津縣，但知縣發現只有陳廷壁的稟文，卻沒有陳廷壁與林松麟的訊供，因此發文要衙役找這兩個人到案應訊，以取得供結，方能結案。[124]

　　為了降低鄉民渡江的危險性，巴縣設置了救生船。乾隆三年（1738）時任知縣的王裕疆分別在岷江、嘉陵江探勘了近百處險攤，並選擇其中最險之處設置救生船與水手，每年共需增加近三百兩銀的人事支出，另外還有船隻維護的支出。可能是因為維護費用過高，嘉陵江的救生船於乾隆十五年（1750）裁撤。[125]乾隆二十五年（1760）主持編纂《巴縣志》的知縣王爾鑑便感嘆救生船的設置雖善，但「篷橈朽敗，水手缺乏，老弱濫充，操舟不善」，可見從乾隆三年設置救生船以來，短短二十年就已經出現實際運作上的乏力。而救生船制度的失靈，也造成原本渡江除了擁有高風險。[126]乾隆時期城鄉之間便已存在的天然屏障，到了同治時期仍是無法改善，因此也可想見鄉村居民若要報案並不方便。

　　如前所述，除了訴訟成本相當昂貴，耗費時間相當冗長之

---

123 《巴縣檔案（乾隆朝）》，案卷號06-01-256。
124 《巴縣檔案（乾隆朝）》，案卷號06-01-258。
125 〔清〕王爾鑑編，〔乾隆〕《巴縣志》，卷2，頁13a-14a。
126 〔清〕王爾鑑編，〔乾隆〕《巴縣志》，卷2，頁15b-16a。

外，渡江或離家都帶有相當程度的風險，這些原因可能使一個
受到竊賊所害的巴縣縣民對於報案一事卻步。除此之外，鄉村
居民因為離家告官，家中空虛，反而有一定的機率易遭小偷再
度趁虛而入；甚至也有可能在客店遭竊的情況，這又是另一層
風險的考量。

小結

　　被害者學的理論可以提供犯罪史分析的新角度，而犯罪史
的研究結果也可以呼應被害者理論。犯罪學學者密斯（Terance
D. Miethe）與麥爾（Robert F. Meier）整合過去的犯罪學相關
理論，提出「結構選擇理論」（Structural-Choice Theory），來
解釋一個人是否陷於被害情境。他指出兩方面，一是在客觀結
構上的特徵，包括潛在犯罪人的鄰近性（physical proximity to
motivated offenders）與暴露於高風險的環境（exposure to high-
risk environments）。前者係指被害個體和有犯罪加害人存在
地方之間的物理距離，後者係指被害人對於犯罪者而言的可
見程度（visibility）以及接近的程度（accessibility）。再者，
犯罪者主觀選擇的組成因素中，則有標的物的吸引性（target
attractiveness）以及監控者的不在場（absence of guardian），二
者也是影響被害者的因素。[127]

---

127 Terance D. Miethe and Robert F. Meier, "Opportunity, Choice, and Criminal
　　Victimization: A Test of a Theoretical Model," *Journal of Research in Crime
　　and Delinquency*, 27.3 (1990): 243-266. Robert F. Meier and Terance D. Miethe,
　　"Understanding Theories of Criminal Victimization," *Crime and Justice* 17

　　如果將空間環境區分為城與鄉的差別，再觀察本章所述及之被竊事主何者可能與犯罪者更鄰近？更容易暴露於高風險的環境呢？本文的統計分析可以看到，從同治朝巴縣被竊的事主分類來看，其中被竊最為頻繁的類別依序為商人、士階層、公務人員、務農者、工業者與婦女，最末是其他類。從分類的數量統計還可以看到社會結構的變化，在十八世紀後期也就是乾隆朝後期開始，出現商人所占被竊事主比重越來越多的趨勢，到了同治朝十九世紀中期商人已成為最多的一類被竊事主。這說明巴縣從十八世紀後期到十九世紀中葉之間，因為商業化與城市化發展與繁榮，造成了大量的商業就業者。也因為他們擁有一定的資產，遂成為偷竊者覬覦的目標。

　　其次是士人階層所占被竊事主的比重，仍然具有一定的數量。其中很明顯看到士人階層裡有許多是從事工商業者，還有許多是具有監生身分，其中非常有可能是所謂的捐納監生。這種士商相混、士商合一的現象，從明末開始出現，到了十九世紀中葉似乎已經成為一個普遍的現象，而且他們多數集中在城市裡。再者士子赴城考試的季節與位在城裡的書院都是高風險被竊的環境。公務人員中的職員被竊主要是在鄉村，而衙役被竊則在城裡。被竊的寡婦也以城居者居多數。這樣看來，除了務農者之外，城市的確較鄉村更鄰近犯罪傾向者、更容易暴露在高風險的情境下。本書第八章將進一步探討竊盜犯罪與城市化的關係。

　　再就主觀的犯罪選擇方面而言，本章從被竊者的資產損

(1993): 459-499.

失來做估計，大多數的被竊者的資產都介於數十兩到數百兩之間，少有超越千兩以上，這其實頗符合傳統定義的中人之產。由此也說明了，其實最頻繁或最常可能成為被竊的事主，並不是富豪官紳，而是這些中人之家。從文獻上反映，這樣的現象在明清鄉紳士大夫裡中也有一定程度的認知。至於財富更高的鄉紳官員階層其實被竊的案件數量並不多。雖然後者就吸引性高於中人之家，但是對竊賊而言要找到監控者不在場的機會更難。如本文提及這類人家防甚嚴，即使被竊也會施加壓力於官衙要求盡快捕獲竊賊，而且還有自己的家丁巡訪捉賊。所以竊犯在選擇標的時反而會更加謹慎考量，不敢輕舉妄動。

　　現代犯罪學稱失竊後事主未報案而形成所謂的「犯罪黑數」，亦即非真實犯罪的案件數量。在傳統時期的中國發生竊案時，事主也可能選擇不報官，其原因則與前言提到的現代社會迥然不同。從上述討論可以得知，在傳統中國時期的巴縣民眾生活在一個報案相當不便的環境，報案不僅耗費相當高的金錢與時間成本，也可能必須承擔一定的風險。若從被害人衡量的標準來看，對被害人而言，比起捕獲犯人、伸張正義，盡快彌補損失才是當務之急。因此，如果被害人在評估竊盜損失、成本考量、意外風險等因素後決定前往衙門報案，成為案件的原告時，被害人所著眼的可能不會是捉獲犯人，而是取回自己的損失。

第七章
從贓物來看地方的物質消費

　　竊賊在行竊的時候都會選擇什麼樣的標的物呢？這些標的物又具有什麼樣的特殊性呢？《巴縣檔案》中的許多竊盜案件內附有被害事主所提供的失物清單，這些所謂的「失單」詳細的記載了被竊的物品名稱、數量以及特色，可以回答竊賊選擇標的物的特殊性。

　　不僅如此，這些失單所記載的內容，其實反映了當地的消費水平。過去關於近代早期中國人消費日用奢侈品或耐久財的記錄，則是幾乎都局限在社會上階層，至於一般社會階層的物質消費，除了在地方志的風俗志與筆記小說中有一些印象式敘述之外，幾乎很難找到確切歷史紀錄可以反映他們的物質消費。如同前一章所云，這些被竊事主大部分其實頗符合傳統所謂的「中人之家」的社會階層，由是從這些被竊物品的記錄，正可以提供我們探索清代地方社會中間階層的物質消費。

　　導論中曾提及筆者與王大綱合撰〈乾隆朝地方物品消費與收藏的初步研究：以四川省巴縣為例〉一文，利用《巴縣檔案》的竊盜案件來探析物質消費的研究，反映出十八世紀中國人的消費能力。本文擬在前述成果的基礎下，進一步探討到了十九世紀中葉巴縣地方物質消費的變化。首先交代竊案的司法

檔案中，事主呈報的「失單」及其性質。接著分析失竊物品的類別變化，再介紹失物中的主流物品與特殊物品，最後嘗試從物品的擁有來看社會階層化。

第一節　贓物失單的真實性

事主遭竊之後報官時通常會附上失單，詳細列舉出被竊的物品錢財。失單的形式大概在明代就已定型，據崇禎二年（1629）大理寺卿康新民的疏文，論及京師盜犯真假極易淆錯時，曾提及失單的形式：

> 蓋失主被盜之日，須先投一失狀於官司，預報失單，逐項開明記號，如手飾金銀分兩，有無珠翠，衣服顏色，或紬絹、紗羅、布絮，下至一帽、一履，亦必註一製樣。嗣後擒賊，追贓合者，方為真盜。[1]

上引文提及失單所記載的形式，至清代仍沿用，據清人徐棟輯《牧令書》收有某知縣論起出贓物後，比對事主失單的過程：

> 凡盜案贓物踏看時，本縣攜帶事主所報失單，逐件明問，衣服則是何顏色、花樣，紬緞、布綾或棉單夾，是男、女衣；首飾則問是金銀何花樣，有無珠石，輕重若

1　〔清〕孫承澤著，王劍英點校，《春明夢餘錄》（北京：北京古籍出版社，1992），卷50，〈大理寺〉，頁1076。

干；銀則問是何成色，數目錠件；紬緞布疋則問其顏色丈
尺，有無字號；零星則問其顏色、數目、新舊，分款挨次
開明，獲盜之後，詳起贓物，必與失單細對，一字不可互
異，前後相符，方不致駁詰。[2]

從《巴縣檔案》可以看到失單所記載內容，和上引文所述差距
不大，幾乎相符。服飾記載包含棉、麻、毛、羽等之衣料，
藍、白、青、金等顏色，馬褂、袍子、衫子、汗衣等式樣，以
及男女之別。如「洋藍嗶嘰馬褂一件」、「金醬色羽毛袍一
件」、「油燉布袍子一件」、「洋布衫子三件」、「葛麻布女
中衣二條」等等。[3]首飾方面可見其金、銀樣式，如「金琵琶簪
一支」、「銀挖耳一支」、「翠銀鴿吊子一對」；[4]部分還記有
鑲寶石與重量，如「金嵌紅綠石戒指二個，每重三錢」、「金
戒指一個重四兩」等。[5]而綢緞布匹被竊的失單記載可見其顏
色丈尺，如「青布二丈」、「漂布一丈」、「青緞子五尺」、
「紅洋湖縐一丈」等，[6]但未發現有字號的記錄。
　　事主報官之後，至獲盜起贓，該地方官必須差委捕員跟同
起認贓物。又特別規定捕役於起贓過程中若有舞弊，照律例重

2　〔清〕徐棟輯，《牧令書》，收入《官箴書集成》冊7（合肥：黃山書社據
　　清道光二十八年刊本印行，1997），卷19，〈刑名下‧審理盜案〉，頁40a-
　　b。

3　《巴縣檔案（同治朝）》，案卷號06-05-10457。

4　《巴縣檔案（同治朝）》，案卷號06-05-10510。

5　《巴縣檔案（同治朝）》，案卷號06-05-10450。

6　《巴縣檔案（同治朝）》，案卷號06-05-13480。

懲之外，承問官與督撫有疏失者亦要議處：

> 如捕役私起贓物，或借名尋贓，逐店搜察，或囑賊誣扳
> 指稱收頓，或將賊犯己物作贓，或買物栽贓，或混認瞞贓
> 等弊，事發除捕役照律例從重問擬外，其承問官不嚴禁詳
> 審，該督撫不嚴飭題參者，一并交部議處。[7]

　　事主被竊後所呈報的失單是否可能被官員勒令少報，而以
輕案處理呢？實則清代法律定有相關的懲處，據《吏部處分則
例》云：「竊案贓未滿貫，地方官員勒令事主少報者，照〈諱
竊例〉議處。贓逾滿貫，勒令事主少報者，照〈失出例〉分別
議處。」[8]而〈諱竊例〉載：「地方報竊，州縣官諱匿不報者，
每案罰俸六個月（私罪）。不行查揭之府州，罰俸三個月（公
罪）。」[9]〈承問失出例〉載明官員若有承問引律不當者，各官
應得降調、降留、罰俸處分。[10]所以官員勒令事主少報是要罰俸
降職的。

　　至於事主是否可能謊報竊案？或是為了吸引知縣注意而
虛報誇大失物呢？事主謊報竊案在法律上是有處罰的規定，據

7　〔清〕薛允升著述，黃靜嘉編校，《讀例存疑重刊本》，卷26，〈強盜
　　律〉，頁592。

8　〔清〕吏部增修，《欽定增修六部處分則例·刑部》（清道光十二年年吏
　　部增修同治四年刊本），卷41，〈盜賊上·諱盜〉，頁7a。

9　〔清〕吏部增修，《欽定增修六部處分則例·刑部》，卷41，〈盜賊上·
　　諱盜〉，頁7a。

10　〔清〕吏部增修，《欽定增修六部處分則例·刑部》，卷48，〈審斷下·
　　承問失出〉，頁9a。

《大清律例》「刑律‧賊盜上‧強盜」記載：「事主呈報盜情，不許虛誣捏飾。倘有並無被劫而謊稱被劫，及以竊為強，以姦為盜者，俱杖一百。」[11]而失主如果在失單之中呈報不實的話，則有相關罰則。〈強盜律‧事主續報失單及捕役私起贓物誣裁混認瞞贓等弊例〉稱：「事主呈報盜案失單，須逐細開明。如贓物繁多，一時失記，准於五日內續報，該地方官，將原報、續報緣由於招內聲明。」另外，「如事主冒開贓物，杖八十。」[12]

關於事主虛報失單，官員有兩種對立的看法，其一是站在同情事主的立場。如陳弘謀（1696-1771）的看法如下：

> 事主開報失單，彼時賊尚無踪，何從定其虛實？迨至獲賊到官，認竊之物，大半無多，非盡由事主之浮報，非盡關賊犯之花銷，其捕役乾沒於起贓之時，剋勒於獲賊之後者，正自不少。……亦有事主失贓無多，恐官役不肯認緝賊，故意浮開者，雖難免虛報之罪，但既已失竊，多開之故，無非急欲破案，情尚可原。遽問虛誣，殊覺過當。且事主恐蹈浮開之罪，不肯實供，徒稽案牘，反難歸結。[13]

11　〔清〕薛允升著述，黃靜嘉編校，《讀例存疑重刊本》，卷26，〈強盜律〉，頁592-593。

12　〔清〕薛允升著述，黃靜嘉編校，《讀例存疑重刊本》，卷26，〈強盜律‧事主續報失單及捕役私起贓物誣裁混認瞞贓等弊例〉，頁592；卷26，〈強盜律‧強盜竊犯審明夥盜贓術或行竊次數並確認贓物即分別定擬例〉，頁597。

13　參見〔清〕陳宏謀著、陳鍾珂與陳蘭森編，《培遠堂偶存稿》，文檄卷10，〈弭盜詳議〉，頁11b、13a。

雖然失主上呈的失單往往與被捕竊賊認贓的數量不符，但陳弘謀認為此舉並非就是事主浮報，而是有各種可能性。的確事主有可能浮報被竊之贓物，主要是擔心官府不認真查緝，雖難免有虛報之罪，但他以為這是情有可原，不宜處罰過嚴、矯枉過正，否則會讓事主不敢報案。

不過，有州縣官員則傾向事主虛報的動機不單純，不值得鼓勵。例如乾隆朝時巴縣知縣就有告示，明白告戒「每開虛贓，意圖獲贓之日追比拖累」的事主，結果反而是造成難以結案：「殊不知贓單一虛，捕役按贓緝拿，反無著實。獲犯到案，追贓未符，逾難究結，欲圖累人，僅至自累。」[14]如同第二章第三節中提到在《巴縣檔案》的案例中可見謊報或虛報被竊贓物，而被縣官發覺真相的例子，然而數量不多。就以在同治元年為例，雖然有誣告為竊案與偽造失單的案例，但只是個位數，占總年度比重不大。[15]排除上述少數誣告與偽造失單的案例，我們還是可以相信失單的內容有一定程度的真實性。

第二節　失竊物品的類別變化

筆者根據竊盜失竊物品的種類，分類為A-N等共計14大類的物品，分別是：A.各色服飾，B.貴重金屬器皿首飾，C.各色鞋襪，D.牲畜，E.布料，F.日常用品，G.穿著飾品或配件，H.食

14　〈乾隆三十九年七月巴縣正堂告示〉，四川大學歷史系、四川省檔案館主編，《清代乾嘉道巴縣檔案選編》下冊，頁345。

15　同治元年相似的例子參見《巴縣檔案（同治朝）》，案卷號06-05-10506、06-05-10508、06-05-10495。

物，I.帽件，J.工具，K.古物、文具、文件，L.休閑娛樂用具，
M.武器，N.其他等。[16] 每大類下還可再細分有小類。以下為物
品類別總表：

表7-1：物品類別總表

物品類別一大類	物品類別一細類	代號
A.各色服飾	服飾泛稱	A1
	褲	A2
	衫	A3
	裙	A4
	袍	A5
	套褂襖	A6
	上衣、中衣、背心	A7
	喪服	A8
B.貴重金屬器皿首飾	金器	B1
	銀器	B2
	銅器	B3
	錫器	B4
	玉器與首飾	B5
C.各色鞋襪	鞋襪泛稱	C1
	鞋類	C2
	襪類	C3
D.牲畜	工作牲畜（牛、綿羊）	D1
	食用牲畜（雞、豬等）	D2
	馬匹	D3
E.布料	棉布	E1

---

16 其他類的物品是較難分類者，而且頗為零星，例如蘇莊、雞鴨圈、扇插
　子、沙扇套、繡花毛指帶、煤炭、熟邊、老硃、廣元三花、加色頭純、頭
　蠲、花條、支元、零興餘貨各件等等。

物品類別—大類	物品類別—細類	代號
	棉花	E2
	絲綢料	E3
	毛料	E4
	皮料	E5
	皮件	E6
	麻布	E7
	麻料	E8
	線料	E9
F.日常用品	寢具（帳子、毛毯、臥單等）	F1
	盆栽	F2
	燈具	F3
	箱籠	F4
	包袱（荷包）	F5
	磁器	F6
	交通工具	F7
	家具	F8
	各色被褥	F9
	食具	F10
	其他（雨傘）	F11
G.穿著飾品或配件	口袋，搭連	G1
	絲帶	G2
	飾品	G3
	巾帕	G4
	其他（腰圍、腰帶）	G5
H.食物	糧食	H1
	佐料	H2
	肉品	H3
	加工食品	H4
	山產	H5

物品類別一大類	物品類別一細類	代號
	飲料	H6
	藥材	H7
	油品	H8
I.帽件	一般	I1
	特殊	I2
J.工具	農具	J1
	紡具	J2
	廚具	J3
	鎖具	J4
	木料	J5
	針刀剪梳等工具	J6
K.古物、文具、文件	書契（書籍與文件）	K1
	文具	K2
	古物	K3
	眼鏡	K4
L.休閒娛樂用具	煙品	L1
	宗教用品	L2
	煙具	L3
	樂器	L4
	玩具	L5
M.武器	火器	M1
	武器	M2
N.其他		N1

　　上述分類對照乾隆朝時的分類，多出幾種細類名稱，如E9
類的線料、F10類的食具、H8類的油品等，這幾類物品在乾隆朝
時未出現或並不明顯獨立，至此則因數量較多而獨立成一類。
此也反映巴縣當地的物質消費更加多樣化。

　　總計十三年的各類物品數量與比重如下表：

表7-2：同治朝各類物品數量與比重

類別	A	B	C	D	E	F	G	H	I	J	K	L	M	N
總數	11972	4786	1016	179	1504	2374	1095	886	389	502	520	624	135	2091
比重	42.65%	17.05%	3.62%	0.64%	5.36%	8.46%	3.90%	3.16%	1.39%	1.79%	1.85%	2.22%	0.48%	7.45%

　　根據上表的統計數量，再製成各類物品分類比重的圖形如下圖7-1。由圖7-1可知同治朝巴縣竊案失物的類別最多的排序前三類是A類各色服飾、B類貴重金屬器皿與F類日常用品三類。筆者前此曾經統計過乾隆朝巴縣竊盜案失物的分類數量比重，如果將同治時期此圖與乾隆朝時期（圖7-2）相對照的話，將可以發現兩者之間的差異，有幾點非常明顯。

　　第一，A、B、F類的物品，即各色服飾、貴重金屬器皿首飾、日常用品三類物品的比重，同治朝相對乾隆朝都有上升。這顯示一般人的物質水平的確有所提升，亦即十九世紀下半葉的物質消費仍有發展。

　　第二，乾隆朝的D類牲畜的比重有8%，但到同治朝時已降到1%，這種情況和城鄉差異有關。因為牲畜失竊的案件通常是發生在鄉村，而同治朝相對乾隆發生在城市的失竊竊案件已有明顯的增加。由是牲畜失竊的比重相對降低。

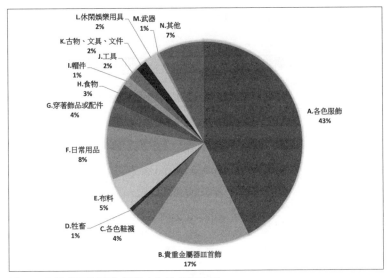

圖7-1：同治朝巴縣竊盜檔案中失物分類比重

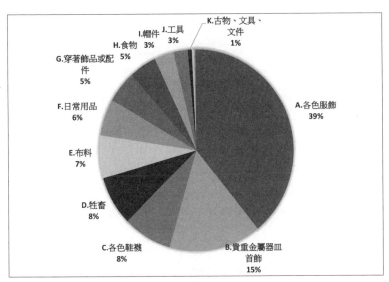

圖7-2：乾隆朝巴縣竊盜檔案中失物分類比重

第三節　失竊主流物品的介紹

以下介紹被竊物品數量比重前三名，即服飾、金屬器皿與日常用品這三類失竊的主流物品。

各色服飾與布匹

A大類的服飾是所有被竊物品之中占最多數的一類，從乾隆朝這類物品被竊就占總數的39%，到了同治朝更上升到43%。形式上可以再分類為褲、衫、裙、袍、袖、套褂襖、坎肩、背心、袞身、夾，以及上衣、中衣、汗衣、孝衣、壽衣等。乾隆朝的檔案史料已顯示這些不同形式的服飾價格，大多不及一兩，大概以套褂襖這類價格最高（約0.2至0.6兩），而衣類價格最低（約0.2兩以下）。此外，服飾價格又與質材及裝飾有關，絲、毛料的價格較高，若是有盤金、泥金之類的邊飾，價格又更高，甚至可能高過一兩。[17]

因為服飾價格好、重量輕，又好攜帶，且容易銷贓，所以會成為竊賊眼中的首選。筆者統計同治朝有1087件竊案被偷的物品包括有服飾，甚至常常見某家單次被竊服飾的數量有數十件至百件之多。從《巴縣檔案》中也可以看到許多竊賊攜帶盜取之服飾，到城市店鋪、當鋪、攤販或鄉村市場販售，而被捕役逮捕的例子（參見第五章第三節）。再從清代典當商人評估

17　巫仁恕、王大綱，〈乾隆朝地方物品消費與收藏的初步研究：以四川省巴縣為例〉，頁17。

毛皮的手冊出現，也可以反映服飾在典當品中的重要性。[18] 以上這些證據都說明當時的二手衣市場有相當大的規模。

　　購買贓物服飾者也可能是一般的中產之家，如同治九年在里八甲的監生彭朝吉家被竊，賊來該監生屋後，割壁開門，直入內室，竊去衣飾等物。而捕役張華奉票往鄉承辦彭朝吉緝案，在何家溝地方見五人行走可疑，隨即上前拿獲一人楊長生，喊投團鄰，詢問盤詰之後，嫌犯稱是行竊彭姓贓物，分得五樣，已賣錢使用，口供如下：

> 本邑鹿角場人，平日下力活生。今年五月初六日那未到案的蔣八、毛老么們說起日食難度，邀約小的一路就是。那夜走到彭朝吉家，由屋後割壁進內，蔣八們偷得衣物等件，他們各自逃走，小的只分得布衫子五件，賣與邱先生（即邱草藥），得錢花用過後，不料事主稟□公差張華們把小的拿獲帶案的。[19]

竊犯楊長生將所偷之衣物賣給邱先生，看似頗易銷贓，且購買者是從事草藥生意者。

　　再者，從這些被竊服飾的名稱，可以發現流行時尚。從乾

18　參見Elif Akçetin, "Consumption as Knowledge: Pawnbrokers in Qing China Appraise Furs," in *Living the Good Life: Consumption in the Qing and Ottoman Empires of the Eighteenth Century*, edited by Elif Akçetin and Suraiya Faroqhi (Leiden: Brill, 2017), pp. 357-383.

19　《巴縣檔案（同治朝）》，案卷號06-05-12611。

隆朝巴縣竊案的失單已見江南地區的流行服飾或流行式樣。[20] 從同治朝巴縣竊盜類檔案中的失單，可以看到更多式樣的流行服飾。如婦女服飾的「八團」，原是旗人婦人的禮服織品，「所謂八團者，則以繡或緙絲，為綵團八，綴之於褂，然僅新婦用之耳。」[21] 在揚州城內的衣料店鋪，如綢緞鋪集中的緞子街上，店鋪提供許多新式樣的衣料，包括八團、大洋蓮、拱璧蘭等。[22] 在同治朝的巴縣竊盜類檔案中的失單常出現以「八團」為名的服飾，如八團女馬褂、八團花寧綢套子、八團花線縐夾馬褂、八團花線縐馬褂、小毛八團緞馬褂、寧綢八團花綿馬褂等等。

　　相對乾隆時期被竊服飾的流行式樣，從同治朝被竊服飾的名稱顯示，「京式」出現的頻率有逐漸超過江南時樣「蘇樣」之趨勢，或至少也是分庭抗禮的態勢。如男子所服的馬褂在當時流行有所謂的「得勝褂」，俗稱「對襟馬褂」，又名「軍機馬褂」、「軍機褂」。最初僅用之於行裝，自從保和殿大學士兼軍機大臣傅恆（1722-1770）征金川歸，喜其便捷，遂平時常服之，名曰「得勝褂」，由是遂為男子燕居之服，之後流行一時，無論男女燕服皆著此服矣。[23] 在同治朝的巴縣竊盜類檔

20　巫仁恕、王大綱，〈乾隆朝地方物品消費與收藏的初步研究：以四川省巴縣為例〉，頁25-27。

21　〔清〕徐珂，《清稗類鈔》（北京：中華書局，1984）冊13，〈服飾類・八團〉，頁6178。

22　〔清〕李斗，《揚州畫舫錄》（北京：中華書局，1997），卷9，〈小秦淮錄〉，頁194。

23　〔清〕昭槤撰，何英芳點校，《嘯亭雜錄・續錄》（北京：中華書局，1980），卷3，〈服飾沿革〉，頁455；〔清〕徐珂，《清稗類鈔》（北京：中華書局，1984）冊13，〈服飾類・對襟馬褂〉，頁6180。

案中的失單，曾出現「青布對襟男綿馬褂」之外，還有不少各色「軍機馬褂」，如二藍羽綾單、二藍呢夾、白羊皮、灰湖縐綿、佛青緞綿、金醬大泥、青羽毛軍機馬褂等等。

當時京師盛行「巴圖魯坎肩兒」，各部司員見堂官往往服之，上加纓帽，南方呼為「一字襟馬甲」，往例須用皮料襯於袍套之中。當時的「坎肩」又名「背心」，所以「巴圖魯坎肩兒」又可稱為「巴圖魯背心」。[24]《巴縣檔案》的失單中有巴圖魯背心、綠布巴圖魯背心各一件。又有「馬蹄袖」者，乃開衩袍之袖也，「以形如馬蹄，故名。男子及八旗之婦女皆有之。致敬禮時，必放下。」[25]《巴縣檔案》的失單中也有皮馬蹄袖乙雙。

除了A類是服飾之外，若再將C類的各色鞋襪、E類的布料（棉布、棉花、絲綢料、毛料、皮料、皮件、麻布、麻料、線料等等）、G類的穿著飾品與配件（口袋、搭連、絲帶、飾品、巾帕、腰圍、腰帶等等），以及I類的帽件以上四類與穿著有關的物品一併考慮的話，總數占有60%左右，超過半數的比例。有趣的是帽件與鞋件方面，北京的式樣稱為「京式」，亦是當時流行的時尚，故小說有「時樣京靴」之稱。[26] 而《巴縣檔案》中失單裡有以「京式」為名者頗為常見，如京元鞋、京靴、京頂、京帽、京毡帽等等。

---

24 〔清〕徐珂，《清稗類鈔》，〈服飾類‧半臂〉、〈服飾類‧巴圖魯坎肩〉，頁6191。

25 〔清〕徐珂，《清稗類鈔》，〈服飾類‧馬蹄袖〉，頁8201。

26 〔清〕李綠園，《歧路燈》（臺北：新文豐出版公司，1979），第一零五回，〈譚紹聞面君得恩旨 盛希瑗餞友贈良言〉，頁1079。

　　由此可知，服飾是金錢以外最常見的被竊物品，這樣的情況早在十八世紀乾隆朝時已是如此。[27] 其實也不僅是在中國，十八世紀英國與法國的竊盜案中，服飾也是最常被竊的物品。這與當時的消費文化息息相關，因為當時講就服飾的流行時尚，進而帶動需求，於是有蓬勃的二手衣市場，同時也刺激行竊服飾的犯罪行為。[28] 十八世紀中葉到十九世紀中葉的巴縣竊盜案，也頗類似英國的情況。

貴重金屬器皿首飾

　　其次被竊數量比例占15%的，是B類的貴重金屬器皿首飾，依數量多寡依序為銀器、錫器、金器、銅器、玉器與首飾等。

　　銀飾品是這類中數量最多者，多是小型的飾品。同治朝的巴縣和乾隆朝的情況相同，銀器出現在失竊物品清單裡的，並非是銀製的器皿，而是許多銀飾品。依數量的多寡，依序為銀耳環、銀簪、銀挖耳、銀圈、銀邊花、銀環、銀花、銀箍、銀藤、銀如意、銀牙籤、銀戒指、銀圍、銀頂花、銀鐲、銀吊子等等，其中又以銀耳環與銀簪占絕對多數，高達五百餘件，

27　巫仁恕、王大綱，〈乾隆朝地方物品消費與收藏的初步研究：以四川省巴縣為例〉，頁17-18。

28　Beverly Lemire, "The Theft of Clothes and Popular Consumerism in Early Modern England," *Journal of Social History* 24.2 (1990): 255-276. Daniel Roche, *A History of Everyday Things: The Birth of Consumption in France, 1600-1800*, translated by Brian Pearce (Cambridge: Cambridge University Press, 2000), pp. 218-219.

其他類銀器數量都不及四百件。明顯地，許多類銀飾品是婦女的首飾。如不同名稱的銀花，大概都是以銀製成花形狀的頭飾品。除了頭飾用的銀飾品之外，其他用銀製成的日用品都是小型的，如銀挖耳等。就以居住在直里八甲金家灣的金萬印為例，其宅在同治年間曾被竊兩次，所失之銀飾品包括銀燈盞花、銀翠蘭花、銀大花、銀花挖耳、銀鳳吊子、銀金錢、銀環、銀倒如意、銀藤子、銀前圍、銀後圍、銀鎖、銀結子、銀箍子等。[29]

　　如此多的婦女銀首飾反映了清代婦女髮髻風尚。例如順治初年，滿裝婦女的辮髮於額頭前中分向後，在京師頗為流行。而且在頭飾上旗人的女眷往往單純以金銀製品裝飾，金製者雕鏤成花，銀製者作成花枝樣再鑲上琺瑯珠寶，或是燒染成紫金色。[30] 高年的婦女還流行用「金玉鳳頭簪」，還有以玉質再鑲金銀珍珠的「碗簪」，以及用金質再鑲珠寶的「側簪」等等。[31] 從《巴縣檔案》中物品清單裡大量出現，而名稱多樣的銀首飾品，充分反映了婦女髮髻式樣的流行時尚，同時也說明婦女的消費能力不容小覷。[32]

29　《巴縣檔案（同治朝）》，案卷號06-05-11108。

30　關於清代婦女髮式與首飾的介紹，可以參考孫彥貞，《清代女性服飾文化研究》（上海：上海古籍出版社，2008），頁38-45。

31　〔清〕葉夢珠，《閱世編》，收入新興書局編，《筆記小說大觀》（臺北：新興書局，1983），編35，冊5，頁178-180。

32　有關明清婦女的消費能力與購物的自主性，參見巫仁恕，《奢侈的女人：明清時期江南婦女的消費文化》（臺北：三民書局，2005）；巫仁恕，《優游坊廂：明清江南城市的休閑消費與空間變遷》（臺北：中央研究院近代史研究所，2013年第一版），第五章。

　　金飾品的數量不多，已見《巴縣檔案》中失單裡的金飾品，主要以金簪、金耳環（耳墜、耳包）、金挖耳、金環、金如意、金戒指為多，與銀飾品相同多是婦女用的飾品。有的還有重量的記錄，最重的有金藤子一對，重十兩五錢四分；最輕的是一錢，通常以二、三錢者居多。實例如同治十三年八月，在忠里一甲的監生潘治德遭竊，被竊的失物中的金飾品有金圈子、金牙籤、金豆芽腳環子、金飄帶挖耳、金管簪、金如意、金蘭花寶劍、金琵琶簪、金戒指、金挑子、金勒花、金玉鐲、金洋鏨環子。[33]

　　錫器被竊的案件大概是這大類中數量僅次於銀器者。錫器的形式主要以茶壺、酒壺為大宗，其次為茶船、蠟臺、燭臺、燈臺、香爐等。在明、清文獻裡常見錫製成的飲食容器，尤其是錫壺的記載最多，可見錫壺應該是最常被使用的錫製日用品。在明、清一般的筆記小說提到錫壺做為裝盛水酒的器物或是茶具的一種，或是做為值錢的物品被變賣為賭資。由檔案中的實例反映筆記小說描述的情況並非完全虛構，錫壺勢必有其一定價值，而成為竊賊作案過程取得的贓物。[34] 巴縣的例子，如同治八年一月，仁和坊孀婦張夏氏被竊，失物中有錫香爐一個、錫蠟臺二對、錫香筒一對、錫花屏一對、錫包臺一個等。[35] 又如仁里十甲監生田錦堂家多次被竊，失單列有錫燭臺一對、

33　《巴縣檔案（同治朝）》，案卷號06-05-13311。

34　錫壺在生活上的使用，大抵在不同種類的明清文獻中都可以看到。除了像是《巴縣檔案》所列舉的竊物清單之外，明、清許多「判牘」中也都提到錫壺做為贓物的情況，足以說明錫壺有其價值。

35　《巴縣檔案（同治朝）》，案卷號06-05-12373。

錫燈臺一盞、錫茶船一副、錫茶壺三把。[36]

　　關於銅器方面數量並不多，這可能是因為銅器相對其他金屬器是體積較大，不易攜帶。檔案裡所見的銅器，以銅煙袋與銅盆最多，其次是煙盒、盆、瓢、磬、馨、爐、壺、鎖、鏡、蠟臺等形式者為多。在此舉一例被竊銅器物最多的案件，係發生在同治十三年九月，居住在仁里十甲的殷文彩家被竊有銅藤、銅瓢、銅煙盒、銅大鑼、銅缽、當字馬鑼、銅盤、銅湯瓢、銅鈴等。[37]

　　根據名宦梁章鉅（1775-1849）在成書於道光二十三至二十四年（1843-1844）的《歸田瑣記》一書中指出，當時銅器充斥，尤其是東南數省最甚。這種富豪家帶頭的奢華風氣，造成各地省會城市內聚集數百家銅器店，而府城也有數十家銅器店，甚至到了縣城內也有數家。[38] 如在揚州，銅器與磁器以及稀有的玻璃和大理石，已成了當地民間廳堂長几上重要的擺飾品。[39] 從巴縣竊盜案件的檔案裡，可以看到乾隆中後期約到乾隆四十三年（1778）以後銅器出現的頻率變高了。[40] 到了同治時期銅器被竊的例子更多了，顯示銅器消費逐漸普及化。

36　《巴縣檔案（同治朝）》，案卷號06-05-12735。

37　《巴縣檔案（同治朝）》，案卷號06-05-13513。

38　〔清〕梁章鉅，《歸田瑣記》（臺北：木鐸出版社，1982），卷2，〈請鑄大錢〉，頁30。

39　就像《揚州畫舫錄》所云：「民間廳事置長几，上列二物，如銅磁器及玻璃鏡、大理石插牌。兩旁亦多置長几，謂之靠山擺。」〔清〕李斗，《揚州畫舫錄》，卷17，〈工段營造錄〉，頁423。

40　巫仁恕、王大綱，〈乾隆朝地方物品消費與收藏的初步研究：以四川省巴縣為例〉，頁32-33。

最後一類是玉器，從現在檔案估計被竊物品有玉器的約有87件，是這類中數量最少的一種。被竊的玉器形式，包括有玉手環、耳鐶、玉扳指、玉藤子、玉圈子、玉墜、玉扣等。如被竊最多玉器的二件案件，一是同治八年十一月二十日，居住在正里九甲的文生夏允中之家被竊，失有：玉墜二個、寶石珠子二個、翡翠玉墜一個、翡翠玉珠子四個、玉扣子三個、玉扣絲帶一根、玉骨牌一個。[41] 第二例是同治八年八月十二日，居住在孝里六甲的湯友書家中被竊，失有：玉墜二個、寶石珠子二個、翡翠玉墜一個、翡翠玉珠子四個、雄金墜子二個、玉扣子三個、玉扣絲帶一根、玉骨牌一個、玉圈子一對。[42]

日常用品

至於排名第三的F類日常用品，包括寢具（帳子、毛毯、臥單等）、盆栽、燈具、箱籠、包袱（荷包）、磁器、交通工具、家具、各色被褥、食具與其他（雨傘）等等。但其實比重不高，僅有11%。在這類物品中依數量而言，超過200件以上被竊的物品依序為被蓋1091件、碗836件、帳255件、毡233件、碟223件、瓷器211件、包袱206件。超過100件以上的有箱197件、壺187件、茶碗173件、杯169件、燈具117件、臥單114件、袋112件、盤108件。這些都是常見的日用品，比較特別的是還有四頂轎子被竊。其他幾大類的物品因為比重更小，在此不多作

41　《巴縣檔案（同治朝）》，案卷號06-05-12524。
42　《巴縣檔案（同治朝）》，案卷號06-05-12483。

介紹。

失單中有時也會有被竊物品的估價，這些估價可能是書役，也可能是由事主、經紀與官員三方同時見證，理當接近市場的實際物價。[43] 乾隆朝的《巴縣檔案》竊案中的失單，有記錄物品價格者頗多。從十八世紀乾隆朝巴縣竊盜案中的贓物的例子，可以看到大多數被竊物品的單價很少超過白銀一兩以上，大多數都在白銀一兩以下，或銅錢千文以內。我們大致上可以看出各類物品的價值高低，除了E大類的布料與H大類的食物是以量計價之外，以件計價的銅器、首飾與日常用品的高級被褥是價格較高的物品。再次是各色服飾，其中又以襖、套與褂最高價。帽件的價值與各色服飾相當，但各色鞋襪就不如各色服飾，巾帕則是價值最低的。[44]

同治朝的竊盜類司法檔案裡，關於被竊物品的價格方面反而存留的資料不如乾隆朝來得多，但反映的趨勢與乾隆時差異不大。這可以說明竊賊在行竊時所選擇的物品，為何以服飾與金屬器皿為優先考量，因其有一定的價值。再者，從以上的記錄看來，這些被竊物品的體積都不算太大，都是容易攜帶的物品。即使價值高，但因體積大不易攜帶，竊賊選擇時就會多考慮。例如銅器的價值雖比錫器高，但因體積大、不易攜帶，故

---

43 陳弘謀就認為在估贓時，因為竊盜律是計贓量刑，所以「若將贓單交與書役估計，勢必有意減估，為賊犯脫罪，尤無以服事主之心。應令傳同事主、經紀、當官三面，照時估價。」參見〔清〕陳宏謀著、陳鍾珂與陳蘭森編，《培遠堂偶存稿》，文檄卷10，〈弭盜詳議〉，頁13b。

44 巫仁恕、王大綱，〈乾隆朝地方物品消費與收藏的初步研究：以四川省巴縣為例〉，頁18。

被竊的數量不如錫器之多。再就銷贓而言，這些物品也有其市
場，尤其如服飾的二手衣市場就有很大的規模。

第四節　失竊的特殊物品分析

　　除了上述三大類物品是被竊物比重最高的主流，其他類物
品中有些特殊物品雖然所占的比重不高，但卻可以反映出十九
世紀中葉的社會特點。

文化商品：文具、書籍與古董字畫

　　K類這類物品包括了書籍、文具、古物與眼鏡等，占的總
比重並不大，約只有2%。從失主的身分看來，大多是生員、
鄉紳、職員、胥吏與經商店鋪業主。從這些案例看到事主的失
物，往往同時包括了文具、書籍、字畫古董與眼鏡。

　　文具方面，失主有許多是來省城參加考試的生員或童生，
或是來省城視學的官員。士子來城應試的時期，往往是竊案頻
傳的時節（參見第五章第二節），而士子遭竊的被竊物品又常
見文具之屬。如同治十三年二月二十七日夜半，有教讀為業的
貢生胡溶，適逢縣試，送門徒來城考試，卻遭竊文具。[45]文具
之中以硯臺被偷的頻率最多。其中最常見的形式是所謂的「端
硯」，另有血石硯臺、歙石硯臺、紅毛硯臺、飄石圓硯、鏗硯
等等名目。其中有一案的失單記載有「端硯紫檀盒子壹方，原

45　《巴縣檔案（同治朝）》，案卷號06-05-13553。

價銀六兩」，[46]顯見端硯的價格不菲。

　　不過，這並不表示文具的擁有者有明顯地城鄉差異。因為總計60件案子中有失竊文具，案發在鄉村的有31案，發生在城市的有24案，地點不明的有4案，另有一起發生在外縣，由此顯示並沒有明顯的城鄉差異。例如其中有一案是發生在鄉間馬鬃場開設的棧房內被竊案，事主何文煥的職業即是在鄉發賣筆墨的商人，被竊的失物有：「直上青雲三十支、詞林妙品五十支、純紫□毫五十支、加尖水筆五十支、銀毫水筆五十支、頂尖水筆五十支、□料水筆一百支、串尾水筆二百支、京水筆二百支、尾冊筆二百支、□毫二百支。」[47]由此案大概可以推知，當時即使在鄉間仍有發賣文具的商人，亦即在鄉間仍可以買到基本的文具。

　　販售書籍的歷史在中國頗久，宋代以後益加商業化，至清代著名的書肆更多了，[48]明清的士大夫到大城市書肆購書，成了他們日常生活中重要的活動。[49]因為書籍的價值高，偷書的行為也就不足為奇了。歷代朝廷藏書被偷的情況，從宋代的崇文院、明代的司禮監，到清代的文淵閣都有記載。[50]至於士

46　《巴縣檔案（同治朝）》，案卷號06-05-11775。

47　《巴縣檔案（同治朝）》，案卷號06-05-11020。

48　〔清〕葉德輝著，耿素麗點校，《書林清話》（北京：國家圖書館出版社，2009），卷2，〈書肆之起緣〉，頁22-23。

49　參見巫仁恕，《優游坊廂：明清江南城市的休閑消費與空間變遷》，頁308-321。

50　〔宋〕沈括，《夢溪筆談校證》（北京：中華書局，1959），卷1，〈故事一〉，頁9；〔清〕梁紹壬，《兩般秋雨盦隨筆》，收在《筆記小說大觀》第22冊（揚州：江蘇廣陵古籍刻印社據，1983），卷7，〈偷書官兒〉，頁

大夫家藏書被竊的例子也有不少，明末清初著名的士人黃宗羲
也曾被書賈竊書。康熙五年（1666）澹生堂藏書散出，黃宗羲
前去購書，「途中又為書賈竊去衛湜《禮記集說》、《東都事
略》」[51]，書賈居然把他挑中的好書在途中偷走，而且還是稀有
的宋版書。

　　然而，書籍被竊而報官的案例卻不多見記載，筆者尋得
樊增祥（1846-1931）[52]《樊山政書》裡收錄一則咸寧縣文童之
書籍被竊案，時任陝西布政的他調查後發現：「爾寄居空廟，
別無住持鎖門而歸，未託一人照料。及再至廟中，失去兔園冊
子數帙，前既自不小心，後又小題大做，屢催屢控，意在挾制
賠贓。」樊增祥痛斥該生五年來不斷呈控：「今事越五年，官
經董、尹、王、舒、雷、劉六任，忽而數年不控，忽而一月數
催。試問幾本破書，失去五年，豈有尋獲之理。」他指責該
生，「爾一童生，偶爾失竊，兩次上控，詞氣猖狂若此，絕非
安分之徒。」又說：「不獲則痛詆官役，自以為童生招牌，不
知若何大樣，若一進學，又當如何。」於是他下令西安府及

19a；〔清〕徐珂，《清稗類鈔》，〈盜賊類・文淵閣書被竊〉，頁5365。
有的案例還驚動皇帝，如道光五年有武英殿庫貯書籍被匠役楊得兒等先後
竊出售賣，道光皇帝因此震怒，諭內閣要嚴加懲處失職官員與竊犯。參見
《清宣宗成皇帝實錄》（北京：中華書局，1986），卷90，〈道光五年十
月三十日〉，頁460b。

51　參見〔清〕黃宗羲，《南雷文定》，收入《清代詩文集彙編》冊33（上
海：上海古籍出版社據清康熙刻本影印，2010），卷2，〈天一閣藏書
記〉，頁1a-4b。

52　晚清時人樊增祥（1846-1931），光緒三年（1877）中進士。散館後，出補
陝西渭南縣知縣，累官陝西、江寧布政使。

咸、長兩縣，將該童生田秉鈞永遠扣考，若該生再到各衙門具
呈催案，就交咸寧縣痛笞百板、枷號一月，以為健訟無知者
戒。[53]

　　雖然上述案例在官員眼中童生以失書屢控是有辱斯文，但
絕非特例，而是反映一定的現實。乾隆朝尚未見書籍被竊的案
例，到了同治朝時巴縣竊案中出現書籍被竊者，通常事主也是
生員或童生。茲舉三例，一是同治十一年八月，有文童瞿鳳陽
赴渝城考試時，住天源棧內，夜裡遭賊竊撬牆入內行竊，所失
物品有：《文章》八部、《四書講書》一部、《五經講書》五
部、《詩韻集成》一部、筆四支、墨海一個、筆插子一個。[54] 第
二例是同治六年六月二十九日，有蓮花坊涪州童生陳訓典，因
赴省應試，路經渝城，寄放行李於友人陳仁處，卻被痞徒王東
元、楊么趁隙竊取。業主所失之物，除了文具類的筆架一個、
硯石一方、筆一支、墨二錠之外，還有《五經備旨》一部、
《四書朱子合纂匯參》一部。[55] 第三例是同治十三年六月，廉里
一甲的文童生徐晦之等人送考後，歸途投宿於界石場蔣興棧，
夜裡包袱被竊，所失物品除了文具之外，還包括《四書述要》
一冊、《詩譜集成》一冊、《截搭新編》一冊、《銳峰集》一
冊、詩課文章二十四本、窗課十二本、《述要》一冊、《金口

53　〔清〕樊增祥，《樊山政書》，收入《官箴書集成》冊10（合肥：黃山書
　　社據清宣統二年金陵湯明林聚珍書局排印本，1997），卷5，〈批咸寧縣文
　　童田秉鈞呈詞〉，頁36a-b。
54　《巴縣檔案（同治朝）》，案卷號06-05-13082。
55　《巴縣檔案（同治朝）》，案卷號06-05-12008。

快覽》一冊、《巧搭小題》一冊。[56]

　　古董字畫在這類失物清單中是令人矚目的一類物品，在乾隆朝巴縣的竊案中幾乎未見此類物品，僅有一例失單中勉強算是古董一件；而同治朝的竊盜案件中，這類物品出現的案件有七件，發生地點以城市內為主。其中有兩個案例的事主職業很特別，一是在城內太平坊開設裱褙鋪生理，一是在渝中坊較場開設古玩鋪業者，這二例被竊案中有書畫古董物品是可以理解的，同時也說明這二類店鋪過去是在江南的大城市如南京、蘇州、杭州與北京才見得到，到了同治朝的重慶也有業者開設。

　　第一例是太平坊的裱褙鋪被竊案。事主是店鋪主伍文萃，他聘用任幫軒工錢是一年17,000文，但主人發現任幫軒「素行妄為」，直到四個月後才將他開除。據事主稱任幫軒除工錢外還額外支用5,700文未還，卻於某日他外出不在家時，到鋪內將客號裱畫數幅席捲而去。事主回家得知後，曾憑街鄰多人與幫軒理講，卻達不到和解共識，於是事主告官。審訊時雖然任幫軒的供詞辯稱是鋪主尚欠他工資3,700文，但知縣仍判他掌責之刑，且須將字畫交還。[57] 所以行竊的並非想像中的「雅賊」，而更像是勞資爭議。

　　第二例的事主是渝中坊較場開設古玩鋪業者白玉發，事因他店內學徒馬春芳受到「游痞」謝五大郎、陳二大郎等引誘，於同治二年十二月二十二日，趁事主不在時，將鋪內擺賣的貨品悉行竊走潛逃。事主歸知，當即跟蹤追趕到永興場將人

拿獲，但該嫌犯等卻統領多人，「蜂擁將春芳並貨物攎捉逃颺」。失單裡有鑲寶石盒、玉鐲、象牙筷、煙袋與馬褂等，價值都很高，超過白銀一兩以上，其中有「正宣爐二個，去銀八兩」。[58] 宣德爐是明代工藝品中的珍品，開了後世銅爐的先河。然而為了牟取暴利，從明代宣德年間到民國時期，古玩商仿製宣德爐活動從未間斷。此案中的兩個宣德爐卻估價銀八兩，顯然不可能是真正的宣德爐，但可以反映當時仿製品的市場價格。

除了這二例之外，其他五個案例失竊的事主分別是擔任教職的何士欽、潼川縣幕友劉元善、原任陝西長安知縣呂式古之子呂西安、東川書院肄業文生李肇基與另一位在長生場開設藥鋪的方榮和。可見收藏古董字畫者以士人與官員為主，但也有藥鋪商人。藥鋪商人方榮和於同治六年八月初四日夜被竊，損失有字畫一張。[59] 此說明了晚明以來「士商相混」的現象，即商人模仿士大夫文人的文化消費模式，收藏古董字畫的情形益加明顯。

洋貨的普及

我們還可以在《巴縣檔案》的被竊物品紀錄中發現舶來品，也就是所謂的「洋貨」。例如當時從英國進口到中國的毛織品，最初是宮廷的需求，包括大小絨、嗶嘰、羽紗等；接著

58　《巴縣檔案（同治朝）》，案卷號06-05-10846。

59　《巴縣檔案（同治朝）》，案卷號06-05-12041。

卻逐漸在北京的社會上層階級流行，北京的官員以穿著多羅尼、洋縐、羽紗等洋貨為榮，形成奢侈華麗的社會風氣。這股風潮也感染到北京的旗人生活，如旗人婦女服飾中，以消費「洋貨」如洋呢、洋錦、洋緞、洋縐為時尚，甚至成為北京市民模仿的對象。所以清代北京的衣帽流行式樣，即所謂的「內造樣」，其實是帶有濃厚的「洋風」。[60]

　　至遲在乾隆末年時，巴縣被竊者的失物清單中，也出現類似英國進口的毛織品，顯示當時的四川已經有穿著「洋貨」服飾了。[61] 至同治朝《巴縣檔案》竊盜類的失單中，「洋貨」的服飾記錄相當多。失單中記錄為「洋布」服飾是最多者，共有592筆。大多製成的樣式是洋布衫、洋布中衣或汗衣，再次是洋布裙與洋布褲。

　　又例如洋呢形式的服飾，在同治朝巴縣失單中記錄也有459筆，失單上常記之為「尼」或「呢」。這類服飾的顏色與式樣也很多元，除了有男女之性別之分外，顏色有藍、青、紅、朱紅、黑、綠等，形式有套褲或夾褲、袖頭或袖頭、中衣或小衣、馬褂、背心、夾衫、滾身、裙、袴、襖等，幾乎可以製成各種服飾，如二藍尼坎肩、青大呢馬褂、二藍呢女皮衫、青呢女夾滾身、大呢女套子等等，尤其以製成「呢馬褂」數量最多。

60　賴惠敏，〈乾嘉時代北京的洋貨與旗人日常生活〉，收入巫仁恕、康豹、林美莉主編，《從城市看中國的現代性》（臺北：中央研究院近代史研究所，2010），頁1-36。

61　巫仁恕、王大綱，〈乾隆朝地方物品消費與收藏的初步研究：以四川省巴縣為例〉，頁27-28。

　　至於嗶嘰類的服飾有161件記錄，在失單上記有嗶嘰、嗶璣、嗶嘰、繹機等等不同寫法。如藍嗶嘰大綢套褲、女紅嗶嘰中衣、鑲滾天青嗶嘰女馬袴、貢嗶大綢袍套、洋藍嗶嘰馬褂等等。

　　洋縐的服飾在失單中有53筆，也製成衫的形式最多，以藍、青與紅色為主。再從名稱上有許多是「洋湖縐」，如青洋湖縐女背心、青洋湖縐男衫、洋湖縐女衫、洋湖縐夾褲等。「湖縐」是產於浙江湖州府的一種絲織品，因其練染後表面會起明顯皺紋，故稱為「湖縐」。而在此稱之為「洋湖縐」，應該是本土化的洋貨製品。洋緞類的服飾在失單裡有17筆記錄，大多顏色是紅色，製成褲、裙、衫、袖者為多，如紅洋緞小袖、紅洋緞裌衫、紅洋緞裙子、紅洋緞夾褲等等。

　　眼鏡也是被竊洋貨中頗為醒目的物品，乾隆朝時巴縣被竊物品中未見眼鏡，至同治朝被竊物品中包含眼鏡的案子共有61件。再從描述上看來眼鏡的種類非常多元，在質材上最常見的是水晶眼鏡，少數有玳瑠眼鏡。在顏色方面有墨晶、黑晶（精）、茶晶眼鏡，也就是現代所謂的太陽眼鏡。除了標明有近視眼鏡之外，又有平光眼鏡。還有所謂「老光眼鏡」，大概指的就是老花眼鏡。此外，還有一些是眼鏡盒被偷，這類被偷眼鏡盒都是質材稀有昂貴者，如鯊魚皮製、漆製等。

　　總而言之，外來洋貨或洋式的產品，從同治朝巴縣被竊的物品失單中，其頻繁可見度，遠非乾隆朝時所能企及的。如洋布、毛織品的嗶嘰、多羅尼、眼鏡等等。

各省土貨

　　著名的學者施堅雅（G. William Skinner）將十九世紀的中國區分為八個鉅區，到二十世紀初又形成另一個東北鉅區。他認為這些鉅區之間因為地形上特徵，對長途貿易造成了難以逾越的邊界。[62] 但是愈來愈多的學者已經證明十九世紀的中國並非其所形容的如此半封閉。羅威廉（William T. Rowe）就以漢口為例，指出前工業化時代的中國，運用高效率的水運系統和特殊的商業手段，克服了長距離、低技術的障礙，在清中葉已形成全國性的市場體系。[63] 再從貨品流通的角度來看，黎志剛關於商標的研究，也說明了十八世紀有許多名牌商品，從其流通量與流通面來說，早已逾越了上述鉅區的邊界，驗證近世中國確實有一全國都市市場的存在。[64]

　　從失單裡物品的名稱可以看到來自他省的商品，如江南、雲南、貴州、廣東、湖南、湖北與北京等地，反映國內商品市場的流通已逾越了鉅區的邊界局限，形成全國性的市場。北京的式樣稱為「京式」，在《巴縣檔案》裡有不少被竊的物品名為「京元某」、「京某」與「京莊某」的物品，除了上一節

62　G. William Skinner, "Regional Urbanization in Nineteenth-Century China," in *The City in Late Imperial China*, edited by G. William Skinner (Stanford: Stanford University Press, 1977), pp. 211-249.

63　William T. Rowe, *Hankow: Commerce and Society in a Chinese City, 1796-1889* (Stanford, Calif.: Stanford University Press, 1984), pp. 60-62.

64　黎志剛、韓格理（Gray G. Hamilton），〈近世中國商標與全國都市市場〉，收入中央研究院近代史研究所編，《近代中國區域史研討會論文集》（臺北：中央研究院近代史研究所，1986），頁49-80。

提到的靴鞋、帽子之外，還有不少飾品與用品，如京元扣子、京元珍珠、京莊紅布、京校刀、京庄眼鏡、京墨海、京筆、京扇、京搭連等等。

江南地區的物品從名稱來看主要是蘇州、杭州與南京的產品。蘇州是棉布製造的中心，所產的布銷到全國各地。從《巴縣檔案》中看到失單的物品名稱常有「蘇布」、「蘇月布」、「蘇月布」、「蘇青布」、「蘇寶布」等製成的服飾。蘇州的產品除了布料與服飾之外，還有蘇扇、蘇瓜皮帽、蘇眼鏡盒、蘇匣子水晶平光眼鏡、蘇州煙袋、蘇金鼎子、蘇弦線等等。

江南的絲織品製成的服飾也多。杭州出產的絲織品稱為「杭緞」、「杭綢」、「杭縐」、「杭綾」者，在《巴縣檔案》的失單中也有，如杭縐男棉套子、杭縐男棉袍子、杭縐套褲、杭縐袍套、杭縐蘭花男袍褂、素杭縐男衫等等。[65]「寧綢」是絲織品，蠶絲織成，有明顯斜紋，綢面平挺，質地結實。織造前預先染色，有素織和花織兩類。適於作服裝用，因產於南京的江寧縣與附近的鎮江縣，故名。從《巴縣檔案》的失單中可見不少寧綢的服飾，包括寧綢套褲、寧綢袍褂、寧綢袍套、寧綢袷馬掛等等。

衣料特別可以顯示當地的流行的時尚變化，從民國以後的重慶府所屬縣內的方志，對重慶府內的衣料時尚都有相似的記載，提到嘉道時是流行洋式的毛織品，到咸同之後是江南絲綢料盛行。如《資中縣續修資州志》云：「嘉道以前，採羽毛、大絨、嗶嘰，及成都蜀錦、嘉定紡綢，並為美觀。咸同後，變

65　杭州的產品除了服飾、織品以外，還有杭扇。

用蘇、杭綢緞。」[66]民國《重修南川縣志》記當地衣服：「咸同
以前，袍褂（一稱袍套）衫料綢緞，外常用毛織物、羽毛、大
呢、嗶嘰、哈喇之屬，質料粗厚堅牢。」[67]民國《涪陵縣續修涪
州志》云：「嘉道前，服飾重羽毛、嗶嘰，與成都蜀錦、嘉定
紡綢，並為美觀。世風日侈，蘇、杭綢緞洋溢市廛，鄉居者亦
尚華麗。」[68]

　　《巴縣檔案》失單中來自湖廣的產品，最多的是湖北沙市
的煙袋，共計有55起被竊案例，失物中都有沙市的煙袋。沙市
的煙袋有各種形式，如水煙袋、金線煙袋、白銅煙袋等，又有
記錄沙市煙袋三根，值銀二兩四錢，平均每袋0.8兩。[69]來自湖
南的物品較少，如湖南皮靴與湖南永州點錫夜壺。還有遠自廣
東來的物品，主要傘、扇、鞋等日常用品。如廣傘、廣扇、廣
鞋、廣鎖、廣算盤、廣燈（如「廣東玻璃燈」）等。

　　雲貴地區當時最著名的土產品之一，就是鴉片。檔案裡稱
之為「南土」、「貴州土」，尤以前者為多，至少有25起案例
失單中都有南土。雲南產的物品，還有銅製的器皿，如雲南荷

66　〔民國〕吳鴻仁修，黃清亮纂，〔民國〕《資中縣續修資州志》，收入
　　《新修方志叢刊》冊222（臺北：臺灣學生書局據民國十八年鉛印影印，
　　1971），卷3，〈食貨志・輸入品〉，頁17a-b。

67　〔民國〕柳琅聲修，韋麟書纂，〔民國〕《南川縣志》（臺北：南川縣同
　　鄉會據民國十五年鉛印本影印，1967），卷6，〈雜俗〉，頁3a。

68　〔民國〕王鑑清修，施紀雲纂，〔民國〕《涪陵縣續修涪州志》，收入
　　《新修方志叢刊》冊233（臺北：臺灣學生書局據民國十七年鉛印本影印，
　　1971），卷18，〈食貨志・輸入品〉，頁5a。

69　《巴縣檔案（同治朝）》，案卷號06-05-10846，記同治二年十二月二十二
　　日，有白玉發在渝中坊較場開設古玩鋪生貿。

葉銅蠟臺、雲南紫沙銅西瓜爐、雲南銅盆、雲南銅磬等，另外雲南綠布衫也有幾件。貴州產品除了鴉片之外，還有貴州綢紬夾衫、貴州紬疋、貴州綢面狐皮女滾衫、貴州紬綿袍子等。

第五節　物品擁有與社會階層化

任何社會中所存在的不平等現象的等級分層結構，即所謂「社會階層化」（social stratification）。透過被竊的有價物品在社會上分布不均的程度，恰可以反映出當時社會階層化的現象。以下將從經濟、政治與文化三個方面論之。

經濟能力與物品的擁有

經濟能力的高低會決定物品擁有的價值高低，同時也反映了社會上經濟地位的階層化現象。從上述被竊的主流物品最能反映這樣的現象。就以服飾為例，據《清稗類鈔》指出當時可從度冬之常服，來分辨社會階層等次之高低：

> 人之階級，析而計之，何啻萬千，言其大別，則有三。一曰上流社會，二曰中流社會，三曰下流社會。上流富，中流者介於貧富之間，下流貧。常人眼光，每以其度冬之常服判之。上流必有狐裘，中流必有羊裘，下流則惟木棉，且有非袍者矣。[70]

70　〔清〕徐珂，《清稗類鈔》，〈服飾類・度冬之常服〉，頁6184。

　　上述的社會等第係以貧富來劃分，也就是以經濟力區分上、中、下流。上流人所穿之「狐裘」，在《巴縣檔案》的失單中就有許多狐皮的服飾，如狐皮袍子、狐皮滾身、狐皮背心、狐皮套褲、狐皮馬褂、狐皮袍套、狐皮滾衫等等。而中流社會所穿之「羊裘」，在《巴縣檔案》的失單中也有許多羊皮的服飾，如羊皮背心、羊皮套褲、羊皮馬褂、羊皮襖、羔羊皮衫子、羊皮布背心、羊皮坎肩等等。

　　就以上流社會所代表的昂貴「狐裘」為例，在檔案中有30件案例的失單裡有狐皮件，其中有20例是可辨識出職業或身分者，如下表：

表7-3：狐裘被竊者職業或身分表

職業或身分	工商業主	文生	職員	官紳	監生	雇工	衙役	孀婦
數量	5	4	4	2	2	1	1	1

　　至於代表中流社會的「羊裘」，在檔案中有96件失單裡記錄羊皮件，其有53例是可以辨識出事主的職業或身分，如下表：

表7-4：羊裘被竊者職業或身分表

身分或職業	生童（文武童生與廩生）	工商業主	佃農、佃戶、雇工、農耕	職員	監生	書吏衙役	官員	孀婦	戲班	舉人
數量	12	10	9	8	4	4	2	2	1	1

　　比較上述二表可以發現，代表社會地位等級的冬衣皮件，除了功名身分者、職員與官紳之外，無論是擁有狐裘或羊裘的事主數量中，工商業主出現的案件頗多，都在排名之前段，反映工商業主的經濟能力。單純的務農者則僅出現在羊裘的失主，顯示這類人的經濟力量不如工商業者。由此顯示傳統「士、農、工、商」之排序，就經濟實力而言至此則是「士、商、工、農」。

　　再就貴重金屬器皿的擁有者為例來分析，先就金飾品失竊事主的身分而言，金飾品竊案的246件案子中，有110件是有事主的記載，其中有74件案例可以判斷出事主身分與職業，筆者將之分類後統計後如下表：

表7-5：金飾品被竊者職業或身分表

事主身分	職員	監生	生員	書吏	媚婦	工商業主	農	佃農佃戶	官員	舉人	宗教	長隨	戲班	總計
數量	15	14	12	8	7	5	4	3	2	1	1	1	1	74

　　大致上來說，擁有功名身分的士人，以及在官府服務的公務人員，其所擁有的金飾品比重偏高。例如同治十三年八月十二日夜，在忠里一甲的監生潘治德遭竊，被竊的失物中有金飾品如下：「金圈子一對、金牙籤一套、金豆芽腳環子二雙、金飄帶挖耳二支、金管簪一支、金如意一支、金蘭花寶劍一支、金琵琶簪一支、金戒指一雙、金挑子一對、金勒花三個、

金玉鐲一個、金洋墊環子一對。」[71]

　　再以銀飾品擁有者的身分職業來分析，失物有銀飾品的案件共有543件，其中的335件是有事主的記載，又其中可以判定事主身分或職業者有185例，將之分類後估計各類所占的比重如下表：

表7-6：銀飾品被竊者職業或身分表

分類	工商業主	職員	士（生員、貢生等）	監生	書吏衙役	農（含兼商）	佃農佃戶	孀婦	其他（醫者、看墳、運輸、雇工、戲子、長隨）	官員	手藝	宗教	總計
數量	35	30	27	25	16	14	14	9	7	3	3	2	185

　　由此表再比對金飾品擁有者身分職業表後，可以發現監生與職員已不是排名最前者，而是工商業主的數量最多。此外，務農與佃農者事主的案件數量加總的話有28件，可以排到第三名。例如住在直里八甲金家灣的金萬印，自稱是「載冊糧民，耕守自業」，他家曾於同治三年十一月二十五日夜、同治八年正月二十八日挨午兩度被竊，所失物中的銀飾品有：「銀前圍一頂、銀後圍一隻、銀燈盞花二隻、銀翠蘭花一枝、銀花挖耳二枝、銀鳳吊子二枝、銀金錢一個、銀環二對、銀倒如意二枝、銀藤子一根、有銀鎖一把、銀大花一對、銀結子一個、銀箍子二個。」[72] 佃農的例子如居直里一甲的夏同興，他是向劉

71　《巴縣檔案（同治朝）》，案卷號06-05-13311。

72　《巴縣檔案（同治朝）》，案卷號06-05-11108。

光潤佃房田住種，於同治六年五月初九日夜三更被竊，所失銀飾品有：「銀手鐲一對、銀環子一支重六錢、銀簪子一支重六錢、銀牙籤一付重八錢。」[73]由此可見，因為銀飾品的價值較低，不如金飾品來得貴重，所以擁有者的階層與身分，都較金飾品來得分散。

　　雖然被竊的主流物品分布反映出經濟能力，不過我們從《巴縣檔案》裡的竊盜案件，看到一些身分職業並不特別高的事主卻擁有許多昂貴物品的例子。除了上述的務農者與佃農之外，兵勇的物品收藏也引人側目。例如同治二年八月間，有中營目兵張銓清家被竊，失物單裡的金飾品如下：金頂花一隻重約五錢、金戒指一對重約三錢、金人物一個重約二錢五分外連玉蟬一個小金魚一個、金帽花一個重約二錢五分上有翠玉寶石一個、金倒如意一隻重約五分、金吊子並鬚六件重約一錢、真金洋扣一付。[74]此例顯示區區一位士兵，卻家藏數量不少的金飾品。而且張銓清還不是特例，在檔案記錄裡還可以找到守兵與勇丁被竊，而失單裡充斥著金銀首飾與絲綢料的服飾。[75]

　　再如社會階層並不高的職業者，他們被竊物品也有一定的水平。作坊幫工、雇工或櫃工也有不少有價的物品收藏，如同治二年二月有在龍門號聚豐元作坊幫工為生的江西人洪賢書，家裡遭竊，失物單裡除了馬褂、棉襖、衣衫、氈帽等物之外，

73　《巴縣檔案（同治朝）》，案卷號06-05-11561。

74　《巴縣檔案（同治朝）》，案卷號06-05-10757。

75　如《巴縣檔案（同治朝）》，案卷號06-05-13080、06-05-12423、06-05-12511、06-05-11802、06-05-10510等。

還有兩副水晶眼鏡。[76] 以手藝為生者的物品收藏，如羅兆廷以裁縫為業，於同治十二年九月被竊，所失物品有襖、套、布、衫等服飾，以及錫壺、銀簪、銀花與耳環四對。[77] 而勞動階層中自稱是「下力活生」者，也有遭竊的例子，而且失物有各類棉布服飾。[78]

顯宦：頂端消費者

物品擁有分配不均的因素，除了經濟力之外，政治力也是重要的決定性因素。從《巴縣檔案》中極稀有被竊高價奢侈品的事主案例，說明了在傳統朝代時位居物質消費頂端的階層，是由政治力所決定的。

在同治朝巴縣的竊案裡有一案記載許多器物的價格，係發生在同治五年十二月，事主為貴州布政使的嚴樹森（1814-1876），他致函知縣稱其隨員劉嵩麓路經本縣儲奇門時，被無名賊竊去簍箱挑子一根，內裝許多值錢之物。[79] 首先看到的是高級服飾的價格：

76　《巴縣檔案（同治朝）》，案卷號06-05-10604，類似的案件還有06-05-13058、06-05-13099、06-05-12298、06-05-10858、06-05-10649等。

77　《巴縣檔案（同治朝）》，案卷號06-05-13291，類似的手藝為生的例子，包括製紙、染線、裁縫被竊的例子，參見《巴縣檔案（同治朝）》，案卷號06-05-13291、06-05-12949、06-05-10442。

78　《巴縣檔案（同治朝）》，案卷號06-05-10958、06-05-12510、06-05-10502。

79　《巴縣檔案（同治朝）》，案卷號06-05-11775。

明鏡呢褐衫壹件，原價銀拾兩。

二藍寧綢綿領架壹件，原價銀弍兩。

藍布包袱，內裝豆沙色湖縐綿袍汗衣二件、中衣二件、襪子三雙，壹個原價銀六兩。

龍蘋草衣包，內裝白羊皮馬褂珍珠毛出風紅南緞面一件、湖縐夾衫一件，壹個原價銀拾四兩。

湖縐夾衫，銀六兩。

巴縣竊案中大多數的案件被竊的多是材質較遜的棉、麻布衫，從乾隆朝檔案有關這類服飾價格的記錄來看，通常在白銀0.2兩以下。而服飾的價格與質材及裝飾有關，若是特殊衣料如絲、毛料所製成，或是有盤金、泥金之類邊飾的服飾，價格往往超過0.2兩以上，甚至高達一兩以上。[80] 因為上例的服飾都是用高級衣料製成，尤其醒目是湖縐的絲綢料，所以價值每件都達到超過數兩、甚至數十兩白銀。

該案例之後還有一些也是高級鞋靴類，價格彈性就很大，貴則二兩，便宜者是0.8兩：

緞靴壹雙，原價銀弍兩正

青緞鞋壹雙，原價銀八錢正

青呢鞋壹雙，原價銀八錢正

廣東乾溼鞋壹雙，原價銀壹兩正

---

80 巫仁恕、王大綱，〈乾隆朝地方物品消費與收藏的初步研究：以四川省巴縣為例〉，頁17。

　　　　湖南皮靴壹雙，原價銀壹兩四錢正

根據乾隆朝《巴縣檔案》的記錄，各色鞋類比起各色服飾的價格更低，通常在0.1兩以下，約0.01兩到0.08兩之間。[81] 上述被竊的靴鞋比起一般的鞋靴類的價格要高出數倍至十倍之多。

　　該案例的失物中還有錫器，並有其價格。由記載可以知通常錫器貴者為白銀0.7兩，一般價值通常是銅錢240、300、500文：

　　　　湖南永州點錫夜壺壹把，原價銀七錢正
　　　　典錫痰盒壹個，原價錢弍百四十文
　　　　典錫牙刷盒壹個，原價錢三百文
　　　　典錫套酒壺壹把，原價錢五百文。

根據乾隆朝《巴縣檔案》的記錄，錫器價格記載頗多，價格分布也很大，從0.08兩到0.15兩。上述例子中的錫器價格也比一般錫器的價格要高出許多。

　　此外，該案還列有許多被竊物品是屬於日常用品，即如寢具（帳子、毛毯、臥單等）、各色被褥、食具等，價格多在千文以內：

　　　　毛毯壹牀，原價錢壹千文。

─────────────

81　巫仁恕、王大綱，〈乾隆朝地方物品消費與收藏的初步研究：以四川省巴縣為例〉，頁18。

白布臥單壹牀，原價錢九百文。

藍布褥子壹牀，原價錢三千弍百文。

籐枕壹個，原價錢八百文。

烏木筷子壹桹，原價錢四百文。

據史載此案事主嚴樹森，初名澍森，字渭春，四川新繁人，原籍陝西渭南，道光二十年舉人，經巡撫胡林翼的推薦，歷任多省布政使與巡撫。同治四年時授廣西按察使，因貴州巡撫張亮基被劾，樹森授命馳往查奏。五年，授貴州布政使，但樹森卻逗遛不進，未至，即奏覆參案。[82] 此案雖然是他的隨員被竊，但從失單所列的物品價格，顯然是他自己家裡的日用品。

　　此案例中所失物品的價格記載，顯然與一般市面同類物品價格要高出甚多，甚至是數十倍，雖然是事主以信函方式自陳所失的物價或有誇大，即使如此，也無疑地說明這些失物都是奢侈品。此案例反映了清代中晚期一位地方大員的物質生活水平，絕非一般中人之家所能輕易擁有的。這說明在清代決定物質擁有的一大因素是政治權力，像嚴樹森這樣的高級官僚，擁有的驚人的奢侈品，可以說是物質消費的頂端階層。

地位象徵的物品

　　雖然常理是越貴重的物品越是集中在社會上階層，不過仍有許多物品並不一定是屬於貴重的奢侈品，卻是某些特殊群

82　關於嚴樹森之生平，參見《清史稿・列傳》，卷427。

體所熱衷收藏的。從失單物品的類別再回溯其事主的身分或職業，會發現某些物品與其擁有者的身分象徵有密切的關係性，尤其是非主流的特殊物品。以下就以字畫古董、書籍、眼鏡三類物品為例，來分析擁有者在身分、職業上的差異性。

　　同治七年三月巴縣有一起竊案，事主是原籍江西豐城的呂西安，其父係道光乙巳年（1845）進士，曾任陝西長安知縣的呂式古；當時其父已病故，遂舉家寄居城內紅岩坊江家巷，可以算是當地的鄉紳家庭。事主因到鄉下收債，回家後發現被竊有古玩字畫等物，包括書畫紙絹摺扇三十六把，書畫單條、中堂、對子共三十四張，各色玉圖章二十二方，端硯與漢瓦硯各壹塊，象牙圖章二方與象牙筆筒壹個等，另外還有書籍《大清會典》壹部、《福惠全書》壹部。[83]

　　若細看事主身分與其所失之古董字畫內容，可以發現有趣的社會階層化現象。呂知縣家被竊之後，官府捕獲竊賊，起出字畫如下：張祥河中堂一張、李文翰中堂一張、唐李杜中堂一張、畫冊二部。張祥河（1785-1862）為乾隆末至同治初人，嘉慶年間進士，曾任陝西巡撫等職，書法摹其從祖張照。無論是數量或品質，這些字畫都可能是真跡精品，可見知縣家的收藏豐富。對照上一節提到伍文萃的裱褙鋪被竊案所失的字畫，包括龔晴皋（1750-1825）畫單條二張、李主字單條三張、馮主大對二副、橫披字畫三張、黃慎（1687-約1772）《人物拆頁》一本、《天下萬國九州畫》拆頁全圖一本。龔晴皋為本地巴縣人，乾隆年間中舉，曾任山西崞縣知縣，是四川重要的書畫

83　《巴縣檔案（同治朝）》，案卷號06-05-12260。

家，以至在重慶和四川民間一度流行「家無晴皋畫，必是俗人家」之說。黃慎是揚州八怪之一，福建寧化人，以賣畫為生。伍文萃所失之字畫除了龔晴皋與黃慎的畫冊外，其他的字畫似乎價值都不算太高。呂知縣的收藏顯然要比伍文萃店所售之書畫價值高出許多。

　　另一起古董竊案的事主是位幕友劉元善，在其被竊的失單裡，載有古銅雄金香爐一口，兩邊龍頭平底，底有成化年製方章；又有磁古花屏一座，紅豆木座，除座約高二尺餘；其他還有古銅磬一口與其他家具。該名幕友所失者以古董家具為多，單從品名與形制的描述，也是價值不菲。[84]至於其他幾例所失物品多是單品，例如何士欽失端石古硯一方、李肇基失真跡《玉版十三行帖》一部。《玉版十三行帖》是王獻之的小楷作品，又名《洛神賦十三行》。[85]就質與量上，相對地就不如前兩者之收藏。然而若與上一節提到的白玉發古玩鋪被竊物品相較，上述事主所失之古董若放在白玉發的店內，都屬於高檔貨。

　　再就書籍的收藏者而論，上一節提到童生被竊的三例，中所見之被竊書籍大多是舉業參考書。明清科考偏重首場，首場是從四書五經中出題，所以自明代以來書坊編刊許多關於四書五經的參考書。此外書坊還刊行八股時文彙選，分為大題、小題兩類。大題用在應付鄉、會試的出題，而小題主要是用以試童子。書坊於是刊印有許多以「小題」為名的參考書，晚清還盛行題為「巧搭」、「搭截」、「小搭」、「長搭」的八股

84　《巴縣檔案（同治朝）》，案卷號06-05-11389。

85　《巴縣檔案（同治朝）》，案卷號06-05-10512、06-05-12465。

文參考書。又乾隆五十二年（1787），清廷在明代科舉考試的基礎上，在首場考試中增加了五言八韻試律詩一項，並成為定制，於是有許多詩韻的參考書也陸續出現。[86]

　　而呂知縣家被竊的物品中還包含書籍《大清會典》與《福惠全書》各壹部。由此可知，鄉紳家藏書籍與生員確實有差異，一般生員與文童所有之書籍，多以應考之四書與五經，以及詩文集類書籍為主；而鄉紳家所有之書籍，還有大部頭的官印政書與官箴書之類的書籍。乾隆朝被抄家的官員財產檔案裡，也有不少書籍，其類別與呂知縣家被竊書籍的類別相似，反而極少見有舉業書籍。

　　再就眼鏡而言，同治朝巴縣被竊物品中包含眼鏡的案子，其中發生在鄉村的有17件，發生在城廂的有37件，地點不明的有7件。由此很明顯地反映城鄉之差異。再從失主的身分來看，通常是生員輩或是開店生理的店主，也有職員與鄉紳。在此以被偷眼鏡數量最多的幾個案件為例，如同治二年正月二十五日在楊柳坊、治平坊有保嬰館執事許兩儀、張元福家被竊，失物共有水晶老光眼鏡13副、水晶平光眼鏡11副、蘇匣子水晶平光八副、水晶光五副、戴帽（玳瑁）近視水晶眼鏡八副。[87] 同治十三年八月十七日，有失主劉化龍與武生劉連山家被竊，共有

86　相關之研究，參見沈俊平，《舉業津梁：明中葉以後坊刻制舉用書的出版與流通》（臺北：臺灣學生書局，2009）。沈俊平，〈清代坊刻考試用書的影響與朝廷的回應〉，《中國文化研究所學報》，第54期（2012），頁69-94。侯美珍，〈明清科舉八股小題文研究〉，《臺大中文學報》，第25期（2006），頁153-198。

87　《巴縣檔案（同治朝）》，案卷號06-05-10607。

水晶眼鏡長字光一架、水晶眼鏡平光一架、墨眼鏡一架被偷。[88]
同治六年正月二十四日，有神仙坊米花街有開設蘇貨鋪生理之
鄭長盛家被竊，共失水晶眼鏡六副、墨晶眼鏡二副、眼鏡盒子
二個。[89] 同治六年二月初二日，在楊柳坊中營衙署對門開古玩廣
貨鋪的田豫發家被竊，共失水晶眼鏡14副、墨晶眼鏡二副、紫
松雙目眼鏡二副、蘇眼鏡盒五個、鯊魚皮鏡盒四個。[90]

　　從上述的例子說明一般的官紳、職員、幕友（二者通常具
有功名身分），以及生員這些特殊的地位群體（status group），
擁有豐富而高價的文化商品收藏；因為這些文化商品是標誌其
身分地位的象徵。

小結

　　當竊案發生時，事主報官的資料裡附有失單，詳細列舉了
被竊的物品。在清代竊盜案裡有謊報竊盜的案例，或者是虛報
失單內物品的可能性；根據法律，事主謊報竊案或是官員勒令
少報失物都有懲處，但對於事主虛報失物並無罰則，有些官員
就持較同情的看法，認為不應過嚴而使事主卻步報案。即使有
這類虛報竊案或偽造失單的例子，在《巴縣檔案》裡面看到的
畢竟是少數，所以我們也可以確認失單的真實性。

　　偷竊者在行竊時會選擇什麼樣的物品呢？《巴縣檔案》中

88　《巴縣檔案（同治朝）》，案卷號06-05-13569。

89　《巴縣檔案（同治朝）》，案卷號06-05-11811。

90　《巴縣檔案（同治朝）》，案卷號06-05-11828。

竊盜類案件裡，事主的失物清單內容反映其家內蒐藏的有價物品，有時也有某行鋪或商船內被竊的貨品，或是竊賊被捕後搜出的贓物清單。從失物清單與贓物清單裡，清楚地呈現被竊的物品，同時可以反映物品的價值、可攜帶性與易銷售性三大特性，成了竊賊選擇標的物的三大條件。

　　本文將同治朝《巴縣檔案》竊盜案件中的失物清單內容分類，並統計其數量，同時對照了十八世紀乾隆朝的情況後，發現到了十九世紀中葉，該地區物品收藏的數量更多，且種類呈現更加多樣化。其中如服飾、貴重金屬器皿首飾、日常用品等製成品的比重都有上升，而牲畜類的比重明顯下降。這可以說明中國的經濟發展即使到了十九世紀，雖然不如西歐先進國家，但是在物質的消費方面仍然有可能持續進展，而不是停滯不前或是退步。

　　服飾是被偷竊最多的，其次是貴重金屬器皿與日常用品。從服飾的內容反映許多當時流行的服飾式樣，特別是北京的式樣，說明了清中葉「京式」的流行更勝江南的「蘇樣」，或至少也是分庭抗禮。再者服飾的被竊數量之多、銷贓之容易，也反映當時二手衣市場的規模龐大。這種現象與西方的十八世紀英國、法國的情況非常類似。

　　在這些被偷竊的物品中除了服飾、貴金屬器皿與日常用品三類是主流的物品之外，另外還有一些物品雖然數量占總數的比重並非特別高，但是其數量遠非乾隆朝所能望其項背的，甚至在乾隆朝時都鮮少看到的物品，包括了文具、書籍、古董、字畫等文化商品，還有從全國各地來的重要物產以及洋貨。外省來的大量物產與洋貨，不但呈現當地物質消費的提高，同時

也反映全國性市場的形成與擴大。

　　最後從這些物品裡面也可以看到社會階層化的有趣現象。從主流的物品裡可以反映經濟能力所形成的消費階層化，尤其是商人群體的經濟力引人注目。同時我們也可以看到一些身分與職業並非特別高，如兵勇、佃農與雇工等，他們被竊失物顯示有一定的水平，甚至有驚人的物品收藏。而政治權力恐怕才是造就頂端消費的最重要動力，只有達到顯宦高官的地位，才可能成為最頂峰階層的消費者。還有一些特殊的社會群體，特別是退休的鄉紳、幕友、職員與生員，這一類具有功名身分者會傾向收藏文化商品，作為其身分的象徵，以區別其他的社會階層。

第八章

犯罪與城市：城市竊案的分析

　　如同導論所云關於犯罪與城市化的關聯性，不僅是都市社會學與現代犯罪學的重要議題，從歷史學的角度而言，此議題也為研究十九世紀歷史的學者所關注。由此角度刺激我們反思中國近代城市發展過程中的犯罪行為。過去涉及近代中國城市犯罪行為的研究並不算太多，羅威廉（William T. Rowe）關於十九世紀漢口城市社會史的研究，是較為著名的作品。他提到當時漢口社會以偷盜盛行而聲名狼藉，儘管有地方社會與官方負責治安，但是大部分的小偷也許從未被抓到。這類竊盜的犯罪行為包括在旅館竊取客人財貨、爬天窗偷竊店鋪與貨棧、街道打劫與強入民居劫財等等，除了住民與店鋪之外，臨時來漢口貿易的富有行商、甚至是洋商，都曾是受害者。尤其在太平天國運動之後，漢口的犯罪率一直居高不下，這可能與華北饑荒帶來的衝擊有關，反映無家可歸者不斷增加，以及底層百姓越來越疏離於社會之外。另一方面城市住民對犯罪的憂心，也有助於形成市民意識的一致性。[1]

1　William T. Rowe, *Hankow: Conflict and Community in a Chinese City, 1796-1895* (Stanford: Stanford University Press, 1989), p. 1. 中譯本參見羅威廉著，

　　過去中國史方面的研究涉及此議題的討論不多，主要因為史料的局限性，在缺乏司法檔案的情況下，巧婦難為無米之炊。近年來《巴縣檔案》的開發，彌補了史料的缺憾。除了漢口之外，重慶其實是另一個值得一提的例子。重慶城在清代的行政區劃屬於重慶府，為府署所在地，其附郭為巴縣，故該城市既是重慶府城，同時也是巴縣縣城；另外還有川東道署與重慶鎮署，四個行政機關位於同一個城市。過去關於重慶城市史的研究雖然不少，但學者多半把目光集中在重慶開埠和抗日戰爭兩個時期，關於清代城市社會史的相關研究非常稀少，[2]利用《巴縣檔案》探討城市竊盜案件的研究成果更是相當有限。

　　無論是從歷史或當代社會學的角度來看，中外的例子都顯示犯罪與城市化之間具有密切關係。本書第三章的分析已經指出重慶到十九世紀時城市化的過程，與從十八世紀到十九世紀發生在城市的竊案激增的趨勢相合，說明城市化的速度與竊盜犯罪的發生關係密切。不僅如此，城市的犯罪歷史還有許多問題仍待探析，如犯罪行為在城市空間上是集中在社區凝聚力較低的商業中心，還是其外圍的過渡地帶？城市之所以出現較多的犯罪行為，是否因為城市環境或民居建築較易行竊？又是否因為富人多聚居城市，導致竊賊較易取得高價值的「物」？而當時的官府在城市設立哪些機制以遏止竊盜？以上都是值得進一步討論的問題。

　　魯西奇、羅杜芳譯，《漢口：一個中國城市的衝突和社區（1796-1895）》（北京：中國人民大學出版社，2008），頁229-230、237-238。

2　關於重慶城市史的研究成果回顧，參見謝丹，〈近代重慶城市史研究：一個文獻綜述〉，《重慶社會科學》，2011年第8期，頁109-112。

　　本章第一節試圖分析竊案在城市空間的分布情形，這些空間為何成為竊案頻傳之處。第二節分析城市建築結構與竊盜犯罪的關聯性，也從房屋形式分析容易遭竊的建築弱點。第三節嘗試從失物清單分析，是否在城市竊案中可以看到更多樣性、更有價值的物品，而有價物品是否更易見、更易引起偷竊慾望。最末節將說明城市的治安機制是否足以抑制竊盜案件的發生。

第一節　城市內竊盜案件的空間分布

　　導論中已提及都市社會學關於犯罪與城市空間二者關係之分析模式，無論是芝加哥模式或是荷蘭城市的經驗，都說明了犯罪的確有集中在城市某些區域的情形。至於在前現代的城市犯罪又是集中城市空間的哪類區域？若以清代的重慶城為例，竊盜犯罪可能集中在城市中心或邊陲呢？城市的商業區、行政區與住宅區，何者是竊盜犯罪集中的地區呢？這是本節要探討的問題。

　　在探討重慶的竊盜犯罪與城市空間二者的關係時，首先要復原重慶城內空間的分工與配置。原本因為資料奇缺，復原難度頗高。幸運的是現今留存三幅關於晚清至民初的重慶城市圖繪，有利於我們重建當時的情況。

　　三幅圖繪中完成年代最早的可能是《渝城圖》。《渝城圖》原圖長248.5公分、寬124公分，僅見於法國國家圖書館，為孤本。圖上標記為「渝城艾仕元繪」，但此人線索不詳，應該是民間所繪。繪圖的具體年代，圖中並未標記，但圖中已有

「嘉陵門」的標註，據歷史記載，咸豐十年（1860）江北廳城新築嘉陵、永平二門，故該圖繪製時間應在咸豐十年之後。至於時間下限，成圖於1886年的《重慶府治全圖》中出現的「美國福音堂」等西方建築，未見於《渝城圖》，據此推測其繪製時間應在1860年到1886年之間。[3]該圖著重描繪城區建築、衙署造型和坐落位置、官府儀式、人群經濟活動等，地標亦以官署、寺廟、公所為主，但在街道標示上並不如以下的第二幅《增廣重慶地輿全圖》來得詳細。

第二幅是《增廣重慶地輿全圖》，幅寬80×146公分，圖上未註時間，現藏重慶市圖書館和大連市圖書館。圖的右下方有綦江縣劉子如本人所作識語，劉氏生平事蹟不詳。據學者考證，該圖繪製時間最早不超過1890年，最遲應為1900年或稍早一點，是目前所知最詳盡的重慶城市古地圖之一。[4]該圖以重慶城做為全圖主題，未經著色，詳細標示出重慶城內的街道名稱與地標，包括教堂、醫院、重慶海關，以及各國領事館。

第三幅是民國元年刊行的《新測重慶城全圖》，也是第一幅以現代地圖測繪技術繪製並印刷公開出版的重慶城地圖，並且隨著時間推出最新版本。[5]採用五千分之一的比例尺，精準繪

3　參見謝國興、陳宗仁主編，《地輿縱覽：法國國家圖書館所藏中文古地圖》（臺北：中央研究院臺灣史研究所，2018），頁184-185。

4　參見姜麗蓉，〈三幅重慶府治全圖的比較〉，收入曹婉如等編，《中國古代地圖集：清代》（北京：文物出版社，1997），頁163-164；藍勇編，《重慶古舊地圖研究》（重慶：重慶西南師範大學出版社，2013），頁197；鄧曉，〈《增廣重慶地輿全圖》考辨〉，《西南大學學報（社會科學版）》，34卷2期，2008，頁40-42。

5　根據曾瀦嘉的比對，現存《新測重慶城全圖》版本以民國九年的三版與民

出渝中半島的輪廓，也明確標示出街道、地標的名稱，不僅在方位與輪廓上接近現實，同時又還能保留清代重慶城的街道名稱與地標。[6]

　　清代的重慶在城內設有29坊，有些坊名是按照九開八閉的城門命名，有些則是以地標或街道命名，例如府衙署與縣衙署所在的太平坊，就是根據緊鄰的太平門命名；又如蓮花坊則是以該地著名的古蹟蓮花池命名。本章在還原清代重慶城各坊分區的底圖，係以方位接近現實的《新測重慶城全圖》為主，再對照《增廣重慶地輿全圖》與《渝城圖》中清代街道與地標作為參考依據。

　　圖8-1係綜合《巴縣檔案》的地理資訊與《新測重慶城全圖》等資料，繪出的重慶城市街道與機構建築分布圖。圖8-2則是根據檔案所述及的內容，將29坊分為運輸、宗教、行政、商業與使館等五大類繪製分布圖。圖8-2顯示東北部的城門外有許多碼頭，城內又有許多會館，同時為運輸業如轎鋪與船幫等業者的聚集處，是以運輸功能為主的地區。東南部地區則是重慶府署與巴縣縣署等官府所在地，係以行政功能為主。城中部有許多寺院廟宇聚集，可以算是宗教區。城的西南部則是所謂

國十四年的五版，其中前者為黑白印刷，後者為多色套印，但母版均為民國元年初版。曾瀟嘉，〈從《新測重慶城全圖》看民國初年重慶城市格局與功能〉，《文津學志》，2015年號，頁275。相關介紹亦可見藍勇編，《重慶古舊地圖研究》，頁208。

6　重慶肇明石印公司測繪，《新測重慶城全圖》，收入地圖資料編纂會編，《近代中國都市地圖集成》（東京：柏書房據中華民國九年重慶肇明石印公司印行版影印，1986）。

的下半城，乃商業區，如同民國初年的《重慶鄉土志》所云：
「在大樑子以上為上半城；在大樑子以下者為下半城。大抵商
業都集於下半城，上半城不過零售分銷小本貿易及住居宅院而
已。」[7]城西北的上半城，過去是高級宅院地區，清末重慶開埠
後，成為外國使館集中地。

　　在《巴縣檔案》中，竊盜案件的發生地點往往有比較明確
的說明，被害人在報案時會指稱在某個坊內的某個街，或是某
個坊內的地名，例如楊柳坊桂花街、太善坊較場口、巴字坊府
城隍廟等，由是我們大致可以看到案發地點所屬的坊。表8-1是
根據同治朝各坊竊盜案件數量的統計結果所製，圖8-3則是根據
表8-1的統計數字繪製。

　　從表8-1與圖8-3可以看到巴縣竊案數量最多的前五個坊，亦
即竊案超過50件者，分別是太平坊、太善坊、仁和坊、楊柳坊
以及渝中坊。這五坊到底在重慶城內具有什麼樣特殊的地位？
為何成為竊案集中的地區呢？對照圖8-2與圖8-3，發現重慶城
內竊盜案件的數量分布與城內不同空間的功能性，有高度的關
聯；亦即案件數量最多的空間，與行政及商業區重疊。按照前
述民國《重慶鄉土志》的說法，重慶城分為上半城與下半城，
上半城以零售業、住宅區為主，下半城則是商業發達區域，也
是大部分行政衙署所在地。前述案件集中的五個坊，都位在下
半城，應該與該地區是商業區、行政衙署密切相關。由此顯示

7　佚名，《民國重慶鄉土志》，收入《重慶地域歷史文獻選編》（成都：四
　　川大學出版社，據民國稿本影印，2011），頁1804。大樑子指城內東北西
　　南走向的金碧山，是重慶的風水龍脈。

表8-1：清同治朝巴縣城內各坊竊盜案件數

太平坊	太善坊	楊柳坊	仁和坊	渝中坊	紅岩坊	朝天坊	千廝坊	東水坊	神仙坊
118	58	54	54	52	46	45	43	41	39
南紀坊	臨江坊	蓮花坊	金紫坊	崇因坊	儲奇坊	通遠坊	宣化坊	翠微坊	治平坊
36	35	35	35	34	34	25	22	22	17
金湯坊	華光坊	定遠坊	西水坊	巴字坊	金沙坊	靈壁坊	鳳凰坊	雙烈坊	總計
12	10	9	7	6	6	6	1	0	902*

*說明：確定發生在城市的案件總數為1064，然其中有發生在關廂以及無法確認「坊」者，902件為確認發生在城內各坊的案件數。

竊案之所以集中在某些地區，與城內空間的不同功能有密切關係。

再觀察《巴縣檔案》關於這五個坊的描述，除了仁和坊之外，其他四個坊都是行政或商業區。竊案數量排名第三的仁和坊，其命名來自附近的仁和門，坊內有刁家巷、雙巷子、仁和坊大街等街道。遺憾的是，關於此坊在方志與檔案中的記載都不多。其他四個坊的記載整理如下：

竊盜案件數量最多的太平坊，位於太平門附近，坊內有重慶府署與巴縣縣署，署前有新豐街與白象街兩條平行的街道，都是商業繁榮之處，同時也是自省城成都前來官員的必經之處。接鄰的宣化坊與巴字坊則有川東道署、縣學、府城隍廟，三坊連成重慶城的行政中心。

數量其次的是太善坊，位於重慶鎮署側，與楊柳坊、渝中坊包圍著較場，三坊連成重慶城內的商業中心。太善坊內的十八梯街是連接上、下半城的重要通道，另有花街子、花街子十字、紅廟街，以及觀音岩開元廟、旗纛廟等。

第四名的楊柳坊，其命名可能來自坊內的楊柳街。該坊

轄下的範圍皆為行政與商業的重要地區，像是中營衙署、較場口、演武廳，另有三教堂、三聖殿、總土地、關帝廟、至善堂等宗教設施，以及三教堂巷、總土地大街、關廟街、關廟十字等因宗教慈善設施命名的街道。

　　排名第五的渝中坊，與楊柳坊、太善坊共享較場，坊內有學政試院，定期舉辦的各類考試，吸引了不少重慶府所屬州縣的文武考生前來應試，短暫停留，因而有不少考生在此地遭竊。

　　需要說明的是太善、楊柳與渝中三坊之功能性，前二者有軍事機關衙署，後者有文教類機關，故有學者將前二坊歸類為地方軍事區，後者為文化教育區。不過，其實三坊共用的較場早已失去軍事功能。較場原為軍事用地的大教場，後來出租作為臨時的商鋪用地，十九世紀中葉已成為固定的商店密集區，商業功能更加明顯。這可以從《渝城圖》看到「較場壩」一區都是店鋪，並有文字註明該地有錢市、米市、炭市、肉市、磁器街、木貨街、荒市、號貨街、布市街、草藥街等（參見圖8-4）。另外，《增廣重慶地輿全圖》也繪有十數條商業街道，除了上述《渝城圖》所有的街市外，還有鐵市、魚市街、騾馬店、牛肉街、衣服街、鐵貨街、磨坊街等（參見圖8-5）。

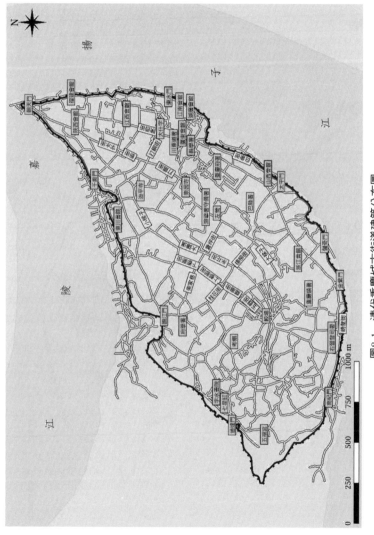

圖8-1　清代重慶城市街道建築分布圖

圖8-2　清代重慶城市分區功能圖

圖8-3　清同治朝巴縣城內各坊竊盜案分布圖

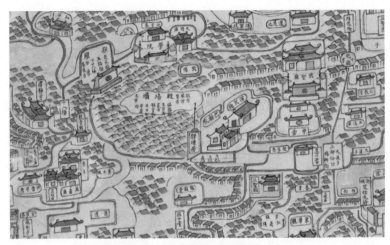

圖8-4《渝城圖》中的較場

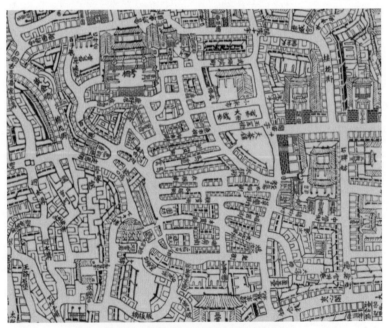

圖8-5：《增廣重慶地輿全圖》中的較場

第二節　城市建築與竊盜犯罪之關聯性

建築密度、材料與竊盜手法的關係

　　犯罪學者分析房屋型式與住宅竊盜間之關聯性，指出空間對犯罪的影響力，並嘗試連結犯罪與建築物的設計及位置，以推斷容易遭竊的建築物弱點。[8]若從建築物的角度來分析重慶城，如同乾隆時期的知縣所言：「渝城地窄民稠，房皆竹壁，向來易遭火災」，[9]點出重慶城容易遭竊的兩大弱點，即建築密度與建材。

　　先就建築密度而言，清代重慶城的面積大約2.18平方公里，人口密度約每平方公里25,297人左右，是一座相當擁擠的城市，各種建築之間密集的情況，可以官府衙署和民居相距頗近為例。[10]原本重慶府署「與白象街廛舍毗連」，後為了防止被民舍火災牽連，「於乾隆二十四年（1759）遷建至新豐街」，也就

8　Barry Poyner, *Crime Free Housing in the 21st Century* (London: Routledge, 2005), pp. 49-65. 該書從現代的實例證明住宅建築的設計的確會影響竊盜犯罪發生率，舉凡倉庫、車子與衣物等竊案發生，都與住宅建築的院子規模、花園的門徑、倉庫的位置等設計相關。

9　四川省檔案館編，《清代巴縣檔案匯編・乾隆卷》（北京：檔案出版社，1991），頁330。

10　楊宇振根據城牆周長12.6里估算出重慶城占地面積為2.18平方公里，而道光時期的城池內總人口為55,148人，人口密度為每平方公里25,297人。相關數據與說明，見楊宇振，《歷史與空間：晚清重慶城及其轉變》（重慶：重慶大學出版社，2018），頁75。

是比原本的地點還要往西北遷移。[11]而位於太平坊的客店元泰店
與行臺衙門緊臨，[12]「行臺火牆倒塌未修，房屋與元泰店接連，
並無街巷」，同治五年（1866）十月初一日，遭到竊賊由行臺
內牆角撬毀元泰店窗子，入內行竊。[13]從《增廣重慶地輿全圖》
便可看到，在行臺與重慶府衙之間緊挨著一條「元泰店巷子」
（圖8-6）。

　　不僅衙署與民居相接互連，從火災延燒的規模亦可推測重
慶城內的房屋櫛比鱗次。如乾隆二十五年（1760），城外的蔴
柳灣大火，延燒至城內，朝天門內街道房居皆燒毀殆盡。同治
九年（1870）七月底，南紀坊坎井街王姓人家失火，「延燒數
十家」。[14]同治五年五月十五日晚上，宣化坊礐學旁由陳萬茂開
設的藥鋪突然起火，當夜總共延燒街道兩邊22戶人家，從災傷
清單可以看到，受災的22戶大多包含三間以上店面，足見其延
燒面積之廣。[15]

　　再就建材而言，《巴縣檔案》顯示重慶城乃至巴縣鄉村的
住宅建材，是以簟壁、板壁、土牆、磚牆為主。前述乾隆時巴
縣知縣指出「房皆竹壁」，說明了簟壁在重慶城內應用頗廣，
從同治朝檔案則常見竊賊破壞簟壁行竊，如「由廚房割簟壁進
內，用硝燒毀房門門閂，鑽入臥室」，以及「由宅後土壁下坎
撬毀廚房地腳石進內，割毀臥室簟壁，抽開門閂入室」，顯示

11　〔清〕王爾鑑編，〔乾隆〕《巴縣志》，卷2，〈建置‧坊表〉，頁3a。
12　清代所謂的「行臺」，通常是總督或巡撫到地方上辦公之衙署。
13　《巴縣檔案（同治朝）》，案卷號06-05-11678。
14　《巴縣檔案（同治朝）》，案卷號06-05-12657。
15　《巴縣檔案（同治朝）》，案卷號06-05-11565。

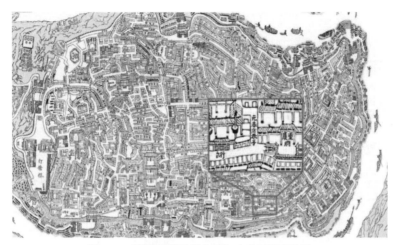

圖8-6　《增廣重慶地輿全圖》中的元泰店巷子

篾壁被應用於外牆與隔間。[16]相對於土牆與磚牆，竹製結構的篾壁可能是較容易突破的材質，常見手法有「割毀篾壁」、「剪穿篾壁」、「拆開篾壁」，多以「割」、「剪」、「拆」等方式，其用具可能是「割壁刀」。而土牆與磚牆必須用到「鍬」、「撬」、「鑿」，如「被賊來家鍬牆割壁，直入內室，啟櫃開箱」，便是「鍬外牆」與「割內壁」最好的對照。[17]

　　因此建築密度與建材的不同就會影響竊賊做案手法與得手難易度，而城市與鄉村建物在建材上的差異，也會反映在做案手法。目前在同治朝《巴縣檔案》之中可以考察到做案手法的竊盜案件共有1,046件，其中發生於城市的有236件，鄉村629

16　《巴縣檔案（同治朝）》，案卷號06-05-11605、06-05-13309。

17　《巴縣檔案（同治朝）》，案卷號06-05-12864。

件，無法確定地點的有181件。表8-2為按照城鄉分別統計的做案
手法，其中可看到城市以破壞門扇一枝獨秀，鄉村除了破壞門
扇之外，破壞牆壁更是犯人擅長採用的手法。

表8-2：同治朝《巴縣檔案》所見竊盜手法之城鄉差異

排序	城市			鄉村		
	手法類型	案件數量與比例		手法類型	案件數量與比例	
1	破壞門扇	128件	54.2%	破壞牆壁	307件	48.7%
2	破壞牆壁	65件	27.4%	破壞門扇	193件	30.7%
3	翻越圍牆	22件	9.3%	翻越圍牆	69件	10.9%
4	乘隙混入	12件	5.0%	撬地腳石	52件	8.2%
5	撬地腳石	6件	2.5%	屋頂揭瓦	4件	0.6%
6	屋頂揭瓦	3件	1.2%	乘隙混入	4件	0.6%
	總計	236件	100%	總計	629件	100%

說明：作者自行統計。

此處所謂的「破壞門扇」是以開啟門鎖、門閂，或是拆
卸門板的方式進入住宅，《巴縣檔案》多以「端門」、「刁
門」、「扭鎖」、「撬門」等方式描述之。做案工具包括常見
的順刀、鐵針、通關鑰匙，甚至有人使用「火硝」破壞門閂。[18]
　　為何會有如此差異呢？因為破壞牆壁可能遠比破壞門鎖來
得困難，所需時間不少，而且過程中會產生聲響，有驚動屋主
與鄰居的風險。這樣的手法並不適用於住宅擁擠、人口稠密的
城市，因此發生在城市的竊案，做案手法以破壞大門為主。

18　《巴縣檔案（同治朝）》，案卷號06-05-13383、06-05-6-5-12440、06-05-6-
5-11575。

住宅、店鋪、客棧：城市建築遭竊的弱點

　　除了城市空間與房屋建材之外，房屋的建築結構或格局是否也會影響竊賊的成功機率？城市中最常遭竊的除了住宅之外，還有店鋪與客棧。如前言提及羅威廉研究十九世紀漢口的竊盜情況，常見住宿旅館的客人財貨遭竊、盜賊從天窗潛入店鋪偷竊的案件。店鋪和客棧的格局是否與私人住宅不同？而這樣的格局與竊盜案發生的關係為何？同治朝的《巴縣檔案》有一類史料特別珍貴，即第二章曾提及的「勘單」。每當竊案發生、經事主報案後，知縣會派遣書役到事主家勘查被竊情形是否屬實，該書役會上呈「勘單」向知縣回報現場的格局，並比對竊賊的做案手法。一般勘單的內容，先是描述報案事主的人名與身分，再次是案發的地名，之後分別記載居處的環境、房屋建築形式、房間的數量、分布與功能、室內的家具擺設等，最後記錄報案事主指稱竊賊入內行竊的路徑，以及書役勘查結果。

　　就住宅而言，當時重慶城的一般住宅多以一向三間為主，如謝川吉於紅岩坊九尺坎小巷內的瓦屋，是「一向三間，中堂一間，係敞廳。有小天井一個，天井外大門一道。左一間係伊臥室，……右一間係廚房。左邊接連三間，……院壩外有槽門一道。」[19]也有較為豪華的院落宅院，如陳紹陶在儲奇坊何家院的瓦屋，則是「重堂兩進，左右均有廂房，前有磚門一進，……邊廂房上二間係廖姓住居，下二間係新佃楊老五住

19　《巴縣檔案（同治朝）》，案卷號06-05-10511。

居」，格局相較複雜，不僅為院落大宅，還有上下兩層樓。[20]

　　不管格局為何，竊賊潛入住居，通常需要進入臥室才能取得衣服、首飾等高價物品。從做案手法來看，最常見的是「破壞門扇」，可能是破壞正門，或從廚房進入住宅，而且廚房也可能是通往臥室的捷徑。例如重慶鎮戰兵韓占春於同治八年（1869）遭竊時，竊賊就是「由後牆鍬窯撥開門閂由廚房轉至臥室」；陽成齋於同治六年（1867）遭竊時，竊賊即「由伊廚房雕毀後門進內，入伊臥室」，並循原路逃逸。[21]

　　為何廚房是住宅的弱點？可能是臥室與廚房皆位於整座住宅的後側，而有時住宅後側是行人來往的巷弄。如渝中坊余陳氏家「廚後土牆約高八尺餘，牆外係人行小巷」，如此一來，即使大門深鎖，但竊賊只要從廚房潛入，依然可以得手。[22]雖然並不是每一座住宅的廚房都位在後側，或與臥室相鄰，但被害者住家格局可能都存在著類似的缺陷。

　　相較於以隱密性為主的一般住宅，店鋪與客棧必須迎接往來客戶，在格局結構上與住宅不同。從《巴縣檔案》的竊盜案件可見，被竊店鋪包括茶酒鋪、花鋪、藥房、錢鋪、針線鋪、油蠟鋪、洋煙鋪、當鋪、雜貨鋪等，這些店鋪通常是兩進的瓦房建築，如「瓦房一院，重堂兩進，後有窯房一向，中係堂屋，左一間係是櫃房，內安牙床一架、平櫃一個、簽押棹一張、大小銀櫃二個」。[23]前面是店鋪的櫃房，中間是堂屋，後面

20　《巴縣檔案（同治朝）》，案卷號06-05-11874。
21　《巴縣檔案（同治朝）》，案卷號06-05-12423、06-05-12055。
22　《巴縣檔案（同治朝）》，案卷號06-05-11716。
23　《巴縣檔案（同治朝）》，案卷號06-05-12019。

可能是倉庫或是居住的空間。

有的店鋪在前面臨街的鋪面上還築有樓房，俗稱「天樓」。如蕭恆山在新豐街的雜貨鋪房是「一向三間，第一進係櫃房，第二進係堂屋，第三進係廚房。鋪口有天樓一座，係蕭恆豐夫婦臥室。」[24]天樓應該指房屋內樓房，除了大戶人家，通常是店鋪形式民居才有的設計，而且多作為主人的臥室。

如果是在城內臨街的店鋪，竊賊通常以兩種方式潛入。一是趁夜無人之際，撥開門閂，端鋪板進內，鑽入櫃房行竊。如在金紫坊火神廟側大街開設德生京菓鋪的熊德生，在同治二年（1863）「遭惡賊由櫃臺雕去攔板一塊，鑽入櫃房」，而其鋪面格局為「一向三間，前一間係合面櫃臺，中係堂屋，後係廚房」，竊賊只要突破大門就可以取得店內存放的貨物。[25]同樣被雕開鋪板的，還有在魚市口開設錢鋪的熊四美，在同治四年（1865）「被賊雕脫鋪板進內，竊去銀錢」；劉源興在金紫坊開設的錢鋪，在同治六年「被賊撬毀鋪板，竊去銅錢四十餘串」。[26]

另一種方式是由街道前沿招牌或從旁鄰的建築翻上天樓，再由天樓的窗門入內行竊。如在神仙坊米花街開設棉花鋪的劉源森，其店面格局為「一向三進，上有天樓，接連晒樓」，第一進為鋪面，第二進為堂屋，第三進為臥室，在同治六年「被賊由隔壁杜康公所樂樓翻上火牆，至晒樓下天樓，直下廚房，

24　《巴縣檔案（同治朝）》，案卷號06-05-11011。

25　《巴縣檔案（同治朝）》，案卷號06-05-10703。

26　《巴縣檔案（同治朝）》，案卷號06-05-11256、06-05-12129。

過伊臥室」，劉源森被竊後損失慘重。[27]另外，東轅門外的周品豐在同治三年（1864）「被賊由街樓窗門進室，下樓入櫃，由窗翻出」；上引蕭恆山的店鋪也是被賊以「由櫃臺扒上天樓翻窗子進內，轉下櫃房」的方式行竊得手。[28]這些竊賊經由鄰近天樓入內行竊的案例，正好反映出重慶城內房屋密集的情況。[29]

　　城內提供來往商旅歇息的客棧與客店，也是經常發生竊案的地點，失主的身分大多是短期入住的外地人。畢竟外地人來到重慶城住宿客店，大多身有要事，有途經本縣至外地赴任的官員、經商的客商、應試的考生，還有自鄉村入城納稅的里甲、商人。當這些外地人遭竊時，有些會認定竊賊是店棧主、櫃工或伙房，有些則會委託店棧主代為提告，或是與店棧主聯名呈控。如夾江縣文生夏允中於同治八年十一月住宿太平坊聯芳店時，發現房間皮箱被撬開，詢問之下才知道伙房雇工楊永興曾進入房間，因此疑心楊永興為竊賊而提告。[30]販賣鐵貨的汪元發，同治五年九月住宿在太平坊四美店，外出收帳時遭竊，因此與客店主熊四美聯名呈控。[31]

27　《巴縣檔案（同治朝）》，案卷號06-05-11816。

28　《巴縣檔案（同治朝）》，案卷號06-05-10644、06-05-11011。

29　這並不代表鄉村就不會出現竊賊從天樓入內行竊的情況，如節里六甲的張緒雲，同治四年「被賊由左邊廚房後壁割毀篾壁，翻進廚房，轉入正房天樓，扭毀箱櫃鎖。復轉下廳大樓，又轉入花園花座內窖，負贓由廚房後門逃逸」。不過目前尚未看到在鄉村發生從隔壁天樓入內行竊的情況。《巴縣檔案（同治朝）》，案卷號06-05-11272。

30　《巴縣檔案（同治朝）》，案卷號06-05-12524。

31　《巴縣檔案（同治朝）》，案卷號06-05-11653。汪元發前後呈控對象不一，知縣認為別有隱情，稱「熊四美係同報竊之人，如何反指串竊？果有串竊情弊，當何不指報？又無切實證據，憑何著追？靜候緝獲正賊訊

　　許多住宿在客棧的房客之所以遭竊，大部分是竊賊趁房中無人而進去偷竊。畢竟房客不在客房的時間較多，自然給了竊賊犯罪的絕佳機會。更何況客棧有許多廂房供旅客居住，規模較店鋪為大，如新豐街阮聯陞客棧於同治六年發生北京商人鄧鶴年住房後遭竊案件，據勘單可知其住房格局是「外有鋪房一向，內係窨子屋，全院重堂四進」，周圍有垣牆，中間係上等官房，左右兩邊都有廂房；客房內安有木床一間、行床一間，衣匜、皮箱二口。這類客店本為開放空間，不僅房客往來流動，外人亦能自由出入，管理上自然有其不及之處，竊案因此時常發生。再者，客棧房間的門窗相對容易破壞，據捕役勘驗阮聯陞客棧，該間客房原有格門四扇，供出入的左右兩扇門安有天地門閂，其中一扇右門的門斗有人為毀壞的痕跡，才使門閂脫落，竊賊便是以此法進入。[32]

　　從這些客棧發生的竊案，可以看到商人到重慶營生所攜之貨財，往往成為竊賊覬覦的對象，也顯示城市化之後重慶的環境，更可能吸引竊賊犯罪。這也衍生了另一個問題，即城市內事主被竊的物品是否有其特殊性？相較鄉村被竊的物品是否價值更高？

第三節　城市被竊標的物之特徵

　　導論中提及犯罪學的「日常活動理論」，提出標的物

究。」

32　《巴縣檔案（同治朝）》，案卷號06-05-12017。

（suitable target）的重要性，而所謂合適的標的物，指的是物的價值、可移動性、可見性與可接近性等特性。[33]這提供了我們分析歷史上城市化與犯罪發生之關聯性的另一角度。若從合適標的物之角度來探析城市特性與竊盜案發生之關聯性，重慶城市內所發生的竊盜案件，到同治朝之所以數量與比例增加，是否反映城市內具有較高價物品的情境較鄉村越加明顯呢？或是城市內比起鄉村，更常見到、更可以接近豐富又多元的物品，所以容易成為吸引人想要犯罪的合適標的物呢？《巴縣檔案》竊盜案件中常見「失單」這種文件，內容列舉被害人遭竊的有價物品或是某行鋪、商船內被竊的貨品，還有竊賊被捕後所搜出的贓物單，此類清單正能反映被竊標的物之類別與價值。以下嘗試從這類清單分析與探討城市內被竊物品的價值，及其可見性與可接近性。至於標的物的「可移動性」應該無城鄉之別，所以在此不予討論。

標的物之價值

根據上述失單統計的結果顯示，服飾是所有被竊物品之中占最多數的一類，形式上可以再分類為服飾泛稱、褲、衫、裙、袍、套褂襖、喪服，以及上衣、中衣、背心等，占總數約43%。從服飾類物品被竊的地點來看，總數1,087件案中，發

33　Lawrence E. Cohen and Marcus Felson, "Social Change and Crime Rate Trends: A Routine Activity Approach," *American Sociological Review* 44.4 (1979): 588-608; Marcus Felson, *Crime and Everyday Life: Insights and Implications for Society* (Thousand Oaks, CA: Pine Forge Press, 1994), pp. 35-36.

生在城內者有366件，占33.67%；發生在鄉村者有605件，占
55.66%；三件發生在外縣，僅占0.28%；地點不明者113件，占
10.40%。由此可知，服飾在鄉村被竊的比重高於城市內，可想
而知各色服飾在鄉村頗為普及。本書第三章中業已提到同治朝
時期重慶的都市化程度比十八世紀高，估計在1860年代是32%。
鄉村人口是城居人口的二餘倍，如此在鄉村被竊服飾的數量超
過城市是可以理解的。不過，若從人均比例來看，表8-3是各類
服飾衣料被竊數量的城鄉統計，最下面一列顯示，城市人均被
竊服飾的比重，高過鄉村的人均比重。但若以人均被竊的角度
來看城鄉的差異，結果就很耐人尋味。

　　若分別以城／鄉來看這類衣料的比例，一方面比較單一類
衣料發生在城／鄉之比例差異如何？另一方面來看城／鄉被竊
的物品在類別比例上是否有差異？由表8-3可以發現，在城市中
各類衣料被竊的數量雖然小於在鄉村的被竊數量，但若細分服
飾衣料的類別，並將各種類衣物的被竊數量分別除以城鄉人口
數，再計算城市與鄉村人均被竊的比值，將可得到表8-3的最後
一欄。該欄顯示，城市被竊的服飾衣料中，棉、綢、洋布、皮
與羽毛類人均被竊比例都比鄉村高，鄉村被竊的服飾衣料則只
有麻與油燈布二類人均被竊比例高過城市。如此，大致可以看
出城／鄉服飾衣料的差別。從標的物的角度來解釋，在城市內
被竊的標的物，有更多的可能性是棉、綢、洋布、皮與羽毛類
衣飾。

表8-3：各類服飾衣料被竊數量的城鄉統計

全年份		城市		鄉村		城鄉人均案件比例
材質	總數	數量	占該類總數比例	數量	占該類總數比例	城／鄉
棉／綿	329	133	40.43%	158	48.02%	1.79
綢	411	163	39.66%	212	51.58%	1.63
洋布	302	108	35.76%	159	52.65%	1.44
皮	309	101	32.69%	169	54.69%	1.27
羽	277	92	33.21%	159	57.40%	1.23
麻／蔴	366	102	27.87%	228	62.30%	0.95
油燈／油登	153	40	26.14%	99	64.71%	0.86

　　被竊物品數量次多者是貴重金屬器皿首飾，這類物品包括金器、銀器、銅器、錫器、玉器與首飾等。表8-4顯示，最高價的金屬物品（如金器）的擁有者，越是集中在城市裡；越是價值低的物品（如錫器）擁有者，鄉居的比重越高。

　　先以金飾品來分析，竊案失物中有金飾品類的案件，總數有246件，發生在城內者有114件，占總數的46%，發生在鄉村的案例有110件，占44%，此外有地點不明者21件，與一件發生在外縣者，所占比重不及9%。如此看來，城鄉之間數量約略相當，城市還略多於鄉村。若考慮當時重慶都市化的程度以及城市人口占總人數的比重，那麼金器作為高價標的物，城市居民所擁有的比例較鄉村居民高出甚多。

　　關於銀飾品的被偷物件，現有案件總數543件，是稀有金屬器皿類數量最多的一種。其中發生在城市的有163件，占30.02%，發生在鄉村的有335件，占61.69%，另有地點不明者45件，僅占8.29%。至於城鄉的人均比例相當，相對於金飾品，反

映了銀飾品在鄉村較金飾品更為普及。

　　關於銅器方面，數量是最少的，總數172例中，發生在城市者僅有60例，約占34.88%，發生在鄉村者有93例，占54.07%，另外有19例是發生在外縣或地點不明者。若以人均比例而言，發生在城市的案件比起鄉村略高過銀器。

　　錫器的形式主要以茶壺、酒壺為大宗，其次為錫香爐、錫蠟臺等。錫器被竊的案件大概是這大類中數量僅次於銀器者，總共有323件，顯見其價值應該不及銀器。若從城鄉差異的角度來分析，發生在鄉村的案件有230件，占總數的71.21%，而發生在城市的有70件，僅占21.67%；另有地點不明者23件，占7.12%。從人均比例來看，發生在鄉村者遠高於城市者。由此可見，錫器擁有者的分布頗廣。

表8-4：稀有金屬器皿的城鄉差異

類別	被竊案件總數	城市被竊案件數量	鄉村被竊案件數量	被竊地點不明或外縣	城鄉人均比例
金飾品	246	114	110	22	2.20
銀飾品	543	163	335	45	1.03
銅飾品	172	60	93	19	1.37
錫飾品	323	70	230	23	0.65

　　除此之外，還有三類特殊的物品顯示明顯的城鄉差異。第一類是玉器，從現在檔案失單估計被竊物品有玉器的約有87件。就城鄉差異來看，城鄉被偷的案件數量約略相等，且玉器的種類與花樣似乎差不多。但若就人口比例分析，顯然城市內擁有者的人均比例高過鄉村。城市內有四家直接相關的鋪面被

竊，即古玩鋪、蘇貨鋪、古玩廣貨鋪、銅玉古器鋪。[34]第二類
是眼鏡，被盜物品中包含眼鏡的案子，總共有61件，其中發生
在鄉村的有17件，發生在城廂的有37件，地點不明的有7件。由
此很明顯地反映城鄉之差異。第三類是古董字畫，這類物品為
傳統士大夫蒐藏的奢侈品，是失單中是令人矚目的一類。在同
治朝的竊盜案件中，這類物品出現的案件只有7件，數量非常
稀少，發生地點仍以城市內為主，只有兩例是發生在鄉村，而
且被竊數量不多。從事主的職業別也可以發現，其中有兩個案
例，一是在城內太平坊開設裱褙鋪生理，一是在渝中坊較場開
設古玩鋪業者，這二例竊案中有書畫古董物品是可以理解的，
同時說明這二類店鋪過去在江南大城市與北京才見得到，到了
同治朝的重慶已有業者開設。[35]

　　以上就被竊標的物之價值而言，城與鄉被竊物品確實有差
異。城內被竊物品如金器、棉料、絲綢、洋布、毛皮與羽料服
飾，以及玉器、眼鏡與古董字畫等高價物品，的確較鄉村更常
出現。其實這也反映城市的消費水平高於鄉村，如同工業革命
前的英國，當時的城鄉在日常必需品上差異不大，但在奢侈品
如平底深鍋、陶器、鐘與書籍等方面，城鄉差異很大。至於裝
飾品和新式物品如鏡子、窗簾、玻璃等，在城市較為普及。無
論居住城市者的職業為何，都比住農村同業者擁有更多的高價

34　《巴縣檔案（同治朝）》，案卷號06-05-10846、06-05-11811、06-05-
　　11828。

35　伍文萃於太平坊開設裱褙鋪，並於同治元年、三年兩度遭竊。《巴縣檔案
　　（同治朝）》，案卷號06-05-10505、06-05-11001。

物品。[36]

　　過去關於城鄉關係是一體或是分離的問題，自從社會學家韋伯（Max Weber）提出其觀點以後，成了西方學界研究中國城市史必定要討論的議題。城市與鄉村究竟有何異？城市的特殊性格又是什麼？筆者在前作中指出城市提供了購物消費的便利性與多元的娛樂活動，造就城市成為流行時尚的中心，正是構成城市生活不同於鄉村生活的特點之一。換句話說，消費性可以說是城市的特殊性之一。[37]由此節的研究結果顯示城鄉之間在消費水平的差異，再次驗證筆者的說法。

標的物之可見性、可接近性

　　從《巴縣檔案》中可以發現，城廂被竊的事主身分有鄉紳、士人、書吏、職員、團長甲首、坐賈與行商等，坐賈與行商的比重頗高；而鄉村被竊的事主身分以士人、團長甲首為多，商人則較少。在鄉村被竊的工商業者，主要是居住在場、鎮上。的確，在城市較鄉村有更頻繁的工商業活動，許多有價值的貨品或物品常暴露在公開場合，增加其可見性與可接近性，易成為合適標的物，而引人犯罪。

　　上一節已論及城市店鋪被竊的案例相當多，這與商店的商品展示空間相關。從明清以降，商店本身所發生的變革，其一

---

36 Lorna Weatherill, *Consumer Behaviour and Material Culture in Britain, 1660-1760* (London; New York: Routledge, 1988), pp. 70-90.

37 參見巫仁恕，《優游坊廂：明清江南城市的休閒消費與空間變遷》，頁6-8。

即是商品展示空間的出現。[38]這類商店平日為銷售目的，都會有展示商品的空間，正好提高標的物之可見性，容易引發竊嫌的慾望。在此再舉一例，同治元年（1862）三月，有小貿活生的江占敖，來翠微坊陝西街布店買布，卻趁機絡竊白布一匹逃跑，當街被捕差李太拿獲。[39]

外地旅客與商人到重慶客棧入住後被竊的例子，同樣不勝枚舉。上一節提到北京商人鄧鶴年在新豐街阮聯陞棧內遭竊案就是一例。又如同治二年貴州大定府職員彭燮住在阮聯陞棧時遭竊，不過店家辯稱，這兩個月天氣暑熱，為了通風所以常開門，「店中無礙，如此有日，並未失事，何得此夜未二更，將衣物東西竊去」，意指客店開門散熱已經很長一段時間，從來沒有出過事，怎麼就剛好在深夜遭竊？此番語氣像是反過來指責彭燮誣陷。[40]同治十三年（1874）有廩生陳慶熙因經商住客棧，並雇工看守，但其貨物與衣物仍被竊。[41]又因為重慶為府城，常有童生前來應試，暫住城內，他們往往成為竊賊的目標。同治十三年，武童劉樹勳等人自外地來府城參加考試，夜間不在住處，而被多人闖入，攎走衣物與弓箭等物，後因有目擊者指證，才得以捕獲竊賊。[42]

---

38 巫仁恕，《優游坊廂：明清江南城市的休閒消費與空間變遷》，頁101-109、135。

39 《巴縣檔案（同治朝）》，案卷號06-05-10404。

40 《巴縣檔案（同治朝）》，案卷號06-05-10698。

41 坊捕看明現場，沒有盜口。廩生上呈，官員將棧的雇工伙夫押著，要坊捕與棧主限日找真盜。最後是街鄰余大興的調解，棧主吳和順暫供銀33兩給廩生，將伙夫開釋。《巴縣檔案（同治朝）》，案卷號06-05-13531。

42 《巴縣檔案（同治朝）》，案卷號06-05-13423。

　　來到重慶經商的外地商人，常常需要雇用勞工搬運貨物，這些搬運工由船幫與轎鋪的會首招集而來，但搬運工常因覬覦貨物而將之私竊盜賣，說明了標的物的可接近性容易引人犯罪。例如同治十二年本城棉花布號慶昌永，將棉花交給船戶李三順搬運，但被李三順私自竊賣。據事主稟稱，前年他的父親運裝至同號的棉花布匹也是被人私自倒賣，並把船隻打毀藏匿，這次發現後，便向船戶要求賠償。[43]

　　另一例子同樣發生於同治十二年，在重慶城內開設乾菜行的湖南商人德茂行等，他們大多來自湖南的茶陵州，在當地貿易的時候會幫客商出入貨物，而雇聘的搬運工就是當地的茶幫，茶幫帶頭者多稱為「內班經理」或「外班經理」。這些茶幫經理一旦任職稍久，往往會開始行竊，剛開始是在內班行竊，事發之後通常會承認而認賠。但這個案子顯示，茶幫行竊被當場發現後，不但不承認，還毆打貨主。知縣審理後判以掌責，而且要求其具結不再行竊。之後重慶城內許多商人也都集體上稟，指出茶幫盤踞地方偷竊客貨的情況，希望政府公開示禁，知縣也應允擬定章程之後公布。[44]

　　同治十三年有一遠自江南嘉定縣而來的綢商運貨到重慶，委託當地轎鋪的轎夫搬運，卻被雇工私下盜賣客貨，獲利達四百餘金。綢商來重慶找貨時才發現此事，後因據說雇工被其

43　《巴縣檔案（同治朝）》，案卷號06-05-13163。另外還有船幫的會首毛祥瑞聲稱是做居中協調人，也把貨物搬回去，但貨主控告會首故意勒索並私吞出售船隻的所得。

44　《巴縣檔案（同治朝）》，案卷號06-05-13179，本案附有當時商人所擬好的條規。

轎鋪友人藏匿於鄰縣，難以捕獲。[45]搬運遊客行李時，常見類似的竊案。如趙維新於同治三年雇請轎夫李三泰挑運行李，李三泰見財起意而半途劫走，其中物品價值每個約為一兩左右。轎夫從李三泰被逮捕後的口供，可以見到像眼鏡這類稀有物品，在城市內很好銷贓。[46]

除了上述搬運行竊的案子以外，在城市還常見商人在路途中被迷昏而遭竊者。如承辦鹽引的職員李元泰，在同治十三年將鹽引交給姪子赴鹽場換鹽，但姪子途中在茶館內喫茶時，被人「用法術把他悶迷」，鹽引與衣物遭竊。之後，捕役在鄉村場市捉到竊賊，竊賊自稱受雇事主背負包袱，但私將部分包袱內衣物賣到不同的場市。[47]

以上案例都說明城市內物品之可見性與可親近性，較鄉村更容易成為犯罪者之合適的標的物。

第四節　城廂防治竊盜犯罪的機制

清代的地方官吏早已意識到城市化與商業化，會帶來更多的犯罪；同時也因為城內的竊案猖獗，官府曾想過如何防範與抑制竊盜行為。重慶府書辦胡正明曾說：「渝城商賈雲集，最易藏奸。屢奉各憲示諭，設立柵欄、更夫，捕卡嚴密，以防盜

---

45 嫌犯被捕後，指稱當時以船運貨物，因船沉，貨物被小船們搶去，他只好在他縣出家為僧。《巴縣檔案（同治朝）》，案卷號06-05-13371。

46 《巴縣檔案（同治朝）》，案卷號06-05-10885。

47 《巴縣檔案（同治朝）》，案卷號06-05-13647。

賊」，[48]其語反映出當時官吏已意識到重慶城商業發達，吸引城內城外的商人聚集，同時也吸引許多為非作歹的盜賊。而重慶城內防範竊盜的方式，即設置柵欄隔離防護，並配合坊捕與更夫巡邏。柵欄設置密集，防守甚為嚴格，再加上坊捕負責捕盜，看似頗具嚇阻犯罪的效果。澳洲人莫理循（George Ernest Morrison, 1862-1920）曾於1894年到過重慶，對城內的治安機制給予極高的評價：

> 白天，城市因車水馬龍而顫動；夜間，街道一片死寂，只有遠處更夫的竹梆聲打擾寧靜，那喀喀聲既是為了讓更夫保持清醒，也為了驚嚇附近的盜賊。沒有哪個歐洲的城市對生命與財產的保護能勝過這裡（或者事實上可以說中國的任何大都市）。[49]

然而，根據筆者在第二章中的統計，同治朝的城市竊盜案件破案率為19%，還不如鄉村竊案的破獲率33%，可見發生在重慶城的多數竊案石沉大海，與前述羅威廉觀察十九世紀中葉的漢口有大部分竊賊未被捕獲的情況相似。由是，這類治安機制是否足以遏止竊盜犯罪？著實值得深究。

---

48 《巴縣檔案（同治朝）》，案卷號06-05-13231。

49 G. E. Morrison, *An Australian in China: Being the Narrative of a Quiet Journey across China to British Burma* (London: Horace Cox, 1895), pp. 44-45. 中譯本參見喬治・厄內斯特・莫理循著，李磊譯，《1894，中國紀行》（北京：中華書局，2017），頁68。

柵欄與坊捕

　　城市裡設置柵欄防盜的機制，早在明代已有，到了清代更為普及。首都北京最為人所熟知，在內城與外城都設有柵欄，總數約1,100餘處，甚為嚴密，分別由步軍統領衙門與順天府五城御史所管理。[50]至於地方的城市，尤其是大城市，如省城與府城，也都設有柵欄，如乾隆時期陝西省會西安的附郭長安、咸寧二縣，前者設有柵欄31處，後者設有40處。[51]

　　柵欄通常是設在大街小巷的交接處。關於柵欄的規制，據《吏治懸鏡》的記載，「柵門宜高大，柵楯宜堅柱密行，門上排釘鐵山字倒鬚，使不能踰越而過」。[52]柵欄之啟閉，設有柵夫負責，向來係由該處商鋪出錢僱用，而維修通常是由地方商民捐貲。[53]柵欄的主要功能為實施宵禁時閉鎖通道以防盜，《吏治懸鏡》記實施之法：「每夜定更後，值巡夜者，將柵欄門鎖

50　〔清〕崑崗編，《欽定大清會典事例》，收入《續修四庫全書》第812冊（上海：上海古籍出版社據清光緒石印本影印，1997），卷1041，頁435-436。

51　〔清〕陳宏謀著、陳鍾珂與陳蘭森編，《培遠堂偶存稿》，卷35，〈飭修省會柵欄檄〉（乾隆十九年十一月），頁10a。另外亦有關於雍正年間府城柵欄的記載，參見〔清〕張我觀，《覆甕集》，收入《續修四庫全書》第974冊（上海：上海古籍出版社據北京圖書館藏清雍正四年刻本影印，1997），卷1，〈曉禁事〉（雍正元年三月），頁444；〈嚴夜巡等事〉（雍正二年九月），頁447。

52　〔清〕徐文弼，《吏治懸鏡》（臺北：廣文書局據清刊本影印，1976），卷7，〈柵欄規約七條〉，頁44。

53　〔清〕陳宏謀著、陳鍾珂與陳蘭森編，《培遠堂偶存稿》，卷10，〈弭盜議詳〉，頁8a。

閉，以禁出入。唯有遇病延醫人，臨產接穩婆，向巡夜者說明，給以夜行簽開門放行。回即將簽交繳。」[54]《未信編》就強調：「若將柵欄嚴設，則盜賊豈能從天而下？」[55]

　　在重慶城內居民的印象之中，柵欄的設置十分密集。如定遠坊文生顧民喦提及：「城內坊柵稠密，既有總捕，復設坊差，夜禁綦嚴」；又有仁和坊監生簡正發稱：「柵欄密邇，鎖尚未開，賊從何去？」[56]柵欄設有柵夫，來源是由監正團首在坊內花戶派人輪班住寄，一旦有所疏失，該坊監正團首及該班守柵之人須負責。[57]柵夫每日須依規定於夜間二更「落鎖」，太平坊的熊四美也提及「渝城柵欄緊密，憲示二更落鎖」。[58]柵夫駐紮的地點有時會就近在私人店的櫃臺，如朝天坊的周洪發便稱：「蟻開銀匠鋪生理，柵夫羅毛在蟻櫃臺歇宿、守柵。」[59]柵欄的設置對於夜間管制人員的進出，確實發揮一定作用，如錢桂生稱自己於同治元年二月初八日夜三更，經過東水坊時，因為柵欄已於二更上鎖，喊請柵夫開鎖不果，改去投宿孫楊氏家也被拒絕，在與孫楊氏爭鬧時被坊捕傅洪逮捕。[60]

　　柵欄最常見的弊端就是鬆懈與失修，柵夫往往偷懶而怠忽職守，不按時啟閉柵門。乾隆朝的名宦陳宏謀任職陝西巡撫

54　〔清〕徐文弼，《吏治懸鏡》，卷7，〈柵欄規約七條〉，頁44。

55　〔清〕潘杓燦，《未信編》，卷6，幾務下，〈夜禁〉，頁14。

56　《巴縣檔案（同治朝）》，案卷號06-05-11748、06-05-13041。

57　四川省檔案館編，《清代四川巴縣衙門咸豐朝檔案選編》第4冊（上海：上海古籍出版社，2011），頁560-562。

58　《巴縣檔案（同治朝）》，案卷號06-05-11256。

59　《巴縣檔案（同治朝）》，案卷號06-05-11084。

60　《巴縣檔案（同治朝）》，案卷號06-05-13603。

時就曾發現西安柵欄的弊端：「所設柵欄或損壞而不修，或有柵欄而不關鎖，或雖關鎖而無人看守，夜間到處行走，肆無忌憚。」[61]許多官箴書與官員的文集裡都強調，身為地方州縣官員，在防盜方面要不時地在夜間稽查柵欄，注意觀察是否按時啟閉，是否有柵夫守夜。[62]有的例子顯示在某些省城裡，有聲稱督撫司道之衙役者，或是倚藉旗營豪勢者，張燈挈伴，冒勢橫行，守柵兵民不敢攔阻。[63]

　　重慶也有類似的情況。在楊柳坊開設錢鋪的謝大有，於同治二年六月二十八日夜遭竊，便不解「鋪下首隔五、六家設有柵欄、更夫，上至神仙口，亦有柵子、關鎖」，如此防範嚴密，為何還會遭竊？後來發現柵欄的鎖頭竟然「不鑰自開」，質問柵夫時，得到「向來如此」的回應。[64]即使如此，民眾也相信柵欄應有其防竊禦盜的功能，正因如此，遭竊的被害者往往將矛頭指向人為疏失。有些事主就指控柵夫，認為城內柵欄嚴密，卻仍拖延數日，無法捕獲竊賊，「顯有情弊」。[65]如前述在朝天坊開設銀匠鋪的周洪發，於同治三年十一月十七日夜遭

61　〔清〕陳宏謀著、陳鍾珂與陳蘭森編，《培遠堂偶存稿》，卷35，〈飭修省會柵欄檄〉（乾隆十九年十一月），頁10b。

62　〔清〕凌燽，《西江視臬紀事》，收入《續修四庫全書》第882冊（上海：上海古籍出版社據中國科學院圖書館藏清乾隆八年劍山書屋刻本影印，1997），卷4，〈勸諭民俗十條〉，頁121；〔清〕張我觀，《覆甕集》，卷1，〈條告·嚴夜巡等事〉（雍正二年九月分），頁447。

63　〔清〕李之芳，《李文襄公文集》，收入《清代詩文集彙編》第80冊（上海：上海古籍出版社據清康熙四十一年彤錫堂刻本影印，2010），別錄卷5，〈申嚴夜禁〉（康熙十三年正月），頁376。

64　《巴縣檔案（同治朝）》，案卷號06-05-10768。

65　《巴縣檔案（同治朝）》，案卷號06-05-10644。

竊，便懷疑在其櫃臺歇宿守柵的柵夫羅毛涉嫌。

除了柵欄的設置之外，城市內負責治安的另一機制就是「坊捕」。有關「坊捕」的史料已知最早見於雍正朝，[66]道光朝之後對「坊捕」一職有較詳細的記載，通常全稱為「分坊坐捕」或「各坊捕役」，舉凡首都北京到省城，再到府州縣城都有設置，算是全國性的制度。[67]關於坊捕的員額、薪資與職責等，據陳宏謀指稱，十八世紀江蘇所轄州縣捕役每處不過八名，額編工食有限。[68]《學治一得編》則記錄十九世紀道光時期一般捕役分為四級，最高等級的是押捕總頭役一名，其次是捕班頭役三名；坊捕是第三級，設12名，每月薪資飯錢600文、給

---

66 〔清〕張我觀，《覆甕集》，卷1，〈條告‧曉禁事〉（雍正元年三月分），頁444。

67 北京的事例，參見〔清〕李鴻章等修，黃彭年等纂，《畿輔通志》，收入《續修四庫全書》第634冊（上海：上海古籍出版社據北京圖書館藏清光緒十年刻本影印，1997），卷127，〈略八十二‧經政三十四‧刑律〉，頁339。陝西省會西安的事例，參見〔清〕陳宏謀著、陳鍾珂與陳蘭森編，《培遠堂偶存稿》，卷44，〈嚴飭捕役搽賊檄〉（乾隆二十三年十一月），頁23b。江西撫州府事例，參見〔清〕鄭澐修，邵晉涵纂，《杭州府志》，收入《續修四庫全書》第703冊（上海：上海古籍出版社據清乾隆四十九年刻本影印，1997），卷89，〈人物四‧循吏四〉，頁332-333。平湖縣、合肥縣的例子，參見〔清〕彭潤章修，《平湖縣志》，收入《中國方志叢書》第189冊（臺北：成文出版社據清光緒十二年刊本影印，1975），卷12，〈宦績‧文秩〉，頁1134；〔清〕左輔等纂修，《合肥縣志》，收入《中國方志叢書》第628冊（臺北：成文出版社據日本國會圖書館藏民國九年上海王氏重印嘉慶八年修廣益局刊本影印，1985），卷35，〈集文‧公牘‧保甲示〉，頁1829。

68 〔清〕陳宏謀著、陳鍾珂與陳蘭森編，《培遠堂偶存稿》，卷10，〈弭盜議詳〉，頁15a-b。

米三斗；最末是管翼房捕役。[69]

　　坊捕主要的工作與任務，就是負責查緝報竊的案件，而且依照贓物的價格高低，規定限日破案。若名下報竊之案計贓在二十兩以下者，限一月內破獲；二十兩以上者，限二十日內破獲；五十兩以上者，限十五日內破獲；計贓及貫或逾貫者，限十日內破獲。若未達到規定者，將會遭「查比」。坊捕名下若遇有偷牛之案，先行提責二十板，限十日內破獲，因為農牛有關農作，是以嚴懲。捕盜的績效也有賞，如坊捕名下於數月之內無報竊之案者，皆可記功受賞。[70]

　　因為相當多的竊盜案件無法緝捕到嫌犯，在這種氛圍之下，坊捕常常成為代罪羔羊，受害事主對於坊捕的種種批判時有所見。同治二年，刑書周龍章遭竊，自稱家裡曾多次被竊，因為贓微而未告官，之後再次遭竊而向坊捕求助時，「並無一人（在坊）」，只好轉投團鄰在住宅附近街口圍捕，亦無所獲。[71]同治元年十一月，城內渝中坊團正羅亨霖與甲長李元盛稟稱：「團練之設原以弭盜為先，職等經理團練難以辭究。現渝城各坊，均有捕差，職等疊勸上夜，殊坊捕張陞、董貴等，藐玩不查，以致僕民遭害。」[72]由此可見，重慶城的坊捕制度確實有可議之處，而坊捕之中也有素質堪慮者。

69　〔清〕何耿繩，《學治一得編》，不分卷，〈養捕章程〉，頁5b。
70　〔清〕何耿繩，《學治一得編》，不分卷，〈比捕章程〉，頁6a-7a。
71　《巴縣檔案（同治朝）》，案卷號06-05-10622。
72　《巴縣檔案（同治朝）》，案卷號06-05-10528。

蠹捕與賊通

在被竊事主的激烈呈詞裡，常見懷疑竊犯勾結坊捕、坊捕包庇竊賊的推論，如劍指坊捕「縱賊遠颺，冀圖分肥」、「玩塌縱賊，藐抗不緝」這類純屬臆測、卻無證據的指控。同治元年五月，城內書院被竊成色九八銀九兩八錢五分，坊捕為了推卸責任而聲稱該地屬另一坊的坊捕黃金之責。該書院文童生舒澤棠稱：

> 本城坊柵重重，捕役周流巡邏，賊攜重贓，不知從何來去？若非黃金等縱賊竊害，何以竊賊白晝橫行？明係捕為賊母，賊為捕奴，若不比捕嚴緝，為害弗底。[73]

又如同治元年八月，城內巴縣兵房書吏公出時，房內被竊被蓋一床、呢馬褂等物，然而多月之後捕差調查此案仍無著落，書房遂赴縣稟稱懷疑捕差與賊通：

> 但本城各坊俱是捕役，豈有彼坊勝此坊弱，而衙外被竊即獲，衙內被賊十無一獲，此等捕役明為捕賊，暗在養賊。若不稟懇作主，贓懸無著，捕役養賊之害難除。[74]

類似的例子相當多，例如同治二年住在城內府城隍廟的

---

73 《巴縣檔案（同治朝）》，案卷號06-05-10424。
74 《巴縣檔案（同治朝）》，案卷號06-05-10465。

千總家裡被竊，雖已告官，但坊捕並未認真緝賊。過了一個多月，事主家裡又被偷走青洋布門簾而通報，捕役卻仍坐視不理，事主於是指控：「渝城各坊柵欄嚴密，賊從何至？明係捕役養賊分肥，貽害匪淺。」[75]同治元年三月，太善坊傅恆豐之油蠟鋪被竊，夜裡三更盜賊撬開門窗翻入行竊，鋪主追之不及，團練隔日看明盜口後通報捕役，捕役卻「支吾坐視不理，顯係與賊交情」。[76]又如同治元年十二月，本城東水坊販賣鴉片煙土的秦祥興稟稱，夜裡賊將犬毒死後，入內臥室行竊，隔天早上通報坊捕，坊捕卻認清不理，事主痛訴「渝城柵欄緊密，賊從何來？若非捕庇，焉能竊害」。[77]又在千廝坊丁字口開設棉花鋪的李裕豐，於同治二年七月二十四日夜遭竊，曾不解「本坊前後柵欄極嚴，賊何得入？同街花戶屢被賊竊，顯係捕役夥同柵夫養賊分肥」，因此「稟懇比捕究追」。[78]

　　捕役與竊嫌的關係所以會成為事主關心的焦點，其來有自。雍正年間任河南巡撫的田文鏡（1662-1733）就說：「捕役原與盜賊一氣，若不與盜賊相通，不能為捕役矣。盜賊不投拜捕役門下，又斷不敢入其境矣。」[79]他又提到捕役的出身讓人疑慮：

75　《巴縣檔案（同治朝）》，案卷號06-05-10558。

76　《巴縣檔案（同治朝）》，案卷號06-05-10409。

77　《巴縣檔案（同治朝）》，案卷號06-05-10544。

78　《巴縣檔案（同治朝）》，案卷號06-05-10744。

79　〔清〕田文鏡，〈弭盜要法〉，收入徐棟輯，《牧令書》，卷20，〈戢暴〉，頁46a。

獨捕一項較他役為最黠，原係積年慣盜，改惡作良，則
充為捕。地方官不得已而用之，如殺人毒藥，有時而藉其
救病，則醫家不棄。彼其平素原與賊通，賊之窩線彼無不
知，賊之風聲彼無不曉，賊不先投拜捕役門下，而欲入其
境掏摸翦絡尚且不能，況強刮乎！[80]

對於捕役為何會為竊賊包庇指引，清代名宦陳宏謀有非常精闢
的分析。他指出竊犯即使服刑發落後要更生亦難，其一因即是
竊犯刑滿之後仍受坊捕管束，反而成了坊捕的禁臠，其云：
「加之破案之後，即為坊捕魚肉，索取例規，雖欲改弦，終難
遷善，因而成為積匪。」[81]

陳宏謀又提到坊捕分坊坐汛的問題：

蓋捕役分坊坐汛，某處有賊某人，無不真知灼見。惟
欲藉以養家，故將有名之賊收入戶下，縱其為匪，坐地分
贓。即事主指告，印捕追比，始終徇隱。或追比緊急，則
擇一贓少者破案塞責，其贓多者久已攘為己有，牢不可破
矣。以故歷來賊案贓少者易破，而贓多者反不能破。初犯
之賊易獲，而積賊反不能獲，皆此故也。[82]

80　〔清〕田文鏡撰，張民服點校，《撫豫宣化錄》（鄭州：中州古籍出版
　　社，1995），卷2，〈奏條・奏為請停城鄉分緝之例應捕協緝之條以專責成
　　以靖盜源事〉，頁75。

81　〔清〕陳宏謀著、陳鍾珂與陳蘭森編，《培遠堂偶存稿》，卷10，〈弭盜
　　議詳〉，頁232。

82　〔清〕陳宏謀著、陳鍾珂與陳蘭森編，《培遠堂偶存稿》，卷10，〈弭盜

分坊坐汛的捕役在地方盤踞太久，對地方社會頗為熟悉，所以與地方慣賊串通，坐地分贓。當州縣官下令追捕較為緊急時，就選擇贓少的案子破案以為搪塞。

乾隆三十九年巴縣縣署的告示，強調「捕役姦縱最為惡毒」，其說法與陳宏謀的觀點完全相合，原文如下：

> 其積匪滑賊，縱容肆竊，坐地分贓，包不破案。本官察查稍緊，以一二小賊搪比塞責；查察稍懈，并此小賊亦無報。獲贓愈多，□破案愈遠獲無期，姦縱日甚。[83]

實則在乾隆六年（1741）刑部已下令禁革分坊坐捕盤踞三月，而是需要按季輪流分派他坊，並由上司提比，以杜絕坊捕與當地的匪類相勾結，然而巴縣例子說明此成效可能有限。[84]

又捕役逮捕竊嫌後，容易藉機勒索賊犯或受賄。陳宏謀發現此現象主要原因是，竊盜罪的量刑係根據贓物的多寡與價值的高低，「在賊犯以贓少則罪輕，縱不圖得贓，亦圖免罪。捕役明知賊犯止圖免罪，將必抵死茹刑，不肯直吐，竟將贓物穩歸囊橐矣」。[85]捕役將部分贓物據為己有，竊賊只承認部分贓

議詳〉，頁10b。

83 〈乾隆三十九年七月巴縣正堂告示〉，四川大學歷史系、四川省檔案館主編，《清代乾嘉道巴縣檔案選編（下冊）》，頁345。

84 〔清〕佚名，《治浙成規》，收入《官箴書集成》冊6（合肥：黃山書社據清道光十七年刊本影印，1997），卷6，臬政二，〈酌定緝捕事宜·今附送緝捕規條〉，頁25a-b。

85 〔清〕陳宏謀著、陳鍾珂與陳蘭森編，《培遠堂偶存稿》，卷10，〈弭盜議詳〉，頁11b-12a。

物，如此罪刑懲處反而減輕。而坊捕受賄於竊賊，所謂的賄賂其實就是贓物。

插圖8-1：晚清報刊中捕役與竊賊分贓並到當鋪典當贓物之圖例
資料來源：〈捕役之于偷兒〉，《輿論時事報圖畫》，1910年第13期，五月十三日，無頁碼。

至於坊捕一職的根本弱點，是薪資太微薄，如同陳宏謀歸結云：「從來捕快一役，工食無多，專司緝賊，其養活家口以及出入盤費，其名雖曰已有工食，其實皆取給於包庇，竊賊多

受規例。」[86]道光年間曾任職四川按察使的張集馨也指出，地方州縣官對竊盜案莫不要求差捕嚴拿，按期提比，然而捕役不以受刑為難堪，卻以緝賊為甚苦，推其故，「皆由經費無出，而辦理綦難也。」其云：

> 卷查各屬，額設捕役八名，每年役食共四十餘兩，且有從中剝削易錢發給者，是捕班之役食為最少，老弱未免濫竽；而捕班之用項為最多，隸役安能枵腹？即如辦一案，緝一匪，動用多人；解一犯，簽一差，路需多費。賤役惟知貨利，賠錢必至於訛錢；若犖罔顧身家，緝賊更轉而豢賊。[87]

所以道光年間曾任巴縣知縣的劉衡（？-1841），在任梁山知縣時向上級陳述「弭賊之道」，其中便提及捕役與盜賊的牽扯勾結一事，認為「用捕不如使民自捕，蓋捕與賊近，賊之蹤跡捕知之；民亦與賊近，賊之行徑，民亦微窺之」，建議應該鼓勵民眾自行捕賊送官。[88]

同治朝重慶城的竊盜案件裡，的確有坊捕與竊賊勾結的實例。如同治十二年入住客棧的文生鄧汝蓮遭竊，棧主黃榮寶

---

86 〔清〕陳宏謀著、陳鍾珂與陳蘭森編，《培遠堂偶存稿》，卷10，〈弭盜議詳〉，頁16b。

87 〔清〕張集馨，《道咸宦海見聞錄》，頁35。

88 〔清〕劉衡，《州縣須知》，收入《官箴書集成》冊6（合肥：黃山書社據《宦海指南》本影印，1997），不分卷，〈稟緝盜之法用捕役不如使民自捕並嚴禁誣陷由〉，頁67a-b。

發現竊嫌夏源順已經被捉拿，即將責枷滿日，知縣命令鎖押夏源順，以待覆訊，但捕差蘇順居然收受賄賂銀五兩，而私自釋放夏源順。[89]另有少數案例是坊捕收受竊賊賄賂，私自將贓物出售圖利。如同治三年一起竊案中，有捕役將所獲之贓物賣到鋪攤，且代賊遮飾。[90]還有捕役與犯人合作誣連其他無辜者的例子，如同治十二年有蠹捕陳德捕獲竊賊朱觀等人之後，被人狀告指稱二人「四鄉咬搕良善，非指接買，即誣窩贓，樸民受害，難以悉數」，而「朱觀現在渝城為痞，素日與捕串同咬板，搕錢分肥」。[91]也有極端的例子，是捕役即為慣竊。同治十二年渝中坊玉器店被竊，後來逮捕到的竊犯黃江西，其實在咸豐五年（1855）曾夥同張武在他縣偷竊貨鋪局二百餘兩後在逃，卻又在巴縣衙門執刑班承充差役，「明在當差，暗則串賊偷竊，犯有數案均可稽，伊充差役，以為藏身之計」。[92]從重慶的竊盜案件來看，坊捕與賊通的案例仍是少數，以故事主的指控多少有些誇大。

　　被竊事主的呈狀中常常指控坊捕與竊賊勾結，或許是事主欲以此書寫來吸引知縣的注意而受理此案件的策略。[93]在這種訴訟策略的影響下，有時知縣也必須要表態，如在太善坊花街

89　《巴縣檔案（同治朝）》，案卷號06-05-13204。

90　《巴縣檔案（同治朝）》，案卷號06-05-10918。

91　《巴縣檔案（同治朝）》，案卷號06-05-13281。

92　《巴縣檔案（同治朝）》，案卷號06-05-13210。

93　山本英史也指出訟師在寫訴狀時常會誇大衙蠹的問題，係為使其狀被衙門受理，是一種訴訟的技巧。參見山本英史，《赴任する知県：清代の地方行政官とその人間環境》（東京：研文出版，2016），頁162。

子以教讀為業的廩生胡溶，其家屢次遭竊；同治三年二月十一夜又被賊搖門入室行竊，遂於二月十六日報官，懷疑城內明明就有編連保甲以晝夜清察，坊捕卻遲遲無法捕獲犯人，可能有「養盜玩法」之嫌。時任知縣的王臣福則回應稱：

> 查捕役一項，原為緝捕而設，況當多事之秋，郡城重地，更宜加意稽查，毋任宵小潛蹤，以清內患。乃近據舉報被竊之案，不一而足，推原其故，皆由該捕役等查捕疏忽，以致盜賊充斥肆竊無忌，言之堪恨。[94]

知縣此言將城內竊案發生的原因，歸咎於捕役事前未加強稽查，事後疏於緝捕所致，至於是否有捕役與竊犯勾結而致竊案叢生，則不是知縣的論述重點。而且即使知縣在判文中看似給予捕役深刻的指責，但並未以實際行動向捕役施壓。胡溶於時隔四個月後的閏五月，再度呈狀催促緝捕的進度時，知縣僅批示「候比飭嚴緝」，會再強烈要求捕役，但這也只是例行格套用語，並非具體的承諾。

當然，知縣也並非全無作為，在知縣施壓之下，多少對坊捕的積極度還是有點影響。例如同治二年城內開設綢緞莊的張萬順遭竊，告官後因久未獲賊而再度上控，並稱「捕等怠玩，賊贓無著」，認為捕役很有問題。經知縣施壓後，坊捕果真逮捕到許多嫌犯，不過有部分並非竊賊，很可能是捕役捉人頂

94　《巴縣檔案（同治朝）》，案卷號06-05-10909。

罪。[95]知縣並不會總是袒護捕役，有時知縣會責罰坊捕。如同治十二年在重慶城楊柳坊發生的兩起案子，一個是文生來重慶應考時被竊，另外一個是善堂被竊，值得注意的是，坊捕都因為查緝不力，被知縣「提比」責罰，笞責三百與五百，並限定時間捉到嫌犯。[96]

整體而言，清代城市治安的機制無論是柵欄或坊捕，到了十九世紀中葉，以重慶城的例子看來，防制竊盜的效果並不理想，以致竊案數量如此之多而破案率低。再從官員的角度來看，知縣面對數量極多的竊案，充滿了無力感，僅能施壓坊捕嚴緝嫌犯，逼不得已才加以提比責罰，限時破案，反映官府逐漸喪失管控治安的能力。學者對民間幫派組織的研究也反映相似的現象，如官府對腳夫組織的管控，從乾隆朝到道、咸、同時期，即呈現從駕馭較易到逐漸放鬆，終致進一步喪失控馭的能力。[97]

小結

犯罪率與城市化的關係是現代犯罪學重要的議題，從歷史學的角度，也說明了犯罪與城市化的關係密切。本書第三章業已指出在十九世紀中葉的同治朝，重慶城市化的程度達到19-20%，係有史以來的最高峰。城市內發生的竊盜案件占整體竊盜

95　《巴縣檔案（同治朝）》，案卷號06-05-10620。

96　《巴縣檔案（同治朝）》，案卷號06-05-13282。

97　周琳，〈鬥毆的邏輯：乾隆至同治時期重慶的腳夫組織〉，頁91-106。

案件的比例，也從十八世紀中葉的19%，上升到36%，顯見城市化的發展影響犯罪的發生。

　　本章則進一步說明了城市化影響犯罪發生的多個側面。首先就城市內竊案集中發生的空間而言，重慶的例子顯示竊案集中在城內的五個坊，而這五個坊其實是城市的商業中心與行政中心。由此可以說明，在工業化後形成的現代城市之前，犯罪往往集中在城市的商業中心或行政中心。附帶一提的是，這樣的情況有別於本書〈導論〉中所提及的芝加哥學派認為犯罪集中在城市中心外圍「過渡性區域」的論點，而與歐洲荷蘭的犯罪聚集於城市中心的情況接近。如此差異的原因有待日後更深入的比較研究。

　　再就城市建築與竊盜犯罪的關聯性而言，重慶城內建築的兩大弱點，一是建築密度過高、巷道過於狹窄擁擠，一是以竹為建材的脆弱性，影響竊賊做案的手法與得手的難易度。城市內竊案主要的手法是破壞門扇，其次是破壞牆壁。相對地，鄉村的竊案則是破壞牆壁為主，次為破壞門扇。因為在擁擠的城市環境，破壞牆壁需要較長的時間、發生較大的聲響，較不適用於城市。此外，城市內各類房屋的形式也有其弱點，以致易遭竊。例如住宅後側的廚房，因緊臨巷弄而易遭侵入；店鋪臨街大門的門板易被破壞，而天樓的窗戶也容易被賊攀登入內；客棧的隔間不良、門扇容易被破壞。

　　至於城市竊案中被偷的標的物是否有什麼特點呢？城市內竊盜案件中所見的失物清單裡，比起鄉村，的確可見更多高價的物品，如服飾類的綢、棉、洋布與毛皮，以及貴重的金、銀、銅器；還有更多樣化的物品，如玉器、眼鏡與古董字畫。

這多少說明了城鄉之間在物質消費水平上的差距，也驗證了城市的消費性格就是其與鄉村不同的特殊性。

又明清以來商店空間的變革之一，即城市內店鋪形成陳展貨物的開放空間，此易使店鋪容成為竊賊下手的對象。而客棧裡人來人往的流動性，也易使人覬覦商人的財貨，尤其是搬運的工人，往往中途盜賣商人的貨品。這說明了竊盜標的物的可見性與可接近性，在城市內遠遠高過鄉村。

最後，官府其實早已意識到重慶的城市化與商業化，會造成犯罪滋生，所以在城市內設有防範竊盜的機制，即柵欄與坊捕。雖然十九世紀末來華的西人曾讚賞重慶城市、甚至整個中國城市防盜的效率，然而大多數竊盜案件石沉大海，無法破案，顯示這樣的防範機制效果並不理想。因此許多事主的呈詞把矛頭對準捕役，認為捕役與竊賊串通，藉此訴訟策略吸引知縣，並構成一種壓力，要求捕役限期破案。捕役的薪資所得微薄，容易與賊相通，從重慶的實例可看到「蠹捕」包庇竊賊與賊犯勾結。知縣雖然要求捕役加強稽查，甚至責罰捕役，然而面對層出不窮的竊案，也充滿無力感，反映官府管控治安的能力逐漸衰弱。

結　論

犯罪的形成與社會變遷

　　同治朝所看到的巴縣竊盜案件，就年平均量而言，是所有清代歷朝最多的時期。是十八世紀乾隆朝時候的十餘倍。再從時間來看，較集中在同治朝前期，也就是同治元年到同治六年（1862-1867）之間。這段期間幾乎每年的竊案都超過210件以上。同治朝雖然被史家喻為「中興」的時代，然而從實際的地方司法檔案資料，呈現了竊盜犯罪激增的情況，說明了當時社會其實還充滿著許多不穩定與不安感。

　　在探討犯罪行為之所以發生時，歷史學家常會從時代的大背景來探討兩者之間的關聯性。同治朝的竊盜案件之所以大量出現，涉及的背景因素至少有四個，包括軍事、社會與經濟等多個面相。首先是重大的社會動亂事件往往會造成社會的不安與恐懼，同時也可能助長竊盜的風氣。同治前期的兩個重大歷史事件，影響了巴縣竊盜案的發生。首先是同治元年太平軍經過巴縣，其次是同治二年的重慶教案。這兩大事件都造成地方不安與騷動，也助長了竊盜的風氣。第三個影響竊盜案件發生的是經濟因素，也就是從同治三年開始糧價高漲的趨勢。這三個因素都可以從竊盜案件事主報官的呈狀與被捕犯人的口供裡

面反映出來。第四個重要因素則是社會的因素，也就是十九世紀中葉重慶城市化的影響。伴隨著重慶城市化的程度來到有史以來的最高峰，發生在城內的竊盜案占整體竊案數量的比例也隨之上升。

再從犯罪社會學的角度來看，犯罪之所以形成不僅僅是個人的關係，學者更傾向強調犯罪的發生是屬於社會結構性的因素。涂爾幹的「迷亂理論」（anomie theory），提醒我們當突然發生社會變遷、重大社會事件，此時既有的傳統社會規範不再能約束人們的行為，其結果便是迷亂與犯罪的發生。[1]同治初期突發的重大事件如太平軍的擾動與重慶教案的騷亂，以及糧價陡升與快速城市化的社會變遷，都頗符合「迷亂理論」所云構成犯罪的結構性因素。

此外，從竊盜案件的司法檔案所能看到的，不僅僅是犯罪史本身的問題，同時也可以反映時代的社會變遷。例如從被竊者的身分與職業分析統計，呈現當工商業經營者數量最多，其次為士人階層，而士人階層也有不少兼管工商業。這說明了巴縣當地到了十九世紀中葉，歷經了商業化的發展與繁榮所造成的社會結構變遷。

本書的末兩章又呈現了竊盜犯罪所反映的物質消費與都市化的兩大變遷。近年來在探討近代早期的消費史，研究中國史的學者特別傾向提出中國也有「消費社會」的形成，但其中一個重要要件就是社會中間階層是否已有足夠的能力消費奢侈

1　參見侯崇文，《犯罪學：社會學探討》（臺北：三民書局，2019），頁110-119、142-165。

品？因為受限於史料，這方面的研究成果有限。而從《巴縣檔案》裡面的被竊失單，恰可以反映社會中間階層的物質消費實例。從本書的研究顯示，同治時期的巴縣比起十八世紀的乾隆朝，該地區的物質收藏數量更多，而且種類也更加多樣化。其中的服飾、貴重金屬器皿首飾、日常用品等製成品的比重都有上升，而牲畜類的比重明顯下降。再從被竊者的身分與職業，可以看到這些事主大部分屬於社會中間階層，尤其令人注目的是有許多身分和職業並不是特別高者，如兵勇、佃農與雇工等，他們被竊的失物都有一定的水平，甚至還有驚人的物品收藏。這些實例都說明了，當時中國的消費社會已形成，即使到了十九世紀，中國的經濟發展不如西歐先進國家，但是在物質消費方面仍有持續的進展，而不是停滯不前或是退步。

　　從巴縣竊盜案也可以反映城市化的社會變遷。從十八世紀到十九世紀中葉，我們明顯發現，隨著重慶城市化的程度加速而造成城市竊盜案件的數量上升。城市的竊盜案件明顯集中在城市的商業中心與行政中心，而且城市建築與竊盜犯罪之間也有相當的關聯性，因為重慶城內建築的過度密集、巷道狹隘，以及以脆弱的竹子作為隔間的建築手法，讓竊盜犯罪容易得手。再從城市被偷竊的贓物可以發現，相較於鄉村，有更多高價值的物品集中在城市裡，而且也更加多樣化，包括了玉器、眼鏡與古董字畫，由此顯示了城鄉之間在物質消費水平上的差距。

竊盜犯罪的邏輯

　　日常犯罪的發生除了和時代大背景或社會變遷有關係之外，也不能忽略個人的動機。畢竟犯罪者本身的能動性不一定與時代的大背景或社會變遷互相牽動。犯罪心理學已提出許多相關理論，頗適合用以微觀分析犯罪者的動機。又從《巴縣檔案》裡犯人的口供，可以讓我們瞭解他們犯罪的動機。首先從犯罪學主張「理性抉擇論」的角度來看，的確，經濟的困境，也就是貧窮，往往是犯罪者重要的動機，尤其是下層勞動階層的犯罪行為，可以從這個角度理解。又有些竊盜犯罪的例子顯示，當貧窮的同類人聚集在一起之後，在群聚的社會心理下受到鼓勵，因而有計畫地集體犯案。所以也不能忽略群聚的社會心理效應，會助長竊盜犯罪的行為。此現象亦頗似犯罪學提出的「社會學習理論」，其認為犯罪一開始從直接模仿而來，但之所以持續下去，係因朋友的鼓勵與支持所起的差別增強作用。[2]

　　也有犯罪學者提出「日常活動理論」，認為犯罪案件的發生，除了要有犯罪傾向者之外，還必須同時有監控者不在場，以及合適的標的物出現，才會構成犯罪。從這個角度來觀察巴縣的竊盜案，的確有很多行竊犯罪是在某種情境下提供了機會，而有助於犯罪傾向者走向實際犯罪的行為。《巴縣檔案》裡的許多偷竊案件，就是有標的物出現，而且四下無人，所以

2　Ronald L. Akers, *Deviant Behavior: A Social Learning Approach* (Belmont, Calif.: Wadsworth Pub. Co., 1985).

讓犯罪者有了歹念行竊。此外，還有許多犯罪者其實並不是因為經濟窮困，而是在日常生活中碰到上述誘惑的情境機會，因而引發偷竊的行為。這類「情境犯罪」的案例往往反映竊嫌與事主之間的社會關係，包括血緣、業緣與地緣關係，常見者如子偷父產、雇工行竊雇主家、鄰居行竊等等。

　　什麼樣的人會成為偷竊者？偷竊者大部分是什麼身分與職業呢？貧窮者與社會邊緣人一定就有犯罪傾向嗎？本書利用巴縣實際的檔案案例，重建了當時犯罪者的身分與職業資料，並作分類統計。從統計的結果看到，的確位居勞動階層裡最底層的「下力活生」者是犯案最多的。至於某些被視為社會上的邊緣人，雖然在現代的犯罪學中認為他們容易有偷竊犯罪的傾向，不過從實際的案例顯示他們的數量並不多。位居次要的是受雇者，再次是工商業主，這兩類人占的比例都不少，他們都不是真正的貧窮者。這也與上述討論竊盜犯罪的多元動機相符合，說明了竊盜犯罪不能與經濟因素直接畫上等號。

　　關於竊盜犯罪的手法，過去因為資料的不足，往往讓人停留在筆記小說的刻板印象。從《巴縣檔案》的實際案例顯示，最常見的竊盜型態是入室行竊，其次是扒竊。就入室行竊的手法而言，最常用的是破壞牆壁或門窗進入室內行竊。[3]慣以行竊為生者在一些特殊時節尤其活躍，也可以說在這些時節因為人多，而容易渾水摸魚，偷雞摸狗。例如每當重慶士子考試的時

3　現今所發生的竊盜案，十件有九件也都是以破壞的手法入室行竊，少有竊賊以開鎖的方式進入行竊。參見楊士隆、何明洲，《竊盜犯罪防治：理論與實務（3版）》（臺北：五南圖書公司，2015），頁55。

期，時常會有士子遭竊。再者鄉村場市開市時期，因為趕集、趕場的商人與客人眾多，也常有遭竊的情況。第三是廟會節慶與婚禮的時候，也是竊賊蠢動的時機。

　　竊賊如何選擇行竊的標的物？從《巴縣檔案》看到的實例，頗符合現代犯罪學者所見的特性，包括有價性、易攜帶、可見與可接近性，以及易於銷售等特性。至於偷竊的贓物要如何銷贓呢？當時有幾種管道，首先是到當鋪變賣，其次是到地方的市場變賣。當時的捕役也熟知這些管道，所以每當竊案發生時，捕役通常會到這些地方查緝是否有贓物變賣。當時有一些專門收購贓物的接贓者，在法律上，這些接贓者必須受到法律制裁。在巴縣實際案例中顯示，即使收贓者是無心的，知縣仍然會判決要求收贓者賠償原事主的部分損失。另外，官員也時常注意窩主的問題，《巴縣檔案》裡常稱之為窩家或窩戶，以開設客棧者為多。他們在竊盜案中扮演幕後黑手的角色，不但窩藏竊賊，幫助銷贓，甚至就是竊盜集團的幕後主使者。

　　若從被竊事主的角度來分析，什麼樣的人容易成為竊賊覬覦的對象？他們是屬於什麼樣的社會階層呢？如前所述從本書的分析顯示，同治朝巴縣大部分的被竊事主以商業經營者在數量上排名第一，排名其次的是士人階層，而士人裡也有不少是兼營工商業者。再從被竊事主的身家財產作估計，大部分的都是屬於傳統文獻裡所謂的「中人之產」或「中人之家」，也就是社會的中間階層。由是說明，偷竊這種日常犯罪的受害者，其實大多數是社會的中間階層，僅有極少數的被竊事主是富豪與官紳。因為富豪與官紳家通常防備較嚴，甚至還有家丁幫忙捕盜，所以行竊的難度與風險更高。

再者大部分的中人之家遇竊時會考量一些因素而不報官，首先是因「贓微」，即因被竊的物品價格不高，在考量當時訴訟成本非常昂貴的情況之下而選擇如此。另外一個原因是案件發生是在「歲暮」期間，正值是官府封篆不接受報案，所以事主值此也多選擇忍隱不報。第三個可能性是報官在交通路程上的風險，尤其是對於鄉村的被竊事主而言，因為巴縣境內的交通並不如想像的方便，即使是河上交通仍有風險存在。於是許多居鄉被竊的事主，在考量各種風險之後，決定不報官。以上這些因素都是在傳統時期造成「犯罪黑數」的原因，也可能因此助長盜風。

犯罪嚇阻機制與效果

清代關於竊盜的法律與刑罰頗為詳細，而且隨時代與社會的變動也有增修。清代關於防止竊盜的治安機制，在鄉村有保甲、團練，在城市還有坊捕、柵欄等機制。然而同治朝巴縣的竊盜犯罪率居高不下，上述的制度是否能發揮嚇阻犯罪的效果呢？犯罪學有「嚇阻理論」（deterrence theory）之說，認為避免犯罪之發生，懲罰（刑罰）必須具備下列三要素：嚴屬性（seriousness）、迅速性（swiftness or celerity）與確定性（certainty）。[4]以下嘗試由此三要素來論清代法律刑罰與治安機制的嚇阻效果。

4　Jack P. Gibbs, "Crime, Punishment, and Deterrence," *The Southwestern Social Science Quarterly* 48.4 (1968): 515-530.

　　首先就刑罰的嚴厲性而言，係指犯罪者應依據其犯罪行為之嚴重性給予足夠之刑罰，以確保刑罰的威嚇效果。犯罪行為愈嚴重，就應處以更嚴厲的懲罰。清代法律之中對於盜行的規範，主要列於「賊盜門」，粗分為「公然而取其財」的強盜與搶奪，以及「潛形隱面」的竊盜等犯罪行為，並按照事發場所、遭盜物品、被害對象，各自有不同的律條予以規範。其中，〈竊盜律〉將竊盜行為分別以累犯、聚眾、贓物做為量刑的要素。累犯以三次逮捕次數為限，聚眾行竊有首、從之分，贓物依價值高低來衡量刑責輕重。刑度自杖刑至絞刑為止，累犯至第三次則為絞監候。〈竊盜條例〉又增加其他竊盜相關的犯罪行為刑罰規定，包括犯罪中的暴力、特殊身分與場所的犯罪、親屬倫理關係等情況。其中最大的改變是〈積匪猾賊例〉，該例將累犯的認定方式，從逮捕次數改為實際犯案次數，意圖杜絕累犯的發生。總之，就竊盜行為的相關法律規範而言，清代的通則是犯案次數越多、取得贓物價值越高的犯人，其刑責就會越重，意圖藉此提高對於犯罪行為的嚇阻力。

　　再者，清代關於竊盜的法律規範也常有改動與增修，地方官往往是站在第一線者。如〈積匪猾賊例〉雖然改變累犯的認定方式，但積匪猾賊的認定標準卻沒有相應的定義，各地的官員遂針對累犯次數認定的標準制定相應的〈省例〉，並隨著時間與不同情況而不斷修正其標準。此外，還將鎖帶鐵桿、鎖帶石墩等用以遏止累犯的新式刑罰引進省例，隨後更得以進入條例，成為國家認可的刑罰。此一情況說明了國家面對層出不窮、花樣百出的犯罪行為，仍試圖透過法律的變化因應之，而非拘泥於舊有的規範。由此看來清代的相關法規應該是頗符合

刑罰的嚴厲性。

　　其次，嚇阻理論提及的刑罰三要素之一，也就是所謂的迅速性，係指犯罪者受到刑罰之時間應該縮短，使犯罪者犯後迅速、立即接受刑罰制裁，才能發揮嚇阻效果。清代地方官在實際判決時是否能達到上述的迅速性呢？從官箴書所見當時官員審理竊盜案件的各種注意事項，可歸納為累犯的認定與預防、確實起出贓物、避免誣扳無辜等三點，大概不出〈竊盜律〉基本的三點要素。其中關於累犯的認定方面，在官箴書中較少著墨於此，而是強調贓物與誣扳的問題；其因在於其審訊的目標是處理當下的案件，以迅速結案為妥，況且轄區若出現積匪猾賊，實有礙於考成。《巴縣檔案》之中反映出知縣實際審理竊案的情況，便是以防止誣扳、重視贓物、以和解為目標等為考量的重點，與官箴書不謀而合。看似有速審速決的傾向，頗符合刑罰迅速性之要素。

　　然而從清代州縣衙門檔案所呈現竊案發生後的處理程序來看，要達到迅速性實有困難。以同治朝《巴縣檔案》盜竊類的案件來看，文書構成了「報案→調查→追緝→審訊→結案」的流程，不僅失主需要按照程序報案，同時也被要求提供失竊物品的清單以便事後查核，在調查階段由書役進行實地勘察，並派遣捕役緝捕犯人到案，整起案件以人證、物證俱齊的前提下，才由知縣進行審訊與判決。但理想狀態並非常態，即使衙門有著嚴謹的竊案處理流程、完整的檔案文書，以及在緝捕與調解的程序上發揮積極作用的團練組織，卻仍會因為許多現實因素，導致更多的案件因為犯人未到、贓物未齊、失主不願久候，在延宕許久之後而沒有下文。

　　嚇阻理論提及的第三個要素是刑罰的確定性，即指觸法犯罪者遭逮捕與懲罰之肯定機率。若是由於執法人員之不力而使犯罪者輕易的逍遙法外，或是犯罪者可輕易透過行賄而不受法律制裁，如此會使刑罰的威嚇力大打折扣。首先觀察清代竊盜案件的破案率，從同治朝巴縣的例子顯示，竊案發生後犯人被捕而破案的案件數量占總數的比例並不高，發生在城市的竊案僅19%，鄉村的竊案破案率稍高，但也只有33%。尤其是在城市內充斥著難以管制的流動人口，使得犯罪者一旦離開城市，事後逮捕的機會便微乎其微。加上百姓因為諸多顧慮而選擇不報官，形成犯罪的黑數，也說明當時刑罰的「不確定性」。再就執法人員執行不力或受賄縱犯的情況而言，此事涉及捕役的素質，也是需要考慮的因素。即使清代的法律不乏對於違法捕役的防治，官箴書裡更是屢屢呼籲控馭吏役的必要性，然而捕役被控受賄或包庇竊嫌之事，在《巴縣檔案》中也不甚罕見，此反映了執法人員的素質影響刑罰的確定性。以上都說明了嚇阻理論的第三要素，即刑罰的確定性在當時尚難達到。

　　綜而言之，清代即使在刑罰上有嚴厲性，但就迅速性與確定性而言，都未達到嚇阻理論所述及之標準。這就正如同《孟子‧離婁上》所云：「徒法不能以自行」。

地方治理與犯罪防治

　　雖然嚇阻犯罪的機制效力不彰，但不宜輕易就此斷言清政府的地方治理能力已面臨崩潰的邊緣，畢竟清朝從同治以後仍延續半個世紀之久必有其原因。再者傳統中國的小規模政府，

在財政、經費與人力都有其局限，絕不及現代政府。值得一書的是清代到了十九世紀中葉之後，在治安與犯罪防治的機制仍有新的變革，以適應社會變遷。其一是團練的角色突出，在《巴縣檔案》中就顯示出其活躍的一面。太平天國時期興起的團練制度，原本是以軍事防衛的功能為主，後來結合保甲在管理戶口上的功能，成為維護地方治安的重要組織。民眾遭竊後前往衙門報案之前，多會先請求團練協助緝捕犯人，或是代為前往衙門報案；若已追捕到犯人，也會選擇透過團練主持「憑團理剖」的和解程序，避免因為前往重慶城提告而產生的訴訟與時間成本。有時團練也會與衙役合作緝捕盜賊、巡守坊廂，補充官方在地方治安上的不足。

　　此外，在監禁與防治竊犯再犯的可能性也有新的機構成立。日本學者太田出的研究指出，早在十八世紀中葉乾隆朝時，在江南地方最先創立所謂自新所的機構，原是地方官府為了收禁那些因為偷竊而被處笞、杖輕刑的初犯及再犯者，當刑罰後沒人肯出面擔保他們時，讓他們在所內給予口糧服勞役，同時學習工藝技能，再回到社會成為良民。據說這類機構設立之後，減少了許多偷竊的犯罪。而類似的機構或名為遷善、改過所，到了太平天國之後在全國各地陸陸續續成立，如重慶府轄下的江津縣就設有遷善所；有的鄉鎮如湖州府的南潯鎮則是由民間力量成立所謂洗心遷善局的新式善堂，目的與功能也是相類似。以上顯示在現代西方的監獄制度引進中國之前，清代的地方官在治理時仍然盡心創立新的制度，以防治偷竊這類輕

刑的犯罪行為。[5]

　　十九世紀下半葉清代治安的機制並非完全崩潰，然而現實的情況卻是越加難以應付。太平天國運動到了同治初年雖已進入尾聲，但社會依舊陷入混亂，又因為戰事的持續，使得米價暴漲，物價飆升，產生大量失業人口，再加上快速的城市化，更增加竊盜犯罪發生的情況。清朝面對著大量的犯罪行為，雖然法律能隨之變通，持續修訂，社會既有的防盜機制亦未因此瀕臨崩潰；但這個時代的變動與社會的變遷實在過於迅速，整個國家由上到下力有未逮，導致州縣官看著眼前不斷增生的竊盜案件時，即使可能對於這些結構性的問題心裡有數，卻也只能選擇速成的方法，以解決現階段的案件、避免牽連無辜，並透過更多的行政措施減少犯罪的發生。

　　總之，本書希望透過對日常犯罪的探討，開拓史學研究的新領域，將眼光不再局限在重大的反亂事件，藉此喚起對犯罪史的重視，尤其是注意犯罪者的能動性，並且透過司法檔案來探析社會結構的變化。

5　參見太田出，《中国近世の罪と罰：犯罪・警察・監獄の社会史》（名古屋：名古屋大学出版会，2015），第八、九、十章。

徵引書目

一、中日文獻

（一）檔案與檔案類編

《清代巴縣縣署檔案（乾隆朝）》，成都四川省檔案館藏。

《清代巴縣縣署檔案（同治朝）》，成都四川省檔案館藏。

中央研究院近代史研究所編，《教務教案檔》第1輯第1冊（臺北：中央研究院近代史研究所，1974）。

四川大學歷史系、四川省檔案館編，《清代乾嘉道巴縣檔案選編》上、下冊（成都：四川大學出版社，1989-1996）。

四川省檔案館編，《清代巴縣檔案匯編・乾隆卷》（北京：檔案出版社，1991）。

四川省檔案館編，《清代巴縣檔案整理初編・司法卷・乾隆朝》（成都：西南交通大學出版社，2015）。

四川省檔案館編，《清代巴縣檔案整理初編・司法卷・道光朝》（成都：西南交通大學出版社，2018）。

四川省檔案館編，《清代巴縣檔案整理初編・司法卷・嘉慶朝》（成都：西南交通大學出版社，2018）。

四川省檔案館編，《清代四川巴縣衙門咸豐朝檔案選編》冊1、2、4

（上海：上海古籍出版社，2011）。

（二）地方志

〔清〕左輔等纂修，《合肥縣志》，收入《中國方志叢書》第628冊
　　（臺北：成文出版社據日本國會圖書館藏民國九年上海王氏重
　　印嘉慶八年修廣益局刊本影印，1985）。

〔清〕彭潤章修，《平湖縣志》，收入《中國方志叢書》第189冊
　　（臺北：成文出版社據清光緒十二年刊本影印，1975）。

〔清〕鄭澐修，邵晉涵纂，《杭州府志》，收入《續修四庫全書》
　　第703冊（上海：上海古籍出版社據清乾隆四十九年刻本影印，
　　1997）。

〔清〕霍為棻編，〔同治〕《巴縣志》，收入《重慶地域歷史文
　　獻選編》（成都：四川大學出版社影印清同治六年刻本，
　　2011）。

〔清〕王爾鑑編，〔乾隆〕《巴縣志》，收入《重慶地域歷史文獻
　　選編》（成都：四川大學出版社影印清乾隆二十五年刻本，
　　2011）。

〔清〕阮元修、陳昌齊等纂，〔道光〕《廣東通志》，收入《續修
　　四庫全書》史部地理類第674冊（上海：上海古籍出版社影印商
　　務印書館民國二十三年影印清道光二年刻本，1997）。

〔清〕李鴻章等修，黃彭年等纂，《畿輔通志》，收入《續修四庫
　　全書》第634冊（上海：上海古籍出版社據北京圖書館藏清光緒
　　十年刻本影印，1997）。

〔清〕孫海編，《遂寧縣志》，中國國家圖書館藏清光緒五年刻

本。

〔清〕戴肇辰等修，史澄、李光廷等纂，《廣州府志》，收入《廣州大典》第三十五輯史部方志類第30冊（廣州：廣州出版社影印清光緒五年廣州粵秀書院刻本，2015）。

〔民國〕佚名，《民國重慶鄉土志》，收入《重慶地域歷史文獻選編》（成都：四川大學出版社據民國稿本影印，2011）。

〔民國〕張仲孝編，《巴中縣志》，北京中國國家圖書館藏民國十六年石印本。

〔民國〕王鑑清修，施紀雲纂，〔民國〕《涪陵縣續修涪州志》，收入《新修方志叢刊》冊233（臺北：臺灣學生書局據民國十七年鉛印本影印，1971）。

〔民國〕吳鴻仁修，黃清亮纂，〔民國〕《資中縣續修資州志》收入《新修方志叢刊》冊222（臺北：臺灣學生書局據民國十八年鉛印影印，1971）。

〔民國〕柳琅聲修，韋麟書纂，〔民國〕《南川縣志》（臺北：南川縣同鄉會據民國十五年鉛印本影印，1967）。

〔民國〕羅國鈞修，向楚等纂，〔民國〕《巴縣志》（臺北：臺灣學生書局影印民國二十八年刊本，1967）。

（三）明清及前代典籍

〔宋〕沈括，《夢溪筆談校證》（北京：中華書局，1959）。

〔元〕徐元瑞，《吏學指南》，收入《續修四庫全書》，子部，法家類，第973冊（上海：上海古籍出版社據北京圖書館藏元刻本影印，1997）。

〔明〕金聲，《金正希先生燕詒閣集》，收入《四庫禁燬書叢刊》，集部，第85冊（北京：北京出版社據北京圖書館藏明末刻本影印，2000）。

〔明〕焦竑輯，《焦太史編輯國朝獻徵錄》，收入《四庫全書存目叢書》史部，傳記類，第105冊（臺南：莊嚴文化事業公司據《中國史學叢書》影印明萬曆四十四年徐象橒曼山館刻本影印，1996）。

〔明〕呂坤，《實政錄》，收入《續修四庫全書》，史部，職官類，第753冊（上海：上海古籍出版社據北京圖書館藏明萬曆二十六年趙文炳刻本影印，1997）。

〔明〕王肯堂，《律例箋釋》，日本東京大學東洋文化研究所藏明萬曆四十年序刊本。

〔明〕佘自強，《治譜》，收入《官箴書集成》，第2冊（合肥：黃山書社據明崇禎十二年呈祥館重刊本影印，1997）。

〔明〕張楷，《律條疏議》，收入《中國律學文獻》，第1輯，第3冊（哈爾濱：黑龍江人民出版社據明嘉靖二十三年黃巖符驗重刊本影印，2004）。

〔清〕方大湜，《平平言》，收入《官箴書集成》，第7冊（合肥：黃山書社據清光緒十八年資州官廨刻本影印，1997）。

〔清〕田文鏡撰，張民服點校，《撫豫宣化錄》（鄭州：中州古籍出版社，1995）。

〔清〕朱秉鑑，《茹古堂文集》，收入《清代詩文集彙編》，第453冊（上海：上海古籍出版社據清道光五年冰玉軒刻本影印，2010）。

〔清〕艾仕元，《渝城圖》（法國國家圖書館藏清同治光緒間繪

本）。

〔清〕何耿繩，《學治一得編》，收入《官箴書集成》，第6冊（合肥：黃山書社據清道光二十一年眉壽堂刊本影印，1997）。

〔清〕李之芳，《李文襄公文集》，收入《清代詩文集彙編》，第80冊（上海：上海古籍出版社據清康熙四十一年彤錫堂刻本影印，2010）。

〔清〕凌燽，《西江視臬紀事》，收入《續修四庫全書》，第882冊（上海：上海古籍出版社據中國科學院圖書館藏清乾隆八年劍山書屋刻本影印，1997）。

〔清〕徐文弼，《吏治懸鏡》（臺北：廣文書局據清刊本影印，1976）。

〔清〕崑崗編，《欽定大清會典事例》，收入《續修四庫全書》，第812冊（上海：上海古籍出版社據清光緒石印本影印，1997）。

〔清〕張集馨，《道咸宦海見聞錄》（北京：中華書局，1981）。

〔清〕張羲年，《噉蔗全集》，收入《清代詩文集彙編》，第315冊（上海：上海古籍出版社據清光緒十九年上海著易堂鉛印本影印，2010）。

〔清〕陳宏謀著，陳鍾珂、陳蘭森編，《培遠堂偶存稿》，收入《清代詩文集彙編》，第280冊（上海：上海古籍出版社據清乾隆刻本影印，2010）。

〔清〕陳璸，《陳清端公文集》，收入《清代詩文集彙編》，第196冊（上海：上海古籍出版社據清同治六年刻本影印，2010）。

〔清〕劉子如，《增廣重慶地輿全圖》，三峽博物館藏清光緒十七年刻本。

〔清〕劉衡，《州縣須知》，收入《官箴書集成》，第6冊（合肥：黃山書社據《宦海指南》本影印，1997）。

〔清〕潘綸恩，《道聽塗說》（傅斯年圖書館藏光緒元年申報館倣聚珍版活字排印本）。

〔清〕不著撰人，《刑幕要略》，收入《官箴書集成》，第5冊（合肥：黃山書社據清光緒十八年浙江書局本影印，1997）。

〔清〕黃六鴻，《福惠全書》，收入《官箴書集成》，第3冊（合肥：黃山書社據清康熙三十八年金陵濂溪書屋刊本影印，1997）。

〔清〕萬維翰，《幕學舉要》，收入《官箴書集成》，第4冊（合肥：黃山書社據清光緒十八年浙江書局本影印，1997）。

〔清〕潘杓燦，《未信編》，收入《官箴書集成》，第3冊（合肥：黃山書社據清康熙二十三刊本影印，1997）。

〔清〕璧昌，《牧令要訣》，收入《官箴書集成》，第7冊（合肥：黃山書社據清道光刊本影印，1997）。

〔清〕允祿等監修，《大清會典》（雍正朝），收入《近代中國史料叢刊》，第3編，第77-79輯（臺北：文海出版社，1994-1995）。

〔清〕王又槐，《辦案要略》，收入《官箴書集成》，第4冊（合肥：黃山書社據清光緒十八年浙江書局本影印，1997）。

〔清〕吏部增修，《欽定增修六部處分則例・刑部》，清道光十二年吏部增修同治四年刊本，傅斯年圖書館藏線裝書。

〔清〕朱軾、常鼐等纂修，《大清律集解附例》，收入《四庫未收書輯刊》，第1輯，第26冊（北京：北京出版社據清雍正三年內府刻本影印，1997）。

〔清〕佚名，《治浙成規》，收入《官箴書集成》，第6冊（合肥：
　　黃山書社據清道光十七年刊本影印，1997）。

〔清〕李斗，《揚州畫舫錄》（北京：中華書局，1997）。

〔清〕李綠園，《歧路燈》（臺北：新文豐出版公司，1979）。

〔清〕汪輝祖，《夢痕錄餘》，收入《續修四庫全書》史部，傳記
　　類，第555冊（上海：上海古籍出版社據南京圖書館藏清道光
　　三十年龔裕刻本影印，1997）。

〔清〕沈之奇，《大清律輯註》（北京：法律出版社，2000）。

〔清〕屈大均，《廣東新語》（北京：中華書局，1985）。

〔清〕昭槤撰，何英芳點校，《嘯亭雜錄·續錄》（北京：中華書
　　局，1980）。

〔清〕孫承澤著，王劍英點校，《春明夢餘錄》（北京：北京古籍
　　出版社，1992）。

〔清〕徐珂，《清稗類鈔》，第13冊（北京：中華書局，1984）。

〔清〕徐棟輯，《牧令書》，收入《官箴書集成》，第7冊（合肥：
　　黃山書社據清道光二十八年刊本印行，1997）。

〔清〕張我觀，《覆甕集》，收入《續修四庫全書》，第974冊（上
　　海：上海古籍出版社據北京圖書館藏清雍正四年刻本影印，
　　1997）。

〔清〕梁章鉅，《歸田瑣記》（臺北：木鐸出版社，1982）。

〔清〕梁紹壬，《兩般秋雨盦隨筆》，收入《筆記小說大觀》，第
　　22冊（揚州：江蘇廣陵古籍刻印社，1983）。

〔清〕陳廷敬，《午亭文編》，收入《清代詩文集彙編》，第153冊
　　（上海：上海古籍出版社據清康熙四十七年林佶寫刻本影印，
　　2010）。

〔清〕無名氏撰，〔清〕隨緣下士編輯，〔清〕寄旅散人批點，
　　《林蘭香》（臺北：天一出版社據清道光刻本影印，1985）。

〔清〕黃宗羲，《南雷文定》，收入《清代詩文集彙編》，第33冊
　　（上海：上海古籍出版社據清康熙刻本影印，2010）。

〔清〕葉夢珠，《閱世編》，收入新興書局編，《筆記小說大
　　觀》，第35編，第5冊（臺北：新興書局，1983）。

〔清〕葉德輝著，耿素麗點校，《書林清話》（北京：國家圖書館
　　出版社，2009）。

〔清〕道光帝敕纂，《清宣宗成皇帝實錄》（北京：中華書局，
　　1986）。

〔清〕劉衡，《蜀僚問答》，收入《中國律學文獻》，第3輯，第5
　　冊（哈爾濱：黑龍江出版社據清咸豐十年刻本影印，2006）。

〔清〕樊增祥，《樊山政書》，收入《官箴書集成》，第10冊（合
　　肥：黃山書社據清宣統二年金陵湯明林聚珍書局排印本影印，
　　1997）。

〔清〕薛允升著述，黃靜嘉編校，《讀例存疑重刊本》（臺北：成
　　文出版社，1970）。

中國社會科學院經濟研究所編，《清代道光至宣統間糧價表》（桂
　　林：廣西師範大學出版社，2009）。

田濤、鄭秦點校，《大清律例》（北京：法律出版社，1999）。

黃彰健，《明代律例彙編》（臺北：中央研究院歷史語言研究所，
　　1979）。

趙爾巽等撰、啟功等點校，《清史稿》（北京：中華書局，
　　1977）。

懷效鋒點校，《大明律》（北京：法律出版社，1998）。

（四）現代文獻

Kim, Hanbark,《配流刑の時代——清朝と刑罰》（京都：京都大學，2022）。

R. E. 派克、E. N. 伯吉斯、R. D. 麥肯齊著，宋俊嶺、吳建華、王登斌譯，《城市社會學：芝加哥學派城市研究文集》（北京：華夏出版社，1987）。

卡洛·金茨堡著，魯伊譯，《奶酪與蛆蟲：一個16世紀磨坊主的宇宙》（桂林：廣西師範大學出版社，2021）。

阿綺波德·立德著，劉雲浩、王成東譯，《穿藍色長袍的國度》（北京：時事出版社，1998）。

山本英史，《赴任する知県：清代の地方行政官とその人間環境》（東京：研文出版，2016）。

太田出，《中国近世の罪と罰：犯罪・警察・監獄の社会史》（名古屋：名古屋大学出版会，2015）。

夫馬進編，《中国訴訟社会史の研究》（京都：京都大学学術出版会，2011）。

夫馬進編，范愉等譯，《中國訴訟社會史的研究》（杭州：浙江大學出版社，2019）。

尤陳俊，《聚訟紛紜：清代的「健訟之風」話語及其表達性現實》（北京：北京大學出版社，2022）。

王笛，《跨出封閉的世界：長江上游區域社會研究（1644-1911）》（北京：中華書局，1993）。

付春楊，《清代工商業糾紛與裁判：以巴縣檔案為視點》（武漢：武漢大學出版社，2016）。

古斯塔夫・勒龐著，戴光年譯，《烏合之眾：大眾心理研究》（臺
　　北：五南圖書公司，2014）。

白德瑞著，尤陳俊、賴駿楠譯，《爪牙：清代縣衙的書吏與差役》
　　（桂林：廣西師範大學出版社，2021）。

伊莎貝拉・伯德著，卓廉士、黃剛譯，《1898：一個英國女人眼中
　　的中國》（武漢：湖北人民出版社，2007）。

伍躍，《中國的捐納制度與社會》（南京：江蘇人民出版社，
　　2013）。

何炳棣著、徐泓譯，《明清社會史論》（北京：中華書局，
　　2019）。

吳佩林，《清代縣域民事糾紛與法律秩序考察》（北京：中華書
　　局，2013）。

呂實強，《中國官紳反教的原因（一八六〇一一八七四）》（臺
　　北：中央研究院近代史研究所，1966）。

巫仁恕，〈逃離城市：明清之際江南城居士人的逃難經歷〉，《中
　　央研究院近代史研究所集刊》，期83（2014年3月），頁1-46。

巫仁恕，《品味奢華——晚明的消費社會與士大夫》（臺北：中央
　　研究院・聯經出版公司，2007）。

巫仁恕，《奢侈的女人：明清時期江南婦女的消費文化》（臺北：
　　三民書局，2005）。

巫仁恕，《激變良民：傳統中國城市群眾集體行動之分析》（北
　　京：北京大學出版社，2011）。

巫仁恕，《優游坊廂：明清江南城市的休閒消費與空間變遷》（臺
　　北：中央研究院近代史研究所，2013年第一版）。

李清瑞，《乾隆年間四川拐賣婦人案件的社會分析——以巴縣檔案

為中心的研究》（太原：山西教育出版社，2011）。

沈俊平，《舉業津梁：明中葉以後坊刻制舉用書的出版與流通》
　　（臺北：臺灣學生書局，2009）。

那思陸，《清代州縣衙門審判制度》（臺北：文史哲出版社，
　　1982）。

周琳，《商旅安否：清代重慶的商業制度》（北京：社會科學文獻
　　出版社，2021）。

林山田、林東茂、林燦彰等，《犯罪學》（臺北：三民書局，
　　2002）。

邱澎生，《當經濟遇上法律：明清中國的市場演化》（臺北：聯經
　　出版公司，2018）。

侯崇文，《犯罪學：社會學探討》（臺北：三民書局，2019）。

重慶肇明石印公司測繪，《新測重慶城全圖》，收入地圖資料編纂
　　會編，《近代中國都市地圖集成》（東京：柏書房，據中華民
　　國九年重慶肇明石印公司印行版影印，1986）。

凌鵬，《中國傳統租佃的情理結構：清代後期巴縣衙門檔案研究》
　　（北京：商務印書館，2022）。

孫向陽，《中國古代盜罪研究》（北京：中國政法大學出版社，
　　2013）。

孫彥貞，《清代女性服飾文化研究》（上海：上海古籍出版社，
　　2008）。

徐炳憲，《清代知縣職職掌之研究》（臺北：私立東吳大學中國學
　　術著作獎助委員會，1974）。

隗瀛濤主編，《近代重慶城市史》（成都：四川大學出版社，
　　1991）。

張仲禮著，費成康、王寅通譯，《中國紳士的收入》（上海：上海社會科學院出版社，2001）。

張偉仁，《清代法制研究》第1冊（臺北：中央研究院歷史語言研究所，1983）。

張渝，《清代中期重慶的商業規則與秩序：以巴縣檔案為中心的研究》（北京：中國政法大學出版社，2010）。

張曉霞，《清代巴縣婚姻檔案研究》（北京：中華書局，2020）。

曹樹基著，《中國人口史‧第5卷‧清時期》（上海：復旦大學出版社，2001）。

梁勇，《移民、國家與地方權勢——以清代巴縣為例》（北京：中華書局，2014）。

許蘅斌，《文化景觀視角下的清代重慶城空間形態研究》（北京：中國建築工業出版社，2018）。

陳亞平，《尋求規則與秩序：18-19世紀重慶商人組織的研究》（北京：科學出版社，2014）。

陶希聖，《清代州縣衙門刑事審判制度及程序》（臺北：食貨月刊，1972）。

喬治‧厄內斯特‧莫理循著，李磊譯，《1894，中國紀行》（北京：中華書局，2017）。

湯瑪斯‧布萊基斯頓著，馬劍、孫琳譯，《江行五月》（北京：中國地圖出版社，2013）。

雲妍、陳志武、林展，《官紳的荷包：清代精英家庭資產結構研究》（北京：中信出版社，2019）。

黃宗智，《民事審判與民間調解：清代的表達與實踐》（北京：中國社會科學出版社，1998）。

黃宗智，《清代的法律、社會與文化：民法的表達與實踐》（上海：上海書店出版社，2007）。

楊士隆、何明洲，《竊盜犯罪防治：理論與實務（3版）》（臺北：五南圖書公司，2015）。

楊宇振，《歷史與空間：晚清重慶城及其轉變》（重慶：重慶大學出版社，2018）。

路易絲·謝利著，何秉松譯，《犯罪與現代化：工業化與城市化對犯罪的影響》（北京：群眾出版社，1986）。

廖斌、蔣鐵初，《清代四川地區刑事司法制度研究：以巴縣司法檔案為例》（北京：中國政法大學出版社，2011）。

盧漢超，《叫街者：中國乞丐文化史》（北京：社會科學文獻出版社，2012）。

蕭公權著，張皓、張升譯，《中國鄉村：論19世紀的帝國控制》（臺北：聯經出版公司，2014）。

謝國興、陳宗仁主編，《地輿縱覽：法國國家圖書館所藏中文古地圖》（臺北：中央研究院臺灣史研究所，2018）。

瞿同祖著、范忠信譯，《清代地方政府》（北京：法律出版社，2003）。

藍勇編，《重慶古舊地圖研究》（重慶：重慶西南師範大學出版社，2013）。

魏美月，《清乾隆時期查抄案件研究》（臺北：文史哲出版社，1996）。

羅威廉著，魯西奇、羅杜芳譯，《漢口：一個中國城市的衝突和社區（1796-1895）》（北京：中國人民大學出版社，2008）。

（五）論文

小野達哉，〈清末巴縣鄉村部の徴税請負と訴訟の關係──特に抬墊をめぐって──〉，《東洋史研究》，第74卷第3號（2015年12月），頁36-64。

山田賢，〈「紳糧」考：清代四川の地域エリート〉，《東洋史研究》，第50卷第2號（1991），頁256-280。

夫馬進，〈明清的訟師與訴訟制度〉，收入（日）滋賀秀三等編，王亞新等譯，《明清時期的民事審判與民間契約》（北京：法律出版社，1998），頁389-430。

夫馬進，〈清末巴縣「健訟棍徒」何輝山與裁判式調解「憑團理剖」〉，《中國古代法律文獻研究》（北京：社會科學文獻出版社，2016），輯10，頁395-420。

夫馬進，〈清末巴縣の「健訟棍徒」何輝山と裁判的調解「憑團理剖」〉，《東洋史研究》，第74卷第3號（2015年12月），頁65-97。

尤陳俊，〈中國法律社會史研究的「復興」及其反思──基於明清訴訟與社會研究領域的分析〉，《法制與社會發展》，2019年3期，頁190-208。

水越知，〈清代後期の夫婦間訴訟と離婚──『巴縣檔案（同治）』を中心に──〉，《東洋史研究》，第74卷第3號（2015年12月），頁166-202。

王大綱，〈從竊案來看清代四川重慶的社會變遷（1757-1795）〉（南投：國立暨南國際大學歷史學系碩士論文，2012）。

王硯峰，〈清代道光至宣統間糧價資料概述：以中國社科院經濟所

圖書館館藏為中心〉，《中國經濟史研究》，2007年第2期，頁
102-108。

王爾敏，〈清代的勇營制度〉，《中央研究院近代史研究所集
刊》，第4期上（1973年5月），頁1-52。

王毅力，〈常用詞「竊」、「盜」、「偷」的歷時演變〉，《語言
科學》，第8卷第6期（2009），頁641-647。

伍躍，〈「在民の役」：『巴縣檔案』に見える鄉約像──前近
代中國の國家による社會支配の一側面──〉，《東洋史研
究》，第74卷第3號（2015年12月），頁3-35。

伍躍，〈「在民之役」：巴縣檔案中的鄉約群像──近代以前中國
國家統治社會的一個場景〉，《中國古代法律文獻研究》，第
10輯（2016），頁328-366。

伍躍，〈必也使有訟乎：巴縣檔案所見清末四川州縣司法環境的一
個側面〉，《中國古代法律文獻研究》，第7輯（2013），頁
380-410。

吳承明，〈論清代前期我國國內市場〉，收在氏著，《中國資本主
義與國內市場》（北京：中國社會科學出版社，1985），頁
247-265。

吳景傑，〈十九世紀中期重慶城的客棧竊案、客商訴訟與棧規運
作〉，《法制史研究》，第39期（2022），頁149-196。

吳景傑，〈清代中央與地方立法的協商：以「竊盜」之各省專條為
例〉，《臺灣師大歷史學報》，第68期（2022），頁159-206。

吳景傑，〈清代重慶城的「坊」與城市管理〉，《東吳大學歷史學
報》，第42期（2022），頁103-146。

吳景傑，〈法律、犯罪、社會：清代後期重慶竊盜案件的官員思考

模式〉（國立臺北：臺灣大學歷史學系博士論文，2019）。

呂實強，〈重慶教案〉，《中央研究院近代史研究所集刊》，第3期下（1972年12月），頁457-474。

巫仁恕，〈明代社會的中間階層及其相關論述〉，待刊稿。

巫仁恕，〈竊賊身分與親屬關係：以同治朝《巴縣檔案》為例〉，中研院史語所、法國遠東學院臺北中心主辦，「亞洲歷史與文化研究的新方向——法國遠東學院臺北中心與中央研究院合作三十週年慶祝會議」（2023年5月18～19日）會議論文。

巫仁恕、王大綱，〈乾隆朝地方物品消費與收藏的初步研究：以四川省巴縣為例〉，《中央研究院近代史研究所集刊》，89期（2015），頁1-41。

巫仁恕、吳景傑，〈犯罪與城市——清代同治朝重慶城市竊盜案件的分析〉，《臺大歷史學報》，第67期（2021年6月），頁7-53；

巫仁恕、吳景傑，〈竊盜案的歷史犯罪學分析——以同治朝四川省巴縣為例〉，《漢學研究》，第39卷第3期（2021年9月），頁141-186。

沈俊平，〈清代坊刻考試用書的影響與朝廷的回應〉，《中國文化研究所學報》，第54期（2012），頁69-94。

周琳，〈鬥毆的邏輯——乾隆至同治時期重慶的腳夫組織〉，《清史研究》，2018年第3期，頁91-106。

岸本美緒，〈「老爺」と「相公」——呼称から見た地方社会の階層感覚——〉，收入氏著，《風俗と時代観・明清史論集1》（東京：研文出版，2012），頁218-260。

岸本美緒，〈「老爺」和「相公」——由稱呼所見之地方社會中的

階層感〉，收入常建華主編，《中國日常生活史讀本》（北京：北京大學出版社，2017），頁128-150。

邱澎生，〈國法與幫規：清代前期重慶城的船運糾紛解決機制〉，收入邱澎生，陳熙遠編，《明清法律運作中的權力與文化》（臺北：中央研究院、聯經出版公司，2009），頁275-344。

侯美珍，〈明清科舉八股小題文研究〉，《臺大中文學報》，第25期（2006），頁153-198。

姜麗蓉，〈三幅重慶府治全圖的比較〉，收入曹婉如等編，《中國古代地圖集：清代》（北京：文物出版社，1997），頁163-164。

施堅雅，〈19世紀四川省的人口──從未加核准的數據中得出的教訓〉，收入施堅雅原著，王旭等譯，《中國封建社會晚期城市研究：施堅雅模式》（長春：吉林教育出版社，1991），頁232-301。

凌鵬，〈清代巴縣農村の租佃實態──「抗租」「騙租」と「主客關係」──〉，《東洋史研究》，第74卷第3號（2015年12月），頁98-132。

凌鵬，〈清代中後期巴縣地區「團」之社會性特徵──以《巴縣檔案》相關案件為史料〉，《求索》，2020年第6期，頁43-51。

唐澤靖彥，〈從口供到成文記錄：以清代案件為例〉，收入黃宗智、尤陳俊主編，《從訴訟檔案出發：中國法律、社會與文化》（北京：法律出版社，2009），頁80-107。

徐泓，〈明代家庭的權力結構及其成員間的關係〉，收入氏著，《聖明極盛之世？：明清社會史論集》（臺北：聯經出版公司，2021），頁328-330。

崔彥超，〈咸豐年間巴縣盜竊案中刑事司法運作研究〉（開封：河南大學碩士論文，2019）。常建華，〈清代乾嘉時期的四川趕場——以刑科題本、巴縣檔案為基本資料〉，《四川大學學報》，2016年第5期，頁62-75。

張彬村，〈明清時期寡婦守節的風氣——理性選擇（Rational Choice）的問題〉，《新史學》，第10卷第2期（1999），頁29-76。

張曉霞、黃存勛，〈清代巴縣檔案整理研究的回顧與思考〉，《檔案學通訊》，2013年第2期，頁93-96。

梁勇，〈清代中期的團練與鄉村社會——以巴縣為例〉，《中國農史》，2010年第1期，頁105-118。

梁勇，〈團正與鄉村社會的權力結構——以清代中期的巴縣為例〉，《中國農史》，2011年第2期，頁93-100。

曾瀧嘉，〈從《新測重慶城全圖》看民國初年重慶城市格局與功能〉，《文津學志》，2015年號，頁275-282。

森田成滿，〈清代刑法に於ける竊盜罪〉，《星藥科大學一般教育論集》，第13號（1995），頁1-42。

黃富源，〈犯罪黑數之研究〉，《警政學報》，第1期（1982年6月），頁1-19。

楊一凡、尤韶華，〈《刑案匯覽全編》整理說明〉，〔清〕祝慶祺等編、尤韶華等點校，《刑案匯覽全編》（北京：法律出版社，2007），頁1-5。

鈴木秀光，〈清代嘉慶・道光期における盜案の裁判〉，《專修法學論集》，第121號（2014），頁1-48。

鈴木秀光，〈鎖帶鉄桿・鎖帶石礅と清代後期刑事裁判〉，《法

學》，第75卷第5號（2012年1月），頁174-239。

趙彥昌、蘇亞雲，〈巴縣檔案整理與研究評述〉，《中國檔案研究》，2018年1期，頁97-121。

劉錚雲，〈口供中的故事〉，《古今論衡》，第3期（1999），頁33-42。

鄧曉，〈《增廣重慶地輿全圖》考辨〉，《西南大學學報（社會科學版）》，第34卷第2期（2008），頁40-43。

鄭秦，〈大清律例考析〉，收入楊一凡主編《中國法制史考證》（北京：中國社會科學出版社，2003），甲編第7冊，頁38-124。

黎志剛、韓格理（Gray G. Hamilton），〈近世中國商標與全國都市市場〉，收入中央研究院近代史研究所編，《近代中國區域史研討會論文集》（臺北：中央研究院近代史研究所，1986），頁49-80。

賴惠敏，〈乾嘉時代北京的洋貨與旗人日常生活〉，收入巫仁恕、康豹、林美莉主編，《從城市看中國的現代性》（臺北：中央研究院近代史研究所，2010），頁1-36。

賴惠敏，〈清代巴縣縣署檔案：乾隆朝（1736-1795）司法類〉，《近代中國史研究通訊》，第28期（1999），頁124-127。

謝丹，〈近代重慶城市史研究：一個文獻綜述〉，《重慶社會科學》，2011年第8期，頁109-112。

蘇成捷（Matthew Sommer），〈清代縣衙的賣妻案件審判：以272件巴縣、南部與寶坻縣案子為例證〉，收入邱澎生，陳熙遠編，《明清法律運作中的權力與文化》，頁345-395。

二、英文文獻

（一）書籍

Akers, Ronald L. *Deviant Behavior: A Social Learning Approach.* Belmont, Calif.: Wadsworth Pub. Co., 1985.

Berg, Maxine. *Luxury and Pleasure in Eighteenth-Century Britain.* Oxford: Oxford University Press, 2005.

Bird, Isabella L. *The Yangtze Valley and Beyond: An Account of Journeys in China, chiefly in the Province of Sze Chuan and among the Man-tze of the Somo Territory.* London: J. Murray, 1899.

Blakiston, Thomas W. *Five Months on the Yang-Tsze: And Notices of the Present Rebellions in China.* London: J. Murray, 1862.

Clarke, R. V. *Situational Crime Prevention Successful Case Studies.* New York: Herrow and Heston, 1992.

Cornish, Derek B., and Ronald V. Clarke, eds. *The Reasoning Criminal: Rational Choice Perspectives on Offending.* New York: Springer-Verlag, 1986.

Earle, Peter. *The Making of the English Middle Class: Business, Society, and Family Life in London, 1660-1730.* Berkeley: University of California Press, 1989.

Felson, Marcus. *Crime and Everyday Life: Insights and Implications for Society.* Thousand Oaks: Pine Forge Press, 1994.

Ginzburg, Carlo. *The Cheese and the Worms: The Cosmos of a Sixteenth-Century Miller.* Baltimore: Johns Hopkins University Press, 1992.

translated By John and Anne C. Tedeschi.

Godfrey, Barry S, Chris A. Williams, and Paul Lawrence. *History & Crime.* Los Angeles, Calif.; London: SAGE, 2008.

James, Lawrence. *The Middle Class: A History.* London: Abacus, 2008.

Johnson, Eric A. *Urbanization and Crime: Germany, 1871-1914.* New York: Cambridge University Press, 1995.

LeBon, Gustave. *The Crowd: A Study of the Popular Mind.* London: Unwin, 1985.

Little, Archibald, Mrs., *The Land of the Blue Gown [China].* London: T. F. Unwin, 1902.

Louis, Chevalier. *Laboring Classes and Dangerous Classes.* New York, H. Fertig, 1973.

McKendrick, Neil, Brewer, John, and Plumb, J. H. eds. *The Birth of a Consumer Society: The Commercialization of Eighteenth-Century England.* London: Europa Publications, 1982.

Morrison, G. E. *An Australian in China: Being the Narrative of a Quiet Journey across China to British Burma.* London: Horace Cox, 1895.

Park, Robert E., Ernest W. Burgess, and Roderick D. McKenzie. *The City.* Chicago: University of Chicago Press, 1967.

Pomeranz, Kenneth. *The Great Divergence: China, Europe, and the Making of the Modern World Economy.* Princeton: Princeton University Press, 2000.

Poyner, Barry. *Crime Free Housing in the 21st Century.* London: Routledge, 2005.

Rawski, Evelyn S. *The Last Emperors: A Social History of Qing Imperial*

Institutions. Berkeley: University of California Press, 1998.

Reed, Bradly W. *Talons and Teeth: County Clerks and Runners in the Qing Dynasty.* Stanford, Calif.: Stanford University Press, 2000.

Roche, Daniel. *A History of Everyday Things: The Birth of Consumption in France, 1600-1800*, translated by Brian Pearce. Cambridge: Cambridge University Press, 2000.

Rowe, William T. *Hankow: Conflict and Community in a Chinese City, 1796-1895.* Stanford: Stanford University Press, 1989.

Shaw, Clifford R., and Henry D. McKay. *Juvenile Delinquency and Urban Areas.* Chicago: Chicago University, 1942.

Shelley, Louise I. *Crime and Modernization: The Impact of Industrialization and Urbanization on Crime.* Carbondale: South Illinois University Press, 1981.

Sommer, Matthew H. *Polyandry and Wife-Selling in Qing Dynasty China: Survival Strategies and Judicial Interventions.* Oakland, California: University of California Press, 2015.

Sommer, Matthew H. *Sex, Law, and Society in Late Imperial China.* Stanford, Calif.: Stanford University Press, 2000.

Weatherill, Lorna. *Consumer Behaviour and Material Culture in Britain, 1660-1760.* London; New York: Routledge, 1988.

Wu, Yulian. *Luxurious Networks: Salt Merchants, Status, and Statecraft in Eighteenth-Century China.* Stanford, California: Stanford University Press, 2017.

（二）論文

Akçetin, Elif. "Consumption as Knowledge: Pawnbrokers in Qing China Appraise Furs." In *Living the Good Life: Consumption in the Qing and Ottoman Empires of the Eighteenth Century*, edited by Elif Akçetin, and Suraiya Faroqhi, 357-383. Leiden: Brill, 2017.

Antony, Robert J. "Scourges on the People: Perceptions of Robbery, Snatching, and Theft in the Mid-Qing Period." *Late Imperial China* 16.2 (1995): 98-132.

Beckett, John, and Catherine Smith. "Urban Renaissance and Consumer Revolution in Nottingham, 1688-1750." *Urban History* 27.1 (2000): 31-50.

Bradly, Yasuhiko, Ward Reed, and Matthew H. Sommer. "Qing County Archives in Sichuan: An Update from the Field." *Late Imperial China* 26.2 (2005): 114-128.

Bruinsma, G. J. "Urbanization and Urban Crime: Dutch Geographical and Environmental Research." *Crime and Justice* 35.1 (2007): 453-502.

Clarke, R.V. "Situational Crime Prevention: Theory and Practice." *British Journal of Criminology* 20 (1980): 136-147.

Cohen, Lawrence E., and Marcus Felson. "Social Change and Crime Rate Trends: A Routine Activity Approach." *American Sociological Review* 44.4 (1979): 588-608.

Constant, Frédéric "Gambling and Local Administration of Justice in 19th Century China." (forthcoming).

Cornish, Derek B., and Ronald V. Clarke. "Understanding Crime

Displacement: An Application of Rational Choice Theory." *Criminology* 25 (1987): 933-948.

Gibbs, Jack P. "Crime, Punishment, and Deterrence." *The Southwestern Social Science Quarterly* 48.4 (1968): 515-530.

Ho, Ping-ti. "The Salt Merchant of Yang-chou: A Study of Commercial Capitalism in Eighteenth-Century China." *Harvard Journal of Asiatic Studies* 17.1/2 (1954): 130-168.

Kim, Hanbark. "Medical Treatment of Criminals in Premodern China Based on Qing Era Local Archives: Focusing on the Case of Ba County in late 18th Century." *Korean Journal of Medical History* 32.1 (2003): 321-353.

Lemire, Beverly. "The Theft of Clothes and Popular Consumerism in Early Modern England." *Journal of Social History* 24.2 (1990): 255-276.

Meier, Robert F., and Terance D. Miethe. "Understanding Theories of Criminal Victimization" *Crime and Justice* 17 (1993): 459-499.

Miethe, Terance D., and Robert F. Meier. "Opportunity, Choice, and Criminal Victimization: A Test of a Theoretical Model." *Journal of Research in Crime and Delinquency* 27.3 (1990): 243-266.

Sampson, Robert J., and John H. Laub. "A Life-Course View of the Development of Crime." *Annals of The American Academy of Political and Social Science* 602 (2005): 12-45.

Skinner, G. William. "Regional Urbanization in Nineteenth-Century China." In *The City in Late Imperial China*, edited by G. William Skinner, 211-249. Stanford: Stanford University Press, 1977.

Skinner, G. William. "Sichuan's Population in the Nineteenth Century: Lessons from Disaggregated Data." *Late Imperial China* 7.2 (1986): 1-79.

Wu, Jen-shu, and Wang, Dagang. "A Preliminary Study of Local Consumption in the Qianlong Reign (1736–1796): The Case of Ba County in Sichuan Province." In *Living the Good Life: Consumption in the Qing and Ottoman Empires of the Eighteenth Century*, edited by Elif Akçetin, and Suraiya Faroqhi, 187-212. Leiden: Brill, 2017.

論文發表資訊

　　本書內容有部份已發表於期刊，包括巫仁恕、吳景傑，〈竊盜案的歷史犯罪學分析——以同治朝四川省巴縣為例〉，《漢學研究》，第39卷第3期（2021年9月），頁141-186；巫仁恕、吳景傑，〈犯罪與城市——清代同治朝重慶城市竊盜案件的分析〉，《臺大歷史學報》，第67期（2021年6月），頁7-53；吳景傑，〈清代中央與地方立法的協商：以「竊盜」之各省專條為例〉，《臺灣師大歷史學報》，期68，頁159-206。修改置入本書的部份如下：

　　第一章第一、二節有部分為〈清代中央與地方立法的協商：以「竊盜」之各省專條為例〉一文刪修而成。

　　第二章為原創，未正式發表。

　　第三章分別由〈竊盜案的歷史犯罪學分析——以同治朝四川省巴縣為例〉第二節與〈犯罪與城市——清代同治朝重慶城市竊盜案件的分析〉第一節整合而成。

　　第四章的第一節為原創，未正式發表；第二節修改自〈竊盜案的歷史犯罪學分析——以同治朝四川省巴縣為例〉第三節。

　　第五章根據〈竊盜案的歷史犯罪學分析——以同治朝四川

省巴縣為例〉第四節增修而成。

　　第六章為原創，未正式發表。

　　第七章為原創，未正式發表。

　　第八章修改自〈犯罪與城市——清代同治朝重慶城市竊盜案件的分析〉一文之第二至五節。

日常犯罪與清代社會：十九世紀中國竊盜案件的多元分析

2024年9月初版　　　　　　　　　　　定價：新臺幣680元
有著作權・翻印必究
Printed in Taiwan.

著　　　者	巫	仁	恕
	吳	景	傑
叢書主編	沙	淑	芬
校　　　對	吳	美	滿
內文排版	菩	薩	蠻
封面設計	沈	佳	德

出　版　者	聯經出版事業股份有限公司	
地　　　址	新北市汐止區大同路一段369號1樓	
叢書主編電話	(02)86925588轉5310	
台北聯經書房	台北市新生南路三段94號	
電　　　話	(02)23620308	
郵政劃撥帳戶第0100559-3號		
郵撥電話	(02)23620308	
印　刷　者	世和印製企業有限公司	
總　經　銷	聯合發行股份有限公司	
發　行　所	新北市新店區寶橋路235巷6弄6號2樓	
電　　　話	(02)29178022	

編務總監	陳	逸	華
總　編　輯	涂	豐	恩
總　經　理	陳	芝	宇
社　　　長	羅	國	俊
發　行　人	林	載	爵

行政院新聞局出版事業登記證局版臺業字第0130號

ISBN　978-957-08-7418-1 (精裝)
聯經網址：www.linkingbooks.com.tw
電子信箱：linking@udngroup.com

本書出版獲「余英時人文著作出版獎助基金」支持

國家圖書館出版品預行編目資料

日常犯罪與清代社會：十九世紀中國竊盜案件的多元

分析/巫仁恕、吳景傑著 . 初版 . 新北市 . 聯經 . 2024年9月 . 408面 .

14.8×21公分

ISBN　978-957-08-7418-1（精裝）

1.CST：犯罪學　2.CST：竊盜罪　3.CST：清代

548.592　　　　　　　　　　　　　　　　　113007925